군무원 전기직 FINAL 실전 봉투모의고사

KB085686

전기직

제1과목	국어	제2과목	전기공학
제3과목	전기기기	제4과목	

응시번호		성 명	

〈 안 내 사 항 〉

1. 답안지의 모든 기재 및 표기사항은 반드시 『컴퓨터용 흑색사인펜』으로만 작성하여야 합니다.
   (사인펜에 "컴퓨터용"으로 표시되어 있음) (사인펜 본인 지참)
   * 매년 지정된 펜을 사용하지 않아 답안지가 무효처리 되는 상황이 빈발하고 있으므로, 답안지
     는 반드시 『컴퓨터용 흑색사인펜』으로만 표기하시기 바랍니다.

2. 답안은 매 문항마다 반드시 하나의 답만 골라 그 숫자에 "●"로 표기해야 하며, 표기한 내용은 수정
   테이프를 이용하여 정정할 수 있습니다. 단, 시험시행본부에서 수정테이프를 제공하지 않습니다.
   (표기한 부분을 긁는 경우 오답처리 될 수 있으며, 수정스티커 또는 수정액은 사용 불가)
   * 답안지는 훼손·오염되거나 구겨지지 않도록 주의해야 하며, 특히 답안지 상단의 타이밍마크
     (┃┃┃┃┃)를 절대로 훼손해서는 안 됩니다.

3. 필기시험 문제 관련 의견제시 기간 : 시험 당일을 포함한 5일간
   * 국방부 군무원채용관리홈페이지(http://recruit.mnd.go.kr) - 시험안내 - 시험묻고답하기

제1회 모의고사

제1과목: 국어

QR코드 접속을 통해 풀이시간 측정, 자동 채점
그리고 결과 분석까지!

01 안긴문장이 없는 것은?

① 영하는 부산에 살고 민주는 대전에 산다.
② 나는 형이 취직하기를 고대한다.
③ 예쁜 지혜는 자주 거울을 본다.
④ 어머니께서 나에게 다음 주에 가족 여행을 가자고 말씀하셨다.

02 다음 밑줄 친 부분의 예로 적절한 것은?

> 국어의 높임법에는 말하는 이가 듣는 이에 대하여 높이거나 낮추어 말하는 상대 높임법, 서술어의 주체를 높이는 주체 높임법, 서술어의 객체를 높이는 <u>객체 높임법</u> 등이 있다.

① 충무공은 훌륭한 장군이셨다.
② 선생님께서 숙제를 내 주셨다.
③ 철수는 선생님께 책을 드렸다.
④ 아버지께서는 진지를 잡수시고 계신다.

03 다음 중 문학 갈래의 예로 적절한 것은?

① 서정 양식: 향가, 몽유록, 고대 가요
② 서사 양식: 전설, 사설시조, 판소리
③ 극 양식: 탈춤, 인형극, 경기체가
④ 교술 양식: 수필, 편지, 기행문

04 다음 문장에 대한 설명으로 가장 적절한 것은?

> 눈이 녹으면 남은 발자국 자리마다 꽃이 피리니.

① 의존 형태소는 9개이다.
② 자립 형태소는 6개이다.
③ 7개의 어절, 16개의 음절로 이루어진 문장이다.
④ 실질 형태소는 8개이다.

[05~06] 다음 글을 읽고 물음에 답하시오.

> 손(客)이 주옹(舟翁)에게 묻기를,
> "그대가 배에서 사는데, 고기를 잡는다 하자니 낚시가 없고, 장사를 한다 하자니 돈이 없고, 진리(津吏) 노릇을 한다 하자니 물 가운데만 있어 왕래(往來)가 없구려. 변화불측(不測)한 물에 조각배 하나를 띄워 가없는 만경(萬頃)을 헤매다가, 바람 미치고 물결 놀라 돛대는 기울고 노까지 부러지면, 정신과 혼백(魂魄)이 흩어지고 두려움에 싸여 명(命)이 지척(咫尺)에 있게 될 것이로다. 이는 지극히 험한 데서 위태로움을 무릅쓰는 일이거늘, 그대는 도리어 이를 즐겨 오래오래 물에 떠가기만 하고 돌아오지 않으니 무슨 재미인가?"
> 하니, 주옹이 말하기를,
> "아아, 손은 생각하지 못하는가? 대개 사람의 마음이란 다잡기와 느슨해짐이 무상(無常)하니, 평탄한 땅을 디디면 태연하여 느긋해지고, 험한 지경에 처하면 두려워 서두르는 법이다. 두려워 서두르면 조심하여 든든하게 살지만, 태연하여 느긋하면 반드시 흐트러져 위태로이 죽나니, 내 차라리 위험을 딛고서 항상 조심할지언정, 편안한 데 살아 스스로 쓸모없게 되지 않으려 한다. 하물며 내 배는 정해진 꼴 없이 떠도는 것이니, 혹시 무게가 한쪽으로 치우치면 그 모습이 반드시 기울어지지도 뒤집히지도 않아 내 배의 평온을 지키게 되나니,

비록 풍랑이 거세게 인다 한들 편안한 내 마음을 어찌 흔들 수 있겠는가? 또, 무릇 인간 세상이란 한 거대한 물결이요, 인심이란 한바탕 큰 바람이니, 하찮것없는 내 한 몸이 아득한 그 가운데 떴다 잠겼다 하는 것보다는, 오히려 한 잎 조각배로 만 리의 부슬비 속에 떠 있는 것이 낫지 않은가? 내가 배에서 사는 것으로 사람 한세상 사는 것을 보건대, 안전할 때는 후환(後患)을 생각지 못하고, 욕심을 부리느라 나중을 돌보지 못하다가, 마침내는 빠지고 뒤집혀 죽는 자가 많다. 손은 어찌 이로서 두려움을 삼지 않고 도리어 나를 위태하다 하는가?"

하고, 주옹은 뱃전을 두들기며 노래하기를,

[A] ┌ "아득한 강바다여, 유유하여라. 빈 배를 띄웠네, 물 한가운데. 밝은 달 실어라, 홀로 떠가리. 한가로이 지내다 세월 마치리."
└

하고는 손과 작별하고 간 뒤, 더는 말이 없었다.

– 권근, 「주옹설(舟翁說)」

05 다음 중 윗글에 대한 설명으로 적절하지 않은 것은?

① 역설적 발상을 통해 일반적인 삶의 태도를 비판하고 있다.

② 질문을 하고 답하는 형식을 취하고 있다.

③ 경전을 인용하여 주장을 강조하고 있다.

④ 노래를 통해 주장을 암시하고 있다.

06 다음 중 [A]와 유사한 삶의 태도를 보여 주고 있는 작품은?

① 秋江(추강)애 밤이 드니 물결이 ᄎ노ᄆ이라.
   낙시 드리치니 고기 아니 무노ᄆ이라.
   無心(무심)ᄒ 돌빗만 싯고 뷘 빅 저어 오노ᄆ이라

② 어져 내 일이야 그릴 줄을 모로ᄃ냐.
   이시라 ᄒ더면 가랴마ᄂ 제 구ᄐ여
   보ᄂ고 그리ᄂ 정(情)은 나도 몰라 ᄒ노라

③ 눈 마ᄌ 휘여진 ᄃᆡ를 뉘라셔 굽다턴고
   구블 節(절)이면 눈 속에 프를소냐
   아마도 歲寒孤節(세한고절)은 너ᄲᆞᆫ인가 ᄒ노라

④ 靑山(청산)은 엇뎨ᄒ야 萬古(만고)애 프르르며,
   流水(유수)ᄂ 엇뎨ᄒ야 晝夜(주야)애 긋디 아니ᄂ고.
   우리도 그치디 마라 萬古常靑(만고상청)호리라

07 다음 시에 대한 감상으로 적절하지 않은 것은?

네 집에서 그 샘으로 가는 길은 한 길이었습니다. 그래서 새벽이면 물 길러 가는 인기척을 들을 수 있었지요. 서로 짠 일도 아닌데 새벽 제일 맑게 고인 물은 네 집이 돌아가며 길어 먹었지요. 순번이 된 집에서 물 길어 간 후에야 똬리끈 입에 물고 삽짝 들어서시는 어머니나 물지게 진 아버지 모습을 볼 수 있었지요. 집안에 일이 있으면 그 순번이 자연스럽게 양보되기도 했었구요. 넉넉하지 못한 물로 사람들 마음을 넉넉하게 만들던 그 샘가 미나리꽝에서는 미나리가 푸르고 앙금 내리는 감자는 잘도 썩어 구린내 흑 풍겼지요.

– 함민복, 「그 샘」

① '샘'을 매개로 공동체의 삶을 표현했다.

② 공감각적 이미지로 이웃 간의 배려를 표현했다.

③ 구어체로 이웃 간의 정감 어린 분위기를 표현했다.

④ 과거 시제로 회상의 분위기를 표현했다.

08 다음 〈보기〉는 어떤 자음에 대한 설명이다. 〈보기〉의 설명에 알맞은 단어는?

———————〈보 기〉———————

• 예사소리이다.
• 공기를 막았다가 터트리면서 내는 소리이다.
• 여린입천장에서 나는 소리이다.

① 해장　　　　　　② 사탕
③ 낭만　　　　　　④ 국밥

09 밑줄 친 부분과 다의 관계에 있는 '쓰다'의 용례로 가장 알맞은 것은?

이런 증세에는 이 약을 쓰면 바로 효과를 볼 수 있다.

① 아이가 자신이 좋아하는 반찬만 먹겠다고 생떼를 쓴다.
② 선산에 자신의 묘를 써 달라는 것이 그의 유언이었다.
③ 아이는 추운지 이불을 머리끝까지 쓰고 누웠다.
④ 그가 말하는 것을 들어보니 아예 소설을 쓰고 있었다.

10 다음 중 밑줄 친 단어의 표준 발음이 옳은 것으로만 묶인 것은?

㉠ 동원령[동월령]이 선포되었다.
㉡ 오늘 떠나는 직원의 송별연[송벼련]이 있다.
㉢ 남의 삯일[사길]을 해야 할 만큼 고생이 심했다.
㉣ 부모가 남긴 유산을 자식들은 야금야금[야그먀금] 까 먹었다.

① ㉠, ㉡
② ㉠, ㉢
③ ㉡, ㉣
④ ㉢, ㉣

11 〈보기〉에 대한 설명으로 가장 옳은 것은?

———————〈보 기〉———————

　화랑도(花郎道)란, 신라 때의 청소년들이 자신의 마음과 몸을 닦고 목숨을 바쳐 나라를 지키려는 우리 고유의 정신적 흐름을 말한다. 그리고 이를 실천하기 위하여 조직된 단체를 화랑도(花郎徒)라 한다. 그 사회의 중심인물이 되기 위하여 마음과 몸을 단련하고, 올바른 사회생활의 규범을 익히며, 나라가 어려운 시기에 처할 때 싸움터에서 목숨을 바치려는 기풍은 고구려나 백제에도 있었지만, 특히 신라에서 가장 활발하였다.

－ 변태섭, 「화랑도」

① 반론을 위한 전제를 제시하여 독자의 이해를 돕고 있다.
② 자신의 체험담을 제시하여 독자의 이해를 돕고 있다.
③ 용어 정의를 통해 독자의 이해를 돕고 있다.
④ 통계적 사실이나 사례 제시를 통해 독자의 이해를 돕고 있다.

12 다음 시조의 밑줄 친 ㉠에 대한 설명으로 적절한 것은?

梨花雨(이화우) 훗쑤릴 제 울며 잡고 離別(이별)훈 님
秋風落葉(추풍낙엽)에 저도 날 싱각는가
千里(천 리)에 외로운 ㉠ 쑴만 오락가락 ᄒ노매.

－ 계랑의 시조

① 임과의 재회에 대한 소망이 드러나 있다.
② 대립적인 상황을 해소하는 계기가 된다.
③ 인물의 과거 행적을 요약적으로 드러낸다.
④ 장면을 전환하여 긴박한 분위기를 이완하고 있다.

13 다음 중 제시된 글의 내용과 입장이 다른 하나는?

최근 교육과학기술부가 내놓은 '학교폭력 가해사실에 대한 학교생활기록부 기록 방침'은 환영할 만하다. 학생부에 가해사실을 기록하게 되면, 입시를 앞둔 학생들에게 경각심을 일으켜 자연스럽게 학교폭력을 예방할 수 있기 때문이다. 학부모들에게 학교폭력의 심각성을 알리는 데도 효과적이다.

그런데 일부 지방교육청에서 가해학생의 '인권'이 침해된다는 이유를 들어 이런 조처를 보류하고 있다는 사실에 통탄을 금할 길이 없다. 한 번의 실수로 남은 인생에 불이익을 받게 되는 것이 두렵다면, 평생을 학교폭력으로 고통받고, 학업까지 포기하며 살아야 하는 피해학생과 그 가족의 아픔은 무엇이란 말인가. 지속적인 폭력으로 몸과 마음에 상처를 입은 학생이 받은 고통을 생각한다면, 과연 학교폭력의 학교생활기록부 기재를 재고한다는 방침을 논할 수가 있는지 묻고 싶다.

더욱이 상급학교 진학 때 우려되는 불이익에서 가해학생을 보호하기 위하여 학생의 행동이나 태도에 긍정적인 변화가 있는 경우, 이를 학교생활기록부의 '행동특성 및 종합의견란'등에 구체적으로 기록하도록 하여 '낙인 효과'를 방지하도록 하고 있다. 이렇게 가해학생을 보호할 수 있는 안전판이 마련돼 있는데도 학생부 기재를 반대하는 것은 위험한 발상이 아닐 수 없다.

가해학생의 인권도 물론 중요하지만 피해자와 가해자의 인권이 대립했을 때는 약자의 권리가 우선돼야 한다. 그것이 인권의 본질적인 측면에 부합하는 것이다. 예컨대 성범죄자의 인권을 제한하거나, 가정폭력의 경우 남성에게 '접근 제한' 명령 등을 내리는 것은 이런 이유에서다. 학교폭력 학생부 기재로 가해학생이 받는 불이익보다, 학교폭력으로 고통 받고 괴로워하는 피해학생의 인권 보호가 더 중요하다.

학교폭력에 관해 우리 사회는 가해자에게 온정적이다. 피해자가 평생 시달릴 고통에 대해서는 전혀 배려가 없다. 피해자와 그 가족의 고통은 외면한 채 가해자의 인권을 외치는 사람들은 과연 학교폭력의 시퍼런 서슬 앞에 자유로울 수 있단 말인가? 가해학생에겐, 죄를 지으면 반드시 처벌받는다는 것을 깨우쳐 주어야 한다. 또 진정한 반성의 기회를 통해 새로운 사회 · 도덕적 인간으로 거듭날 수 있게 해주는 것 역시 교육의 한 부분이

다. 더 이상 가해자에게 변명과 발뺌의 기회를 주어서는 안 된다. 그로 인해 더욱 고통받는 피해자와 그 가족들이 있다는 것을 명심해야 할 것이다.

① 경각심을 일으켜 학교폭력을 예방할 수 있다.
② 한 번의 실수로 지나친 불이익을 받는 것을 방지해야 한다.
③ 피해자의 인권이 우선돼야 한다.
④ 새로운 사회 · 도덕적 인간으로 거듭날 수 있게 해준다.

14 다음 글의 내용과 가장 부합하는 것은?

세잔이, 사라졌다고 느낀 것은 균형과 질서의 감각이다. 인상주의자들은 순간순간의 감각에만 너무 사로잡힌 나머지 자연의 굳건하고 지속적인 형태는 소홀히 했다고 느꼈던 것이다. 반 고흐는 인상주의가 시각적 인상에만 집착하여 빛과 색의 광학적 성질만을 탐구한 나머지 미술의 강렬한 정열을 상실하게 될 위험에 처했다고 느꼈다. 마지막으로 고갱은 그가 본 인생과 예술 전부에 대해 철저하게 불만을 느꼈다. 그는 더 단순하고 더 솔직한 어떤 것을 열망했고 그것을 원시인들 속에서 발견할 수 있으리라고 기대했다. 이 세 사람의 화가가 모색했던 제각각의 해법은 세 가지 현대 미술 운동의 이념적 바탕이 되었다. 세잔의 해결 방법은 프랑스에 기원을 둔 입체주의(Cubism)를 일으켰고, 반 고흐의 방법은 독일 중심의 표현주의(Expressionism)를 일으켰다. 고갱의 해결 방법은 다양한 형태의 프리미티비즘(Primitivism)을 이끌어 냈다.

① 세잔은 인상주의가 균형과 질서의 감각을 너무 강조한다고 생각했다.
② 고흐는 인상주의가 빛과 색의 광학적 성질을 탐구하는 것을 간과하고 있다고 생각했다.
③ 고갱은 인상주의가 충분히 솔직하고 단순했다고 생각했다.
④ 세잔, 고흐, 고갱은 인상주의의 문제를 극복하고자 각자 새로운 해결 방법을 모색했다.

15 다음 작품과 같은 갈래에 대한 설명으로 옳지 않은 것은?

> 십 년(十年)을 경영하여 초려 삼간(草廬三間) 지어 내니
> 나 한 간 달 한 간에 청풍(淸風) 한 간 맡겨 두고
> 강산(江山)은 들일 데 없으니 둘러 두고 보리라.
>
> — 송순, 「십 년(十年)을 경영하여」

① 4음보의 규칙적인 율격을 지닌다.
② 초장, 중장, 종장으로 구성되었다.
③ 4구체, 8구체, 10구체로 분류할 수 있다.
④ 우리 민족이 만든 독특한 정형시라고 볼 수 있다.

16 밑줄 친 어휘의 쓰임이 적절하지 않은 것은?

① 푸른 연기가 감실감실 피어오른다.
② 날씨가 더워 모시로 만든 핫옷을 꺼내 입었다.
③ 강아지는 머뭇거리지 않고 넝큼넝큼 받아먹었다.
④ 아침 햇빛을 받아 반짝거리는 호수는 다붓하기만 했다.

17 다음 중 밑줄 친 ㉠과 어울리는 한자성어는?

> 초승달이나 보름달은 보는 이가 많지마는, 그믐달은 보는 이가 적어 그만큼 외로운 달이다. 객창한등(客窓寒燈)에 ㉠ 정든 님 그리워 잠 못 들어 하는 분이나, 못 견디게 쓰린 가슴을 움켜잡은 무슨 한(恨) 있는 사람 아니면, 그 달을 보아 주는 이가 별로 없는 것이다.

① 寤寐不忘
② 靑出於藍
③ 刻骨難忘
④ 不問曲直

18 다음 글의 ㉠~㉣에 대해 잘못 설명한 것은?

> 열무 삼십 단을 이고
> 시장에 간 우리 엄마
> 안 오시네. ㉠ 해는 시든 지 오래
> 나는 ㉡ 찬밥처럼 방에 담겨
> 아무리 천천히 숙제를 해도
> 엄마 안 오시네, ㉢ 배추잎 같은 발소리 타박타박
> 안 들리네. 어둡고 무서워
> ㉣ 금간 창 틈으로 고요한 빗소리
> 빈 방에 혼자 엎드려 훌쩍거리던
>
> 아주 먼 옛날
> 지금도 내 눈시울을 뜨겁게 하는
> 그 시절, 내 유년의 윗목
>
> — 기형도, 「엄마 걱정」

① ㉠: 시간의 경과가 나타나 있다.
② ㉡: 홀로 방치된 화자의 외로운 상황이 드러난다.
③ ㉢: '찬밥처럼 방에 담겨'와 같은 표현 방법이 사용되었다.
④ ㉣: 힘든 현실을 극복하고자 하는 의지가 드러나는 표현이다.

19 〈보기〉는 중세국어의 표기법에 대한 설명이다. 이에 따른 표기로 가장 옳지 않은 것은?

> ───〈보 기〉───
> 중세국어 표기법의 일반적 원칙은 표음적 표기법으로, 이는 음운의 기본 형태를 밝혀 적지 않고 소리 나는 대로 적는 표기를 말한다. 이어적기는 이러한 원리에 따른 것으로 받침이 있는 체언이나 받침이 있는 용언 어간에 모음으로 시작하는 조사나 어미가 붙을 때 소리 나는 대로 이어 적는 표기를 말한다.

① 불휘 기픈
② ᄇᆞᄅᆞ매 아니 뮐씨
③ 쟝긔판놀 밍ᄀᆞ러ᄂᆞᆯ
④ 바ᄅᆞ래 가ᄂᆞ니

20 다음 중 ㉠~㉣에 대한 수정 방안으로 옳지 않은 것은?

> 봄이면 어김없이 나타나 우리를 괴롭히는 황사가 본래 나쁘기만 한 것은 아니었다. ㉠ 황사의 이동 경로는 매우 다양하다. 황사는 탄산칼슘, 마그네슘, 칼륨 등을 포함하고 있어 봄철의 산성비를 중화시켜 토양의 산성화를 막는 역할을 했다. 또 황사는 무기물을 포함하고 있어 해양 생물에게도 도움을 줬다. ㉡ 그리고 지금의 황사는 생태계에 심각한 해를 끼치는 애물단지가 되어 버렸다. 이처럼 황사가 재앙의 주범이 된 것은 인간의 환경 파괴 ㉢ 덕분이다.
> 현대의 황사는 각종 중금속을 포함하고 있는 독성 황사이다. 황사에 포함된 독성 물질 중 대표적인 것으로 다이옥신을 들 수 있다. 다이옥신은 발암 물질이며 기형아 출산을 일으킬 수도 있는 것이다. 이러한 ㉣ 독성 물질이 다수 포함하고 있는 황사가 과거보다 자주 발생하고 정도도 훨씬 심해지고 있어 문제이다.

① ㉠은 글의 논리적인 흐름을 방해하고 있으므로 삭제한다.

② ㉡은 앞뒤 내용을 자연스럽게 연결해 주지 못하므로 '그래서'로 바꾼다.

③ ㉢은 어휘가 잘못 사용된 것이므로 '때문이다'로 고친다.

④ ㉣은 서술어와 호응하지 않으므로 '독성 물질을'로 고친다.

21 다음 시에 대한 설명으로 적절하지 않은 것은?

> 산이 날 에워싸고
> 씨나 뿌리며 살아라 한다.
> 밭이나 갈며 살아라 한다.
>
> 어느 짧은 산자락에 집을 모아
> 아들 낳고 딸을 낳고
> 흙담 안팎에 호박 심고
> 들찔레처럼 살아라 한다.
> 쑥대밭처럼 살아라 한다.
>
> 산이 날 에워싸고
> 그믐달처럼 사위어지는 목숨
> 그믐달처럼 살아라 한다.
> 그믐달처럼 살아라 한다.
>
> — 박목월, 「산이 날 에워싸고」

① 화자는 순수하고도 탈속적인 세계를 지향하고 있다.

② 유사한 통사 구조의 반복을 통해 주제를 강조하고 있다.

③ 화자는 자신의 소망을 '산'이 자신에게 말하는 것처럼 표현하고 있다.

④ 화자는 절제된 감정으로 '산'과의 일정한 거리를 유지하려 하고 있다.

22 다음 밑줄 친 부분의 표준어 표기가 옳은 것은?

① <u>온가지</u> 정성을 기울였다.

② <u>며루치</u> 한 마리 주는 것도 아깝다.

③ <u>천정</u>에서 쥐들이 달리는 소리가 요란하다.

④ 그는 나를 <u>꼭두각시</u>처럼 조종해 오고 있었다.

23 다음 글의 ㉠에 해당하는 작품이 아닌 것은?

역사적으로 볼 때 우리나라의 극 갈래는 가면극, 인형극, 판소리 등을 거쳐 신파극, 근대극, 현대극으로 발전해 왔다. 가면극은 신라의 오기, 검무, 처용무에서 시작하여 고려의 나례, 조선의 산대희와 탈춤으로 발전하였다. 인형극은 삼국 시대의 목우희에서 나무인형으로 노는 인형극, 고려 시대의 꼭두각시놀음과 그림자극인 망석중 놀이로 이어졌다. 조선 후기에 발생한 판소리는 신재효가 ㉠ 여섯 마당으로 정리하면서 전환기를 맞이하였다.

① 「만분가」
② 「적벽가」
③ 「심청가」
④ 「춘향가」

24 〈보기〉의 ㉠~㉢에 들어갈 알맞은 낱말끼리 짝 지은 것은?

─〈보 기〉─

물속에 잠긴 막대기는 굽어 보이지만 실제로 굽은 것은 아니다. 이때 나무가 굽어 보이는 것은 우리의 착각 때문도 아니고 눈에 이상이 있기 때문도 아니다. 나무는 정말 굽어 보이는 것이다. 분명히 굽어 보인다는 점과 사실은 굽지 않았다는 점 사이의 (㉠)은 빛의 굴절 이론을 통해서 해명된다.

굽어 보이는 나무도 우리의 직접적 경험을 통해서 주어지는 하나의 현실이고, 실제로는 굽지 않은 나무도 하나의 현실이다. 전자를 우리는 사물이나 사태의 보임새, 즉 (㉡)이라고 부르고, 후자를 사물이나 사태의 참모습, 즉 (㉢)이라고 부른다.

	㉠	㉡	㉢
①	葛藤	現象	本質
②	矛盾	現象	本質
③	矛盾	假象	根本
④	矛盾	現象	本質

25 글의 제목으로 가장 적절한 것은?

평화로운 시대에 시인의 존재는 문화의 비싼 장식일 수 있다. 그러나 시인의 조국이 비운에 빠졌거나 통일을 잃었을 때 시인은 장식의 의미를 떠나 민족의 예언가가 될 수 있고, 민족혼을 불러일으키는 선구자적 지위에 놓일 수도 있다. 예를 들면 스스로 군대를 가지지 못한 채 제정 러시아의 가혹한 탄압 아래 있던 폴란드 사람들은 시인의 존재를 민족의 재생을 예언하고 굴욕스러운 현실을 탈피하도록 격려하는 예언자로 여겼다. 또한 통일된 국가를 가지지 못하고 이산되어 있던 이탈리아 사람들은 시성 단테를 유일한 '이탈리아'로 숭앙했고, 제1차 세계대전 때 독일군의 잔혹한 압제하에 있었던 벨기에 사람들은 베르하렌을 조국을 상징하는 시인으로 추앙하였다.

① 시인의 운명
② 시인의 사명
③ 시인의 혁명
④ 시인의 생명

QR코드 접속을 통해 풀이시간 측정, 자동 채점
그리고 결과 분석까지!

01 점 A에 정지해 있던 질량 1[kg], 전하량 1[C]의 물체가 점 A보다 전위가 2[V] 낮은 점 B로 전위차에 의해서 가속되었다. 점 B에 도달하는 순간 이 물체가 갖는 속도[m/s]는?

① 1[m/s]

② 2[m/s]

③ 3[m/s]

④ 4[m/s]

02 평형 3상 부하에 전력을 공급할 때 선전류 값이 20[A]이고 부하의 소비전력이 4[kW]이다. 이 부하의 등가 Y회로에 대한 각 상의 저항[Ω]은?

① 3.3[Ω]

② 5.7[Ω]

③ 7.2[Ω]

④ 10[Ω]

03 상호인덕턴스가 20[mH]이고, 두 코일의 자기인덕턴스가 각각 40[mH], 160[mH]일 경우 상호 유도 회로에서의 결합계수 k는?

① 0.25

② 0.35

③ 0.4

④ 0.5

04 RL 직렬회로에 V인 직류 전압원을 갑자기 연결하였을 때 $t=0^+$인 순간, 이 회로에 흐르는 회로전류에 대하여 적절하게 표현한 것은?

① 이 회로에는 전류가 흐르지 않는다.

② 이 회로에는 $\dfrac{V}{R}$ 크기의 전류가 흐른다.

③ 이 회로에는 무한대의 전류가 흐른다.

④ 이 회로에는 $\dfrac{V}{(R+j\omega L)}$의 전류가 흐른다.

05 그림과 같은 회로에서 부하 R을 접속할 시 얻을 수 있는 최대 출력[W]은?

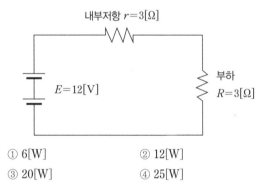

① 6[W]　　　　　② 12[W]

③ 20[W]　　　　　④ 25[W]

06 2전력계법으로 3상 전력을 측정할 때 지시값이 $P_1=200$[W], $P_2=300$[W]이었다. 부하전력[W]은?

① 600[W]

② 500[W]

③ 400[W]

④ 300[W]

07 t=0에서 스위치 S를 닫았을 때 정상 전류값[A]은?

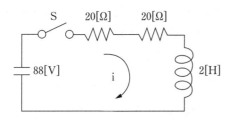

① 2.2[A]
② 2.5[A]
③ 4[A]
④ 8[A]

08 저항 $R_1[\Omega]$과 $R_2[\Omega]$을 직렬로 접속하고 $V[\mathrm{V}]$의 전압을 가한 경우에 저항 R_1 양단의 전압은 어떻게 되는가?

① $\dfrac{R_2}{R_1+R_2}V$

② $\dfrac{R_1R_2}{R_1+R_2}V$

③ $\dfrac{R_1-R_2}{R_1R_2}V$

④ $\dfrac{R_1}{R_1+R_2}V$

09 전원 100[V]에 $R_1=5[\Omega]$과 $R_2=15[\Omega]$의 두 전열선을 직렬로 접속한 경우에 대한 설명으로 옳은 것은?

① R_1에는 R_2보다 3배의 전류가 흐른다.
② R_2는 R_1보다 3배의 열을 발생시킨다.
③ R_1과 R_2에 걸리는 전압은 같다.
④ R_1은 R_2보다 3배의 전력을 소비한다.

10 무한장 직선형 도선에서 $I[\mathrm{A}]$의 전류가 흐를 경우 도선으로부터 $R[\mathrm{m}]$ 떨어진 점의 자속 밀도 $B[\mathrm{Wb/m^2}]$는?

① $B=\dfrac{I}{4\pi\mu R}[\mathrm{Wb/m^2}]$

② $B=\dfrac{\mu I}{2\pi R}[\mathrm{Wb/m^2}]$

③ $B=\dfrac{\mu I}{4\pi R}[\mathrm{Wb/m^2}]$

④ $B=\dfrac{I}{2\pi\mu R}[\mathrm{Wb/m^2}]$

11 그림과 같이 전압원을 접속했을 때 흐르는 전류 I [A]는?

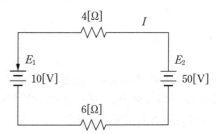

① 2[A]
② −2[A]
③ 4[A]
④ −4[A]

12 송배전 선로에서 도체의 굵기는 같게 유지하고 도체 간의 간격을 크게 한다면 도체의 인덕턴스는 어떻게 되는가?

① 감소한다.
② 증가한다.
③ 변함이 없다.
④ 도체의 굵기와 도체 간의 간격과는 관계가 없다.

13 지름 10[cm]의 솔레노이드 코일에 5[A]의 전류가 흐를 때 코일 내 자기장의 세기[AT/m]는? (단, 1[cm] 당 권수는 20회이다)

① 10^5[AT/m] 　　② 10^4[AT/m]

③ 10^3[AT/m] 　　④ 10^2[AT/m]

14 3상 3선식 송전선로에서 각 선의 대지 정전용량이 0.731[μF]이고, 선간 정전용량이 0.123[μF]일 때, 한 선의 작용 정전용량[μF]은?

① 0.9[μF] 　　② 1.1[μF]

③ 1.3[μF] 　　④ 1.5[μF]

15 그림과 같은 회로에 10[A]의 전류가 흐르게 하려면 a, b 양단에 가해야 할 전압[V]은?

① 60[V] 　　② 80[V]

③ 100[V] 　　④ 120[V]

16 그림에서 V_{ab}가 50[V]일 때 전류 I[A]는?

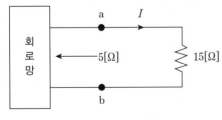

① 1.5[A] 　　② 2.0[A]

③ 2.5[A] 　　④ 3.0[A]

17 배전선로의 전압을 5[kV]에서 10[kV]로 승압하면 전압강하율(δ)은 어떻게 되는가? (단, 부하는 일정하고, $d_{5[kV]}$는 전압이 5[kV]일 때의 전압강하율, $d_{10[kV]}$는 전압이 10[kV]일 때의 전압강하율을 나타낸다)

① $\delta_{10[kV]} = 2\delta_{5[kV]}$

② $\delta_{10[kV]} = 4\delta_{5[kV]}$

③ $\delta_{10[kV]} = \dfrac{1}{2}\delta_{5[kV]}$

④ $\delta_{10[kV]} = \dfrac{1}{4}\delta_{5[kV]}$

18 O점의 자계의 크기[AT/m]는?

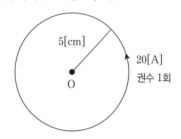

① 20[AT/m] 　　② 200[AT/m]

③ 2000[AT/m] 　　④ 2[AT/m]

19 기전력 1.5[V], 전류 용량 1[A]인 건전지 6개가 있다. 이것을 직·병렬로 연결하여 3[V], 3[A]의 출력을 얻으려면 어떻게 접속하여야 하는가?

① 2개 직렬 연결한 것을 3조 병렬 연결

② 3개 직렬 연결한 것을 2조 병렬 연결

③ 6개 모두 직렬 연결

④ 6개 모두 병렬 연결

20 다음 정리된 식 중에서 옳지 않은 것은?

① 발산의 정리: $\int_s E \cdot dS = \int_v div E dv$

② Poisson의 방정식: $\nabla^2 V = -\dfrac{\varepsilon}{\rho}$

③ Gauss의 정리: $div D = \rho$

④ Laplace의 방정식: $\nabla^2 V = 0$

21 송전선로의 안정도를 향상시키기 위한 대책이 아닌 것은?

① 복도체 방식을 채용한다.

② 계통의 직렬 리액턴스를 증가시킨다.

③ 병행 다회선 방식을 이용한다.

④ 고속도 차단기를 설치한다.

22 다음 ㉠, ㉡의 현상으로 적절한 것은?

> • 기계적인 변형력을 가할 때 결정체의 표면에 전위차가 발생되는 현상은 (㉠)이다.
> • 유전체 결정을 가열시킬 때 결정 표면에 전하가 나타나는 현상은 (㉡)이다.

	㉠	㉡
①	압전 효과	파이로 효과
②	톰슨 효과	파이로 효과
③	압전 효과	전계 효과
④	파이로 효과	핀치 효과

23 %임피던스에 대한 설명으로 옳지 않은 것은?

① 단위를 갖지 않는다.

② 절대량이 아닌 기준량에 대한 비를 나타낸 것이다.

③ 기기용량의 크기와 관계없이 일정한 범위의 값을 갖는다.

④ 변압기나 동기기의 내부 임피던스에만 사용할 수 있다.

24 평형 3상 교류회로의 Δ와 Y결선에서 전압과 전류의 관계에 대한 설명으로 옳지 않은 것은?

① Δ결선의 상전압의 위상은 Y결선의 상전압의 위상보다 30° 앞선다.

② 선전류의 크기는 Y결선에서 상전류의 크기와 같으나, Δ결선에서는 상전류 크기의 $\sqrt{3}$배이다.

③ Δ결선의 부하임피던스의 위상은 Y결선의 부하 임피던스의 위상보다 30° 앞선다.

④ Δ결선의 선전류의 위상은 Y결선의 선전류의 위상과 같다.

25 $f(t) = u(t-a) - u(t-b)$의 라플라스 변환은?

① $\dfrac{1}{s}(e^{-as} - e^{-bs})$

② $\dfrac{1}{s^2}(e^{-as} - e^{-bs})$

③ $\dfrac{1}{s^2}(e^{as} + e^{bs})$

④ $\dfrac{1}{s}(e^{as} + e^{bs})$

제3과목: 전기기기

QR코드 접속을 통해 풀이시간 측정, 자동 채점
그리고 결과 분석까지!

01 전기자의 지름 D[m], l[m]가 되는 전기자에 권선을 감은 직류 발전기가 있다. 자극의 수가 p, 각각의 자속수가 Φ[Wb]일 때 전기자 표면의 자속 밀도[Wb/m²]는?

① $\dfrac{\pi D p}{60}$[Wb/m²]

② $\dfrac{p\Phi}{\pi Dl}$[Wb/m²]

③ $\dfrac{\pi Dl}{p\Phi}$[Wb/m²]

④ $\dfrac{\pi Dl}{p}$[Wb/m²]

02 직류 발전기가 있다. 자극수 10, 전기자 도체수 600, 1자극당 자속수 0.01[Wb], 회전수가 1,200[rpm]일 때 유기되는 기전력[V]은? (단, 권선은 단중 중권이다)

① 100[V]

② 120[V]

③ 200[V]

④ 250[V]

03 이상적인 변압기의 대한 설명으로 옳지 않은 것은?

① 권선의 저항과 누설자속은 0이다.

② 직류전원을 공급하면 교번 자기력선속이 발생하지 않는다.

③ 1차 측 주파수와 2차 측 주파수는 동일하다.

④ 철심의 히스테리시스 현상이 있다.

04 전기자 저항이 각각 $R_A=0.1$[Ω], $R_B=0.2$[Ω]인 100[V], 10[kW]의 두 분권 발전기의 유기 기전력을 같게 해서 병렬 운전하여 정격전압으로 135[A]의 부하 전류를 공급할 때 각각의 분담 전류[A]는?

① $I_A=90$[A], $I_B=45$[A]

② $I_A=100$[A], $I_B=35$[A]

③ $I_A=80$[A], $I_B=55$[A]

④ $I_A=110$[A], $I_B=25$[A]

05 동기발전기의 권선법에 대한 설명으로 옳지 않은 것은?

① 단절권은 전절권에 비하여 고조파 성분이 감소한다.

② 단절권과 분포권은 기전력의 파형을 좋게 한다.

③ 단절권과 집중권에 비해 유기기전력이 높다.

④ 분포권은 전기자 권선에 의한 열을 고르게 분포시켜 과열을 방지한다.

06 자극수 4, 전기자 도체수 400, 자극당 유효 자속 0.01[Wb], 600[rpm]으로 회전하는 파권 직류 발전기의 유기 기전력[V]은?

① 80[V]

② 100[V]

③ 120[V]

④ 140[V]

07 주파수 50[Hz]의 회로에 접속되어 슬립 4[%], 회전수 1,200[rpm]으로 회전하고 있는 유도전동기의 극수는?

① 4.8

② 6.0

③ 8.4

④ 9.6

08 3상 동기 발전기에서 권선 피치와 자극 피치의 비를 $\frac{13}{15}$의 단절권으로 하였을 때의 단절권 계수는?

① $\sin\frac{13}{15}\pi$

② $\sin\frac{15}{26}\pi$

③ $\sin\frac{13}{30}\pi$

④ $\sin\frac{15}{13}\pi$

09 보극이 없는 직류 발전기는 부하의 증가에 따라 브러시의 위치를 어떻게 변화시켜 주어야 전기자 반작용에 의한 현상을 최소화할 수 있는가?

① 발전기의 회전방향과 반대로 이동시킨다.

② 발전기의 회전방향으로 이동시킨다.

③ 계자극의 중간에 놓는다.

④ 그대로 둔다.

10 그림과 같은 동기 발전기의 동기 리액턴스는 3[Ω]이고, 무부하 시의 선간 전압이 220[V]이다. 그림과 같이 3상 단락되었을 때 단락 전류[A]는?

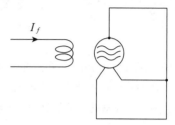

동기 발전기의 3상 단락

① 24[A]

② 42.3[A]

③ 73.3[A]

④ 127[A]

11 3상 교류 발전기의 기전력에 대하여 90° 늦은 전류가 통할 때의 반작용 기자력은?

① 자극축과 일치하고 감자작용이 발생한다.

② 자극축보다 90° 빠른 증자작용이 발생한다.

③ 자극축보다 90° 늦은 감자작용이 발생한다.

④ 자극축과 직교하는 교차 자화작용이 발생한다.

12 변압기의 2차 측 부하 임피던스 Z가 20[Ω]일 때 1차 측에서 보아 18[kΩ]이 되었다면 이 변압기의 권수비는? (단, 변압기의 임피던스는 무시한다)

① 3

② 30

③ $\frac{1}{3}$

④ $\frac{1}{30}$

13 임피던스 강하가 5[%]인 변압기가 운전 중 단락되었을 때 그 단락 전류는 정격 전류의 몇 배인가?

① 15배
② 20배
③ 25배
④ 30배

14 3상 동기 발전기의 상간 접속을 Y결선으로 하는 이유로 적절하지 않은 것은?

① 중성점을 이용할 수 있다.
② 같은 선간전압의 결선에 비하여 절연이 용이하다.
③ 선간전압에 제3고조파가 나타나지 않는다.
④ 상전압이 선간전압의 $\sqrt{3}$배가 된다.

15 단상 변압기가 있다. 전부하에서 2차 전압은 115[V]이고, 전압 변동률은 2[%]이다. 1차 단자전압[V]은? (단, 1차 · 2차 권선비는 20:1이다)

① 2,356[V]
② 2,346[V]
③ 2,336[V]
④ 2,326[V]

16 두 대의 변압기를 병렬 운전하고 있다. 다른 정격은 모두 같고 1차 환산 누설 임피던스만이 $2+j3[\Omega]$과 $3+j2[\Omega]$이다. 이 경우 변압기에 흐르는 부하전류를 50[A]라 하면 순환전류[A]는?

① 10[A]
② 8[A]
③ 5[A]
④ 3[A]

17 직류 발전기에서 정류를 좋게 하는 방법으로 적절하지 않은 것은?

① 보극을 설치하여 리액턴스 전압을 증가시킨다.
② 보극 권선은 전기자 권선과 직렬로 접속한다.
③ 탄소브러시를 사용하여 접촉저항을 증가시킨다.
④ 브러시를 전기적 중성축을 지나서 회전방향으로 약간 이동시킨다.

18 어떤 변압기의 전부하 동손이 270[W], 철손이 120[W]일 때, 이 변압기를 최고 효율로 운전하는 출력은 정격 출력의 약 몇 [%]가 되는가?

① 22.5[%]
② 33.3[%]
③ 44.4[%]
④ 66.7[%]

19 다음 중 서보 모터의 특징으로 적절하지 않은 것은?

① 회전축의 관성이 커 정지 및 반전을 신속히 하기 어렵다.
② 교류 서보 모터에 비하여 직류 서보 모터의 기동 토크가 크다.
③ 발생 토크는 입력 신호에 비례하고 그 비가 크다.
④ 속응성과 기계적 응답은 뛰어나고 시정수는 짧다.

20 10[kVA], 조정 전압 200[V]인 3상 유도 전압 조정기의 2차 정격 전류[A]는?

① 50[A]

② 29[A]

③ 25[A]

④ 12[A]

21 3상 유도전동기의 회전 방향을 바꾸기 위한 방법으로 옳은 것은?

① Δ−Y결선으로 결선법을 바꾸어 준다.

② 기동 보상기를 사용하여 권선을 바꾸어 준다.

③ 전원의 전압과 주파수를 바꾸어 준다.

④ 전동기의 1차 권선에 있는 3개의 단자 중 임의로 2개의 단자를 서로 바꾸어 준다.

22 단자전압이 412[V], 부하전류가 60[A]일 때 회전수가 3,000[rpm]인 직류 직권 전동기가 있다. 단자전압을 208[V]로 하는 경우 부하전류가 40[A]이면 회전수[rpm]는? (단, 전기자권선과 계자권선의 합성저항은 0.2[Ω]이며, 자기회로는 불포화 상태이다)

① 1,500[rpm]

② 2,150[rpm]

③ 2,200[rpm]

④ 2,250[rpm]

23 30[kVA]의 단상 변압기 2대를 사용하여 V−V결선으로 하고 3상 전원을 얻고자 한다. 이때 여기에 접속시킬 수 있는 3상 부하의 용량은 약 몇 [kVA]인가? (단, $\sqrt{3}=1.73$으로 계산한다)

① 51.9[kVA]

② 59.1[kVA]

③ 89.8[kVA]

④ 103.8[kVA]

24 SCR의 애노드 전류가 10[A]일 때 게이트 전류를 1/2로 줄이면 애노드 전류[A]는?

① 20

② 10

③ 5

④ 2

25 3상 서보모터에 평형 2상 전압을 가하여 동작시킬 때의 속도−토크 특성곡선에서 최대토크가 발생할 슬립 s는?

① $0.05<s<0.2$

② $0.2<s<0.8$

③ $0.8<s<1$

④ $1<s<2$

군무원 전기직 FINAL 실전 봉투모의고사
제2회 모의고사

전기직

제1과목	국어	제2과목	전기공학
제3과목	전기기기	제4과목	

응시번호		성 명	

〈 안 내 사 항 〉

1. 답안지의 모든 기재 및 표기사항은 반드시 『컴퓨터용 흑색사인펜』으로만 작성하여야 합니다.
   (사인펜에 "컴퓨터용"으로 표시되어 있음) (사인펜 본인 지참)
   * 매년 지정된 펜을 사용하지 않아 답안지가 무효처리 되는 상황이 빈발하고 있으므로, 답안지
   는 반드시 『컴퓨터용 흑색사인펜』으로만 표기하시기 바랍니다.

2. 답안은 매 문항마다 반드시 하나의 답만 골라 그 숫자에 "●"로 표기해야 하며, 표기한 내용은 수정
   테이프를 이용하여 정정할 수 있습니다. 단, 시험시행본부에서 수정테이프를 제공하지 않습니다.
   (표기한 부분을 긁는 경우 오답처리 될 수 있으며, 수정스티커 또는 수정액은 사용 불가)
   * 답안지는 훼손·오염되거나 구겨지지 않도록 주의해야 하며, 특히 답안지 상단의 타이밍마크
   (▎▎▎▎▎)를 절대로 훼손해서는 안 됩니다.

3. 필기시험 문제 관련 의견제시 기간 : 시험 당일을 포함한 5일간
   * 국방부 군무원채용관리홈페이지(http://recruit.mnd.go.kr) - 시험안내 - 시험문고답하기

제2회 모의고사

제1과목: 국어

QR코드 접속을 통해 풀이시간 측정, 자동 채점
그리고 결과 분석까지!

01 맞춤법에 맞는 것은?

① 희생을 치뤄야 대가를 얻을 수 있다.
② 내로라하는 선수들이 뒤쳐진 이유가 있겠지.
③ 방과 후 고모 댁에 들른 후 저녁에 갈 거여요.
④ 가스 밸브를 안 잠궈 화를 입으리라고는 전혀 생각지 못했다.

02 다음 글의 내용을 잘못 이해한 사람은?

> 심리학에서는 동조(同調)가 일어나는 이유를 크게 두 가지로 설명한다. 첫째는, 사람들은 자기가 확실히 알지 못하는 일에 대해 남이 하는 대로 따라 하면 적어도 손해를 보지는 않는다고 생각한다는 것이다. 둘째는, 어떤 집단이 그 구성원들을 이끌어 나가는 질서나 규범 같은 힘을 가지고 있을 때, 그러한 집단의 압력 때문에 동조 현상이 일어난다는 것이다. 만약 어떤 개인이 그 힘을 인정하지 않는다면 그는 집단에서 배척당하기 쉽다. 이런 사정 때문에 사람들은 집단으로부터 소외되지 않기 위해서 동조를 하게 된다. 여기서 주목할 것은 자신이 믿지 않거나 옳지 않다고 생각하는 문제에 대해서도 동조의 입장을 취하게 된다는 것이다.
>
> 동조는 개인의 심리 작용에 영향을 미치는 요인이 무엇이냐에 따라 그 강도가 다르게 나타난다. 가지고 있는 정보가 부족하여 어떤 판단을 내리기 어려운 상황일수록, 자신의 판단에 대한 확신이 들지 않을수록 동조 현상은 강하게 나타난다. 또한 집단의 구성원 수가 많거나 그 결속력이 강할 때, 특정 정보를 제공하는 사람의 권위와 지위, 그에 대한 신뢰도가 높을 때도 동조 현상은 강하게 나타난다. 그리고 어떤 문제에 대한 집단 구성원들의 만장일치 여부도 동조에 큰 영향을 미치게 되는데, 만약 이때 단 한 명이라도 이탈자가 생기면 동조의 정도는 급격히 약화된다.

① 태영: 집단으로부터 배척당하는 것이 두려워 동조하는 사람이 생기기도 하는 것 같아.
② 수희: 동조 현상에 영향을 미치는 요인은 우매한 조직의 결속력보다 개인의 신념이라고 볼 수 있겠군.
③ 지석: 응집력이 강한 집단일수록 항거하는 것이 더 어려워지지. 이런 경우, 동조 압력은 더 강할 수밖에 없겠지.
④ 영지: 아침에 수많은 정류장 중 어디에서 공항버스를 타야 할지 몰랐는데 스튜어디스 차림의 여성이 향하는 정류장 쪽으로 따라갔었어. 이 경우, 그 스튜어디스 복장이 신뢰도를 높였다고 할 수 있겠네.

03 다음 밑줄 친 ㉠과 ㉡에서 '-의'의 쓰임을 바르게 설명한 것은?

吾等(오등)은 茲(자)에 我(아) ㉠ 朝鮮(조선)의 獨立國(독립국)임과 ㉡ 朝鮮人(조선인)의 自主民(자주민)임을 宣言(선언)하노라. 此(차)로써 世界萬邦(세계만방)에 告(고)하야 人類平等(인류평등)의 大義(대의)를 克明(극명)하며 此(차)로써 子孫萬代(자손만대)에 誥(고)하야 民族自存(민족자존)의 正權(정권)을 永有(영유)케 하노라.

① ㉠에서 '-의'는 앞 체언이 뒤 체언에 대하여 비유의 대상임을 나타내고, ㉡에서 '-의'는 앞 체언이 뒤 체언이 나타내는 행동이나 작용의 주체임을 나타낸다.

② ㉠에서 '-의'는 앞 체언이 뒤 체언이 나타내는 행동이나 작용의 주체임을 나타내고, ㉡에서 '-의'는 앞 체언이 뒤 체언에 대하여 비유의 대상임을 나타낸다.

③ ㉠과 ㉡에서 '-의'는 앞 체언이 뒤 체언에 대하여 비유의 대상임을 나타낸다.

④ ㉠과 ㉡에서 '-의'는 앞 체언이 뒤 체언이 나타내는 행동이나 작용의 주체임을 나타낸다.

04 〈보기〉에서 설명한 시의 표현 방법이 적용된 시구로 가장 옳은 것은?

─〈보 기〉─

본래의 의미와 의도를 더욱 효과적으로 강조하기 위해 그것을 가장하거나 위장하는 것이다. 즉 본래의 의도를 숨기고 반대되는 말로 표현하는 것으로, 표면의미(표현)와 이면의미(의도) 사이에 괴리와 모순을 통해 시적 진실을 전달하는 표현 방법이다.

① 돌담에 속삭이는 햇발같이 / 풀 아래 웃음 짓는 샘물 같이

– 김영랑, 「돌담에 속삭이는 햇발같이」

② 내가 그의 이름을 불러 주었을 때 / 그는 나에게로 와서 / 꽃이 되었다

– 김춘수, 「꽃」

③ 산은 나무를 기르는 법으로 / 벼랑에 오르지 못하는 법으로 / 사람을 다스린다

– 김광섭, 「산」

④ 나보기가 역겨워 / 가실 때에는 / 죽어도 아니 눈물 / 흘리오리다

– 김소월, 「진달래꽃」

05 다음 중 〈보기〉의 시에 대한 감상으로 가장 적절한 것은?

---〈보 기〉---

계절이 지나가는 하늘에는
가을로 가득 차 있습니다.

나는 아무 걱정도 없이
가을 속의 별들을 다 헤일 듯합니다.

가슴 속에 하나 둘 새겨지는 별을
이제 다 못 헤는 것은
쉬이 아침이 오는 까닭이요,
내일 밤이 남은 까닭이요,
아직 나의 청춘이 다하지 않은 까닭입니다.

별 하나에 추억과
별 하나에 사랑과
별 하나에 쓸쓸함과
별 하나에 동경과
별 하나에 시와
별 하나에 어머니, 어머니

---

① 화자의 내면과 갈등 관계에 있는 현실에 비판적 시각을 드러내고 있다.
② 화자는 어린 시절 친구들을 청자로 설정하여 내면을 고백하고 있다.
③ 별은 시적 화자가 지향하는 내적 세계를 나타낸다.
④ 별은 현실 상황의 변화를 바라는 화자의 현실적 욕망을 상징한다.

06 〈보기〉의 ㉠~㉢ 중 띄어쓰기가 옳은 것은?

---〈보 기〉---

㉠ 창 밖은 가을이다. 남쪽으로 난 창으로 햇빛은 하루하루 깊이 안을 넘본다. 창가에 놓인 우단 의자는 부드러운 잿빛이다. 그러나 손으로 ㉡ 우단천을 결과 반대 방향으로 쓸면 슬쩍 녹듯빛이 돈다. 처음엔 짙은 쑥색이었다. 그 의자는 아무짝에도 쓸모가 없다. ㉢ 30년 동안을 같은 자리에서 움직이지 않은 채 하는 일이라곤 햇볕에 자신의 몸을 잿빛으로 바래는 ㉣ 일 밖에 없다.

---

① ㉠   ② ㉡
③ ㉢   ④ ㉣

07 다음 중 〈보기〉와 관련된 언어의 특성은?

---〈보 기〉---

㉠ '줄기나 가지가 목질로 된 여러해살이 식물'을 한국어로는 '나무[namu]'라고 하지만 영어로는 'tree[triː]', 중국어로는 '樹[shù]'라고 한다.
㉡ '배'는 소리는 같지만 문장에서 '가슴과 엉덩이 사이의 부위', '물 위로 떠다니도록 나무나 쇠 따위로 만든 물건', '배나무의 열매' 등의 다양한 의미로 쓰인다.
㉢ '어리다'는 중세 국어에서는 '어리석다'의 의미로 쓰였지만, 현대 국어에서는 '나이가 적다'의 의미로 쓰이고 있다.

---

① 내용과 형식의 결합에 필연적 관련성이 없다.
② 물리적으로 연속된 실체를 분절하여 표현한다.
③ 기본적인 어순이 정해져 있어 이를 어기면 비문이 된다.
④ 한정된 기호만으로 무수히 많은 문장을 만들어 사용할 수 있다.

08 다음 중 우리말 어법에 맞고 가장 자연스러운 문장은?

① 뜰에 핀 꽃이 여간 탐스러웠다.

② 안내서 및 과업 지시서 교부는 참가 신청자에게만 교부한다.

③ 졸업한 형도 못 푸는 문제인데, 하물며 네가 풀겠다고 덤비느냐.

④ 한국 정부는 독도 영유권 문제에 대하여 일본에게 강력히 항의하였다.

09 다음 표준어 규정 중 〈보기〉에 부합하는 단어들로 이루어진 것은?

─〈보 기〉─

[제22항] 고유어 계열의 단어가 생명력을 잃고 그에 대응하는 한자어 계열의 단어가 널리 쓰이면, 한자어 계열의 단어를 표준어로 삼는다.

① 성냥, 겸상

② 어질병, 총각무

③ 개다리소반, 푼돈

④ 칫솔, 구들장

10 ㉠~㉢에 들어갈 적절한 접속어를 순서대로 나열한 것은?

역사의 연구는 개별성을 추구하는 것이라고 할 수가 있다. (㉠) 구체적인 과거의 사실 자체에 대해 구명(究明)을 꾀하는 것이 역사학인 것이다. (㉡) 고구려가 한족과 투쟁한 일을 고구려라든가 한족이라든가 하는 구체적인 요소들을 빼 버리고, 단지 "자주적 대제국이 침략자와 투쟁하였다."라고만 진술해 버리는 것은 한국사일 수가 없다. (㉢) 일정한 시대에 활약하던 특정한 인간 집단의 구체적인 활동을 서술하지 않는다면 그것을 역사라고 말할 수 없는 것이다.

	㉠	㉡	㉢
①	가령	한편	역시
②	다시 말해	만약	그런데
③	이를테면	역시	결국
④	즉	가령	요컨대

11 다음 중 국어 로마자 표기법 규정에 어긋나는 것은?

① 독도 Docdo

② 선릉 Seolleung

③ 한라산 Hallasan

④ 학여울 Hangnyeoul

12 다음 중 〈보기〉에 따라 ㉠~㉣에 들어갈 단어가 바르게 배열된 것은?

〈보 기〉

어휘의 의미는 몇 가지 의미 자질로 분석할 수 있다. 예컨대 '바지'의 의미는 [+옷], [−위]의 자질로 나눌 수 있다. 이에 반해 '저고리'의 의미 자질은 [+옷]이라는 점에서 '바지'와 같지만, [+위]라는 점에서 '바지'와 다르다.

구분	㉠	㉡	㉢	㉣
어른	+	−	+	−
남성	+	+	−	−

	㉠	㉡	㉢	㉣
①	아저씨	소년	아주머니	소녀
②	아저씨	아주머니	소녀	소년
③	아주머니	소년	아저씨	소녀
④	소년	소녀	아주머니	아저씨

13 다음에 제시된 의미와 가장 가까운 속담은?

가난한 사람이 남에게 업신여김을 당하기 싫어서 허세를 부리려는 심리를 비유적으로 이르는 말

① 가난할수록 기와집 짓는다
② 가난한 집 신주 굶듯
③ 가난한 집에 자식이 많다
④ 가난한 집 제사 돌아오듯

14 다음 중 나이와 한자어가 바르게 연결된 것은?

① 고희(古稀): 일흔 살
② 이순(耳順): 마흔 살
③ 미수(米壽): 여든 살
④ 백수(白壽): 아흔 살

[15~16] 다음 시를 읽고 물음에 답하시오.

(가) 나무토막으로 조그마한 당닭을 새겨
　　젓가락으로 집어다가 벽에 앉히고
　　이 닭이 꼬기오 하고 때를 알리면
　　그제사 어머님 얼굴 늙으시옵소서.

(나) 삭삭기 셰몰애 별헤 나는
　　삭삭기 셰몰애 별헤 나는
　　구은 밤 닷 되를 심고이다
　　그 바미 우미 도다 삭나거시아
　　그 바미 우미 도다 삭나거시아
　　유덕(有德)ᄒ신 니믈 여희ᄋ와지이다

(다) 三冬(삼동)에 뵈옷 닙고 巖穴(암혈)에 눈비 마자
　　구름 낀 볏뉘도 쬔 적이 업건마난
　　西山(서산)에 해지다 하니 눈물겨워 하노라.

(라) 四海(ᄉ희) 바닷 기픠는 닫줄로 자히리어니와
　　님의 德澤(덕틱) 기픠는 어늬 줄로 자히리잇고
　　享福無彊(향복무강)ᄒ샤 萬歲(만세)를 누리쇼셔
　　享福無彊(향복무강)ᄒ샤 萬歲(만세)를 누리쇼셔
　　一竿明月(일간명월)이 亦君恩(역군은)이샷다.

(마) 철령 노픈 봉에 쉬여 넘는 저 구름아
　　고신원루를 비 삼아 띄어다가
　　님 계신 구중심처에 뿌려본들 엇더리.

(바) 마음이 어린 後(후) l 니 하는 일이 다 어리다.
　　萬重雲山(만중운산)에 어내 님 오리마는
　　지는 닙 부는 바람에 행여 건가 하노라.

15 위 작품의 밑줄 친 부분에서 서로 유사한 의미의 시어끼리 바르게 연결된 것은?

① 눈비 – 비
② 당닭 – 님
③ 볃뉘 – 덕틱
④ 구중심처 – 만중운산

16 위 작품 중 역설적 표현이 사용된 것으로만 묶인 것은?

① (가), (나)
② (가), (다)
③ (다), (라)
④ (마), (바)

17 다음 중 밑줄 친 부분이 주체가 제3의 대상에게 동작이나 행동을 하도록 시키는 표현인 것은?

① 철수가 옷을 입었다.
② 장난감이 그로부터 잊혔다.
③ 따스한 햇살이 고드름을 녹였다.
④ 내 책이 친구 책과 섞여서 찾느라 애를 썼다.

18 다음 시에 대한 감상으로 적절하지 않은 것은?

> 매운 계절(季節)의 챗죽에 갈겨
> 마츰내 북방(北方)으로 휩쓸려 오다
>
> 하늘도 그만 지쳐 끝난 고원(高原)
> 서리빨 칼날진 그우에 서다.
>
> 어데다 무릎을 꾸러야하나?
> 한발 재겨디딜 곳조차 없다
>
> 이러매 눈감아 생각해볼밖에
> 겨울은 강철로된 무지갠가 보다
>
> – 이육사, 「절정」

① 1연과 2연은 화자가 처한 현실의 상황을 암시하고 있다.
② 1연의 극한적 상황이 2연에서 중첩되어 나타나 극한의 정도가 점층되고 있다.
③ 3연은 1연과 2연의 상황으로 인해 화자가 맞이한 절박함이 드러나 있다.
④ 3연과 4연은 화자의 심화된 내적 갈등을 단계적으로 보여 주고 있다.

19 다음 중 글의 전개 방식에 묘사를 사용한 것은?

① 지구와 화성은 비슷한 점이 많다. 둘은 태양계의 행성으로, 태양으로부터 거리가 비슷하고, 태양을 중심으로 공전(公轉), 자전(自轉)하고 있는 점이 같다. 그런데 지구에는 물과 공기가 있고, 생물이 있다. 그러므로 화성에도 물과 공기가 있고, 생물이 존재할 가능성이 있다.

② 거대한 기계에서 일부분만 분리되면 아무 쓸모없는 고철이 될 수도 있다. 기계의 일부분은 전체의 체계 속에서만 진정한 기능을 발휘하게 되는 것이다. 우리가 독서를 할 때에는, 이와 같이 어느 한 부분의 내용도 한 편의 글이라는 전체의 구조 속에서 파악하여야만 그 바른 의미를 이해할 수 있게 된다.

③ 이마에서 뒷머리까지는 갈색의 양털 모양 솜털이 있고, 눈앞과 뒤, 덮깃과 턱밑과 뺨에는 갈색을 띤 짧은 솜털과 어두운 갈색 털 모양의 깃털이 있다. 눈 주위에는 푸른색을 띤 흰색의 솜털과 어두운 갈색 털이 나 있다.

④ 이 사회의 경제는 모두가 제로섬 요소로 구성되어 있다. 제로섬(Zero-sum)이란 어떤 수를 합해서 제로가 된다는 뜻이다. 어떤 운동 경기를 한다고 할 때, 이기는 사람이 있으면 반드시 지는 사람이 있게 마련이다. 어느 한쪽 팀이 점수를 얻게 되면 다른 팀은 점수를 잃는다. 이 승리자와 패배자의 점수를 합치면 전체로서는 제로가 된다.

20 〈보기〉의 ㉠~㉣ 중 명사절이 동일한 문장 성분으로 사용된 것끼리 묶인 것은?

――〈보 기〉――
㉠ 농부들은 비가 오기를 기다린다.
㉡ 지금은 집에 가기에 이른 시간이다.
㉢ 그는 1년 후에 돌아오기로 결심했다.
㉣ 어린 아이들은 병원에 가기 싫어한다.

① ㉠, ㉡ / ㉢, ㉣
② ㉠, ㉢ / ㉡, ㉣
③ ㉠, ㉣ / ㉡, ㉢
④ ㉠ / ㉡, ㉢, ㉣

21 다음 중 ㉠~㉢의 예를 바르게 연결한 것은?

국어 단어는 그 형성 방식에 따라 크게 두 가지로 구성된다. 하나는 '바다, 겨우'처럼 단일한 요소가 곧 한 단어가 되는 경우이다. '바다, 겨우'와 같은 단어들은 더 이상 나뉠 수 없는 단일한 구성을 보이는 예들로서 이들은 ㉠ 단일어라고 한다.

다른 하나는 다양한 요소들이 결합하여 한 단어가 되는 경우이다. 이들은 단일어와 구별하여 복합어라고 한다. 복합어는 다시 두 가지 종류로 나뉜다. '샛노랗다, 잠'은 어휘 형태소인 '노랗다, 자-'에 각각 '샛-, -ㅁ'과 같은 접사가 덧붙어서 파생된 단어들이다. 이처럼 어휘 형태소에 접사가 결합하여 형성된 단어들을 ㉡ 파생어라고 한다. '손목, 날짐승'과 같은 단어는 각각 '손-목, 날-짐승'으로 분석된다. 이들은 각각 어근인 어휘 형태소끼리 결합하여 한 단어가 된 경우로 이를 ㉢ 합성어라고 한다.

	㉠	㉡	㉢
①	구름	무덤	빛나다
②	지우개	헛웃음	덮밥
③	맑다	고무신	선생님
④	웃음	곁눈	시나브로

22 다음 밑줄 친 단어 중 '종성부용초성'에 의한 표기가 사용된 것은?

> 불휘 기픈 남ᄀᆞᆫ ᄇᆞᄅᆞ매 아니 뮐씨 곶 됴코 여름 하ᄂᆞ니
> 시미 기픈 므른 ᄀᆞᄆᆞ래 아니 그츨씨 내히 이러 바ᄅᆞ래
> 가ᄂᆞ니
>
> – 「용비어천가」 제2장

① 곶
② 시미
③ 내히
④ 바ᄅᆞ래

23 문맥상 ㉠에 들어갈 문장으로 가장 적절한 것은?

> 인간의 역사가 발전과 변화의 가능성을 내포하고 있는 반면, 자연사는 무한한 반복 속에서 반복을 반복할 뿐이다. 그런데 마르크스는 「1844년의 경제학 철학 수고」 말미에, "역사는 인간의 진정한 자연사이다"라고 적은 바 있다. 또한 인간의 활동에 대립과 통일이 있듯이, 자연의 내부에서도 대립과 통일은 존재한다. (㉠) 마르크스의 진의(眞意) 또한 인간의 역사와 자연사의 변증법적 지양과 일여(一如)한 합일을 지향했다는 것에 있을 것이다.

① 즉 인간과 자연은 상호 간에 필연적으로 경쟁할 수밖에 없다.
② 따라서 인간의 역사와 자연의 역사를 이분법적 대립구도로 파악하는 것은 위험하다.
③ 즉 자연이 인간의 세계에 흡수·통합됨으로써 인간의 역사가 시작된다.
④ 그러나 인간사를 연구하는 일은 자연사를 연구하는 일보다 많은 노력이 요구된다.

24 다음 중 밑줄 친 말의 기본형이 옳지 않은 것은?

① 시장에 들러 배추와 무를 샀다. (기본형: 들르다)
② 북어포가 물에 불어 부드러워졌다. (기본형: 붓다)
③ 지나가는 사람에게 길을 물어 본다. (기본형: 묻다)
④ 기계로 옥돌을 가니 반들반들해졌다. (기본형: 갈다)

25 다음 글을 통해 도출할 수 있는 내용으로 적절하지 않은 것은?

미생물은 오늘날 흔히 질병과 연관된 것으로 여겨진다. 1762년 마르쿠스 플렌치즈는 미생물이 체내에서 증식함으로써 질병을 일으키고, 이는 공기를 통해 전염될 수 있다고 주장했으며, 모든 질병은 각자 고유의 미생물을 갖고 있다고 말했다. 그러나 유감스럽게도 그 주장에 대한 증거가 없었으므로 플렌치즈는 외견상 하찮아 보이는 미생물들도 사실은 중요하다는 점을 다른 사람들에게 납득시킬 수가 없었다. 심지어 한 비평가는 그처럼 어처구니없는 가설에 반박하느라 시간을 허비할 생각이 없다며 대꾸했다.

그런데 19세기 중반 들어 프랑스의 화학자 루이 파스퇴르에 의해 상황이 바뀌기 시작했다. 파스퇴르는 세균이 술을 식초로 만들고 고기를 썩게 한다는 사실을 연달아 증명한 뒤 만약 세균이 발효와 부패의 주범이라면 질병도 일으킬 수 있을 것이라고 주장했다. 이러한 배종설은 오랫동안 이어져 내려온 자연발생설에 반박하는 이론으로서 플렌치즈 등에 의해 옹호되었지만 아직 논란이 많았다. 사람들은 흔히 썩어가는 물질이 내뿜는 나쁜 공기, 즉 독기가 질병을 일으킨다고 생각했다. 1865년 파스퇴르는 이런 생각이 틀렸음을 증명했다. 그는 미생물이 누에에게 두 가지 질병을 일으킨다는 사실을 입증한 뒤, 감염된 알을 분리하여 질병이 전염되는 것을 막음으로써 프랑스의 잠사업을 위기에서 구했다.

한편 독일에서는 로베르트 코흐라는 내과 의사가 지역농장의 사육동물을 휩쓸던 탄저병을 연구하고 있었다. 때마침 다른 과학자들이 동물의 시체에서 탄저균을 발견하자, 1876년 코흐는 이 미생물을 쥐에게 주입한 뒤 쥐가 죽은 것을 확인했다. 그는 이 암울한 과정을 스무 세대에 걸쳐 집요하게 반복하여 번번이 똑같은 현상이 반복되는 것을 확인했고, 마침내 세균이 탄저병을 일으킨다는 결론을 내렸다. 배종설이 옳았던 것이다.

파스퇴르와 코흐가 미생물을 효과적으로 재발견하자 미생물은 곧 죽음의 아바타로 캐스팅되어 전염병을 옮기는 주범으로 여겨지기 시작했다. 탄저병이 연구된 뒤 20년에 걸쳐 코흐를 비롯한 과학자들은 한센병, 임질, 장티푸스, 결핵 등의 질병 뒤에 도사리고 있는 세균들을 속속 발견했다. 이러한 발견을 견인한 것은 새로운 도구였다. 이전에 있었던 렌즈를 능가하는 렌즈가 나왔고, 젤리 비슷한 배양액이 깔린 접시에서 순수한 미생물을 배양하는 방법이 개발되었으며, 새로운 염색제가 등장하여 세균의 발견과 확인을 도왔다.

세균을 확인하자 과학자들은 거두절미하고 세균을 제거하는 작업에 착수했다. 조지프 리스터는 파스퇴르에게서 영감을 얻어 소독 기법을 실무에 도입했다. 그는 자신의 스태프들에게 손과 의료 장비와 수술실을 화학적으로 소독하라고 지시함으로써 수많은 환자들을 극심한 감염으로부터 구해냈다. 또, 다른 과학자들은 질병 치료, 위생 개선, 식품 보존이라는 명분으로 세균 차단 방법을 궁리했다. 그리고 세균학은 응용과학이 되어 미생물을 쫓아내거나 파괴하는 데 동원되었다. 과학자들은 미생물과의 전쟁을 선포하고, 병든 개인과 사회에서 미생물을 몰아내는 것을 목표로 삼은 것이다. 이렇게 미생물에 대한 인식이 형성되었으며 그 부정적 태도는 오늘날에도 지속되고 있다.

① 세균은 미생물의 일종이다.
② 세균은 화학적인 방법으로 제거할 수 있다.
③ 미생물과 질병의 연관성에 대한 인식은 통시적으로 변화해 왔다.
④ 코흐는 새로운 도구의 개발 이전에 질병을 유발하는 미생물들을 발견했다.

QR코드 접속을 통해 풀이시간 측정, 자동 채점
그리고 결과 분석까지!

01 전기장 내의 한 점으로부터 다른 점까지 2[C]의 전하를 옮기는 데 1[J]의 일이 필요하였다. 이 두 점 사이의 전위차[V]는?

① 0.25[V]

② 0.5[V]

③ 1[V]

④ 2[V]

02 그림과 같은 회로에서 점 A와 점 B 사이의 전위차[V]는?

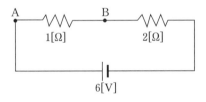

① 1[V] ② 2[V]

③ 4[V] ④ 6[V]

03 일정한 기전력이 가해지고 있는 회로의 저항값을 2배로 하면 소비전력은 몇 배인가?

① $\frac{1}{8}$배

② $\frac{1}{2}$배

③ 1배

④ 2배

04 대칭 n상 환상결선에서 선전류와 환상전류 사이의 위상차는 어떻게 되는가?

① $\frac{\pi}{2}\left(1-\frac{2}{n}\right)$

② $2\left(1-\frac{2}{n}\right)$

③ $\frac{n}{2}\left(1-\frac{\pi}{2}\right)$

④ $\frac{\pi}{2}\left(1-\frac{n}{2}\right)$

05 주파수 50[Hz], 정전용량 $\frac{1}{5\pi}[\mu F]$의 콘덴서를 △결선해서 3상 전압 20,000[V]를 가했을 때의 충전용량[kVA]은?

① 12[kVA]

② 24[kVA]

③ 36[kVA]

④ 48[kVA]

06 부동작 시간요소의 전달 함수는?

① $Ke^{-\tau s}$

② $\frac{K}{s}$

③ Ks

④ $\frac{K}{1+Ts}$

07 권수 200회의 코일에 5[A]의 전류가 흘러서 0.025[Wb]의 자속이 코일을 지난다고 하면 이 코일의 자체 인덕턴스[H]는?

① 0.5[H]
② 1[H]
③ 1.5[H]
④ 2[H]

08 내부 장치 또는 공간을 물질로 포위시켜 외부 자계의 영향을 차폐시키는 방식을 자기 차폐라고 한다. 다음 중 자기 차폐에 가장 좋은 것은?

① 비투자율에 관계없이 물질의 두께에만 관계되므로 되도록 두꺼운 물질
② 비투자율이 1보다 작은 역자성체
③ 강자성체 중에서 비투자율이 작은 물질
④ 강자성체 중에서 비투자율이 큰 물질

09 3상의 같은 전원에 접속하는 경우, △결선의 콘덴서를 Y결선으로 바꾸어 연결하면 진상용량은?

① $\sqrt{3}$배의 진상용량이 된다.
② 3배의 진상용량이 된다.
③ $\frac{1}{\sqrt{3}}$배의 진상용량이 된다.
④ $\frac{1}{3}$배의 진상용량이 된다.

10 저항 10[kΩ]의 허용 전력이 10[kW]라 할 때 허용 전류[A]는?

① 0.1[A]
② 1[A]
③ 10[A]
④ 100[A]

11 전자유도(Electromagnetic Induction)에 대한 설명으로 옳지 않은 것은?

① 도체의 운동 속도가 v[m/s], 자속밀도가 B[Wb/m²], 도체 길이가 l[m], 도체 운동의 방향이 자계의 방향과 각(θ)을 이루는 경우, 유도기전력의 크기 $e = Blv\sin\theta$ [V]이다.
② 전자유도에 의해 만들어지는 전류는 자속의 변화를 방해하는 방향으로 발생한다. 이를 렌츠(Lenz)의 법칙이라고 한다.
③ 전자유도에 의해 코일에 발생하는 유도기전력의 크기는 코일과 쇄교하는 자속의 변화율에 비례하는데 이를 쿨롱(Coulomb's Law)의 법칙이라고 한다.
④ 코일에 흐르는 시변 전류에 의해서 같은 코일에 유도기전력이 발생하는 현상을 자기유도(Self Induction)라고 한다.

12 부하밀도가 큰 도시 지역에서는 일반적으로 변전소의 수와 배전거리를 어떻게 결정하는 것이 좋은가?

① 변전소의 수를 줄이고 배전거리를 증가시킨다.
② 변전소의 수를 늘리고 배전거리를 감소시킨다.
③ 변전소의 수를 줄이고 배전거리를 감소시킨다.
④ 변전소의 수를 늘리고 배전거리를 증가시킨다.

13 직선 전류가 흐르는 무한히 긴 도체에서 80[cm] 떨어진 점의 자기장의 세기가 20[AT/m]였다면 도체에 흐른 전류[A]는?

① π[A]

② 4π[A]

③ 16π[A]

④ 32π[A]

14 그림 (a)의 회로를 그림 (b)와 같은 등가 회로로 구성하고자 한다. 이때 V 및 R의 값은?

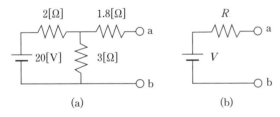

(a)　　　　(b)

① 6[V], 12[Ω]

② 12[V], 6[Ω]

③ 12[V], 3[Ω]

④ 6[V], 10[Ω]

15 어느 저항에 $v_1 = 220\sqrt{2}\sin(2\pi \cdot 60t - 30°)$[V]와 $v_2 = 100\sqrt{2}\sin(3 \cdot 2\pi \cdot 60t - 30°)$[V]의 전압이 각각 걸릴 때 올바른 것은?

① v_1이 v_2보다 위상이 15° 앞선다.

② v_1이 v_2보다 위상이 15° 뒤진다.

③ v_1이 v_2보다 위상이 75° 앞선다.

④ v_1와 v_2의 위상관계는 의미가 없다.

16 4[μF]의 용량을 갖는 커패시터에 2[V]의 직류 전압이 걸려 있을 때, 커패시터에 저장된 에너지의 값[μJ]은?

① 1[μJ]

② 2[μJ]

③ 4[μJ]

④ 8[μJ]

17 어떤 부하에 흐르는 전류와 전압 강하를 측정하려고 할 때 전류계와 전압계의 접속 방법으로 적절한 것은?

① 전류계와 전압계를 모두 직렬로 부하에 접속한다.

② 전류계와 전압계를 모두 병렬로 부하에 접속한다.

③ 전류계는 부하에 직렬, 전압계는 부하에 병렬로 접속한다.

④ 전류계는 부하에 병렬, 전압계는 부하에 직렬로 접속한다.

18 자성체에 자계의 세기 15[AT/m]가 인가되고 단위 체적당 저장된 자계 에너지가 90[J/m³]일 때, 이 자성체의 투자율[H/m]은?

① 0.8[H/m]

② 1.2[H/m]

③ 1.4[H/m]

④ 2.2[H/m]

19 단상 승압기 1대를 사용하여 승압할 경우 승압 전의 전압을 E_1이라 하면, 승압 후의 전압 E_2는 어떻게 되는가? (단, 승압기의 변압비는 $\dfrac{\text{전원 측 전압}}{\text{부하 측 전압}} = \dfrac{e_1}{e_2}$이다)

① $E_2 = E_1 + e_1$

② $E_2 = E_1 + e_2$

③ $E_2 = E_1 + \dfrac{e_2}{e_1}E_1$

④ $E_2 = E_1 + \dfrac{e_1}{e_2}E_1$

20 그림과 같은 이상 변압기에서 2차 측에 10[Ω]의 저항부하를 연결하였을 때 1차 측에 흐르는 전류(I)는 약 몇 [A]인가?

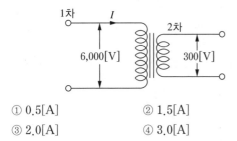

① 0.5[A] ② 1.5[A]

③ 2.0[A] ④ 3.0[A]

21 일정 전압의 직류 전원에 저항 R을 접속하고 전류를 흘릴 때, 이 전류값을 20[%] 증가시키기 위해서 저항값을 얼마로 하여야 하는가?

① 1.25[R]

② 1.20[R]

③ 0.83[R]

④ 0.80[R]

22 송전선로에서 고조파 제거 방법으로 적절하지 않은 것은?

① 변압기를 Δ결선한다.

② 유도전압 조정장치를 설치한다.

③ 무효전력 보상장치를 설치한다.

④ 능동형 필터를 설치한다.

23 원점 주위의 전류밀도가 $J = \dfrac{2}{r}a_r[\text{A/m}^2]$의 분포를 가질 때, 반지름 5[cm]의 구면을 지나는 전 전류[A]는?

① 0.1π[A]

② 0.2π[A]

③ 0.3π[A]

④ 0.4π[A]

24 두 개의 자기 인덕턴스를 직렬로 접속하여 합성 인덕턴스를 측정하였더니 75[mH]가 되었고, 한 쪽의 인덕턴스를 반대로 접속하여 측정하니 25[mH]가 되었다. 두 코일의 상호 인덕턴스[mH]는?

① 12.5[mH]

② 45[mH]

③ 50[mH]

④ 90[mH]

25 어떤 환상 솔레노이드의 단면적이 S이고, 자로의 길이가 l, 투자율이 μ라고 한다. 이 철심에 균등하게 코일을 N회 감고 전류를 흘렸을 때 자기 인덕턴스에 대한 설명으로 옳은 것은?

① 투자율 μ에 반비례한다.

② 단면적 S에 반비례한다.

③ 권선수 N^2에 비례한다.

④ 자로의 길이 l에 비례한다.

01 포화하고 있지 않은 직류 발전기의 회전수가 $\frac{1}{2}$로 감소되었을 때 기전력을 전과 같은 값으로 하려면 여자를 속도 변화 전에 비해 몇 배로 해야 하는가?

① $\frac{1}{2}$배

② 1배

③ 2배

④ 4배

02 전부하로 운전 중인 출력 4[kW], 전압 100[V], 회전수 1,500[rpm]인 분권 발전기의 여자 전류를 일정하게 유지하고 회전수를 1,200[rpm]으로 하면 단자전압[V]과 부하 전류[A]는? (단, 전기자 저항은 0.15[Ω], 전기자 반작용은 무시한다)

① 80[V], 32[A]

② 85[V], 32[A]

③ 80[V], 30[A]

④ 106[V], 40[A]

03 3상 유도전동기의 정격전압을 V_n[V], 출력을 P[kW], 1차 전류를 I_1[A], 역률을 $\cos\theta$라 하면 효율 [%]은?

① $\dfrac{P \times 10^3}{3 V_n I_1 \cos\theta} \times 100[\%]$

② $\dfrac{3 V_n I_1 \cos\theta}{P \times 10^3} \times 100[\%]$

③ $\dfrac{P \times 10^3}{\sqrt{3} V_n I_1 \cos\theta} \times 100[\%]$

④ $\dfrac{\sqrt{3} V_n I_1 \cos\theta}{P \times 10^3} \times 100[\%]$

04 정격전압 6,600[V], 정격전류 300[A]인 3상 동기발전기에서 계자전류가 200[A]일 때 무부하 시험에 의한 무부하 단자전압은 6,600[V]이고, 단락시험에 의한 3상 단락전류가 300[A]일 때 계자전류는 150[A]이다. 이 발전기의 단락비는?

① $\frac{5}{3}$

② $\frac{3}{5}$

③ $\frac{4}{3}$

④ $\frac{3}{4}$

05 회전 변류기의 직류 측 전압을 조정하려는 방법으로 적절하지 않은 것은?

① 직렬 리액턴스에 의한 방법

② 여자 전류를 조정하는 방법

③ 동기 승압기를 사용하는 방법

④ 부하 시 전압 조정 변압기를 사용하는 방법

06 기전력(1상)이 E_0이고 동기 임피던스(1상)가 Z_s인 2대의 3상 동기 발전기를 무부하로 병렬 운전시킬 때 대응하는 기전력 사이에 δ_s의 상차가 있으면 한쪽 발전기에서 다른 쪽 발전기에 공급되는 전력은?

① $\dfrac{E_0}{Z_s}[\sin\delta_s]$

② $\dfrac{E_0}{Z_s}[\cos\delta_s]$

③ $\dfrac{E_0^{\,2}}{2Z_s}[\sin\delta_s]$

④ $\dfrac{E_0^{\,2}}{2Z_s}[\cos\delta_s]$

07 매극 매상의 슬롯수 4인 3상 동기 발전기가 있다. 분포 계수 K_d는? (단, $\sin5°=0.087$, $\sin7.5°=0.1305$, $\sin15°=0.2588$, $\sin22.5°=0.3827$)

① 0.928
② 0.938
③ 0.948
④ 0.958

08 10[kVA], 2,000/100[V] 변압기에서 1차에 환산한 등가 임피던스는 $6.2+j7[\Omega]$이다. 이 변압기의 [%]리액턴스 강하는?

① 3.5[%]
② 1.75[%]
③ 0.35[%]
④ 0.175[%]

09 그림과 같은 반파 정류 회로에서 변압기 2차 전압의 실효치를 $E[V]$라 하면 직류전류 평균치는? (단, 정류기의 전압강하는 무시한다)

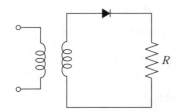

① $\dfrac{E}{R}$

② $\dfrac{1}{2}\cdot\dfrac{E}{R}$

③ $\dfrac{\pi}{\sqrt{2}}\cdot\dfrac{E}{R}$

④ $\dfrac{\sqrt{2}}{\pi}\cdot\dfrac{E}{R}$

10 $Y-\Delta$ 결선의 3상 변압기군 A와 $\Delta-Y$ 결선의 3상 변압기군 B를 병렬로 사용할 때 A군의 변압기 권수비가 30이라면 B군 변압기의 권수비는?

① 30
② 60
③ 90
④ 120

11 3,300[V], 60[Hz]용 변압기의 와류손이 720[W]이다. 이 변압기를 2,750[V], 570[Hz]의 주파수에서 사용할 때 와류손[W]은 약 얼마인가?

① 250[W]
② 350[W]
③ 425[W]
④ 500[W]

12 이중 농형 유도전동기에 대한 설명으로 옳지 않은 것은?

① 이중 농형 유도전동기의 기동 토크는 범용 유도전동기의 기동 토크보다 크다.
② 내부 도체는 외부 도체에 비해 낮은 저항의 도체 바로 구성된다.
③ 저슬립에서 회전자 바의 누설리액턴스가 작아진다.
④ 기동 시 표피효과로 인하여 내부 도체로 전류가 대부분 흐른다.

13 단권변압기에 대한 설명으로 옳지 않은 것은?

① 권수비가 1에 가까울수록 동손이 적고 누설자속이 없어 전압변동률이 작다.

② 작은 용량의 변압기로 큰부하를 걸 수 있다.

③ 동량을 줄일 수 있어 경제적이다.

④ 1차 측과 2차 측의 절연되어 있다.

14 직류 발전기에서 기하학적 중성축과 각도 θ만큼 브러시의 위치가 이동되었을 때 감자기자력[AT/극]은? (단, $K=\dfrac{I_a Z}{2Pa}$)

① $K \cdot \dfrac{\theta}{\pi}$

② $K \cdot \dfrac{2\theta}{\pi}$

③ $K \cdot \dfrac{\theta}{2\pi}$

④ $K \cdot \dfrac{4\theta}{\pi}$

15 자기유도계수가 30[mH]인 코일에 전류를 흘릴 때 코일과의 쇄교 자속수가 0.3[Wb]였다면 코일에 축적된 에너지[J]는?

① 1[J]

② 1.5[J]

③ 2[J]

④ 3[J]

16 유도 전압 조정기의 1차 전압 110[V], 2차 전압 160[V]일 때 2차 전류는 50[A]이다. 이 유도 전압 조정기의 정격 용량[kVA]은 약 얼마인가?

① 2.5[kVA]

② 5.5[kVA]

③ 8[kVA]

④ 7.6[kVA]

17 교류 정류 자기에서 갭의 자속 분포가 정현파로 $\Phi_m=0.14$[Wb], $p=2$, $a=1$, $Z=200$, $n=20$[rps]일 때 브러시 축이 자극 축과 30°일 때의 속도 기전력 E_s[V]는 약 얼마인가? (단, $\sqrt{2}=1.4$로 한다)

① 200[V]

② 400[V]

③ 600[V]

④ 800[V]

18 단상 반파 다이오드 정류회로에서 정현파 교류전압을 인가하여 직류전압 200[V]를 얻으려 한다. 다이오드에 인가되는 역방향 최대전압[V]은? (단, 부하는 무유도 저항이고, 다이오드의 전압강하는 무시한다)

① 200[V]

② 200π[V]

③ $200\sqrt{2}$[V]

④ $200\sqrt{3}$[V]

19 권선수가 300회, 면적이 $8\pi[\text{cm}^2]$인 장방형 코일에 1[A]의 직류가 흐르고 있다. 코일의 장방형 면과 평행한 방향으로 자속밀도가 0.6[Wb/m²]인 균일한 자계가 가해져 있다. 코일의 평행한 두 변의 중심을 연결하는 선을 축으로 할 때 이 코일에 작용하는 회전력은 약 몇 [N · m]인가? (단, $\pi=3.14$이다)

① 0.35[N · m]

② 0.45[N · m]

③ 0.55[N · m]

④ 0.65[N · m]

20 유도전동기가 안정적으로 운전하기 위한 조건은? (단, T_m: 전동기 토크, T_L: 부하토크, n: 회전수)

① $\dfrac{dT_m}{dn} = \dfrac{dT_L^2}{dn}$

② $\dfrac{dT_m}{dn} < \dfrac{dT_L}{dn}$

③ $\dfrac{dT_m}{dn} > \dfrac{dT_L}{dn}$

④ $\dfrac{dT_m}{dn} \neq \dfrac{dT_L^2}{dn}$

21 단상 변압기 3대를 Y−Δ결선하여 3상 20,000[V]를 3,000[V]로 내려서 3,000[kW], 역률 80[%]의 부하에 전력을 공급할 때 변압기 1대의 정격용량[kVA]은?

① 1,250[kVA]

② 1,767[kVA]

③ 2,500[kVA]

④ 3,750[kVA]

22 분권 직류발전기가 개방회로에서 유도전압은 300[V]이며, 부하가 연결되었을 때 단자전압이 280[V]이다. 계자저항이 80[Ω], 전기저항이 0.08[Ω]일 때 부하전류[A]는? (단, 전기자 반작용과 브러시 전압 강하는 무시한다)

① 214.2[A]

② 223.5[A]

③ 246.5[A]

④ 280[A]

23 직권 전동기의 전기자 전류가 30[A]일 때 210[kg · m]의 토크를 발생한다. 전기자 전류가 90[A]로 되면 토크는 몇 [kg · m]가 되는가? (단, 자기포화는 무시한다)

① 1,625[kg · m]

② 1,758[kg · m]

③ 1,890[kg · m]

④ 1,935[kg · m]

24 2중 중권 4극 직류기의 전기자권선의 병렬회로수는?

① 2

② 8

③ 10

④ 20

25 1차 전압 3,300[V], 권수비 50인 단상변압기가 순저항 부하에 10[A]를 공급할 때의 입력[kW]은?

① 0.66[kW]

② 1.25[kW]

③ 2.43[kW]

④ 2.82[kW]

군무원 전기직 FINAL 실전 봉투모의고사
제3회 모의고사

전기직

제1과목	국어	제2과목	전기공학
제3과목	전기기기	제4과목	

응시번호		성 명	

〈 안내 사항 〉

제3회 모의고사

제1과목: 국어

QR코드 접속을 통해 풀이시간 측정, 자동 채점
그리고 결과 분석까지!!

01 밑줄 친 한자어를 쉬운 표현으로 바꾼 것으로 적절하지 않은 것은?

① 재산 관리인을 개임하는 처분을 하다.
　→ 재산 관리인을 교체 임명하는 처분을 하다.
② 일반 회계와 구분하여 계리하였다.
　→ 일반 회계와 구분하여 회계처리하였다.
③ 변경 사항을 주말하였다.
　→ 변경 사항을 붉은 선으로 표시했다.
④ 목록에 게기된 서류를 붙인다.
　→ 목록에 기재된 서류를 붙인다.

02 밑줄 친 단어의 품사가 다른 것은?

① 네가 바로 말하면 용서해 주겠다.
② 혼자 내버려 둔 것이 후회가 된다.
③ 이것은 갖은 노력을 다한 결과이다.
④ 초등학교, 중학교, 고등학교 그리고 대학교

03 다음 글의 사례로 적절하지 않은 것은?

　인간은 언어를 사용하며 언어는 인간의 사고, 사회, 문화를 반영한다. 인간의 지적 능력이 발달하게 된 것은 바로 언어를 사용하기 때문이다.
　언어와 사고는 기본적으로 상호작용을 한다. 둘 중 어느 것이 먼저 발달하고 어떻게 영향을 주는지는 알 수 없다. 그러나 언어와 사고가 서로 깊은 관계를 맺고 있다는 사실은 여러 가지 근거를 통해서 뒷받침된다.

① 어떤 사람은 산도 파랗다고 하고, 물도 파랗다고 하고, 보행신호의 녹색등도 파랗다고 한다.
② 일상생활에서 어떠한 사물의 개념은 머릿속에서 맴도는데도 그 명칭을 떠올리지 못할 때가 있다.
③ 우리나라는 수박(watermelon)은 '박'의 일종으로 보지만 어떤 나라는 '멜론(melon)'에 가까운 것으로 파악한다.
④ 영어의 '쌀(rice)'에 해당하는 우리말에는 '모', '벼', '쌀', '밥' 등이 있다.

04 다음 중 불규칙 활용에 대한 예로 적절하지 않은 것은?

① (실을) 잇+어 → 이어
② (소리를) 듣+어 → 들어
③ (물이) 흐르+어 → 흘러
④ (대가를) 치르+어 → 치러

05 다음 중 밑줄 친 관용 표현의 쓰임이 적절하지 않은 것은?

① 버스 안은 발 디딜 틈이 없이 복잡했다.
② 갑작스러운 태풍으로 손님들이 발이 묶였다.
③ 폭력단에 한번 들어서면 발을 빼기 어렵다고 한다.
④ 늦은 밤이 되어도 아이가 돌아오지 않자 어머니는 동동 발을 끊었다.

06 다음 시의 특징에 대한 설명으로 가장 적절한 것은?

> 허공 속에 발이 푹푹 빠진다
> 허공에서 허우적 발을 빼며 걷지만
> 얼마나 힘 드는 일인가
> 기댈 무게가 없다는 것은
> 걸어온 만큼의 거리가 없다는 것은
>
> 그동안 나는 여러 번 넘어졌는지 모른다
> 지금은 쓰러져 있는지도 모른다
> 끊임없이 제자리만 맴돌고 있거나
> 인력(引力)에 끌려 어느 주위를 공전하고 있는지도 모른다
>
> 발자국 발자국이 보고 싶다
> 뒤꿈치에서 퉁겨 오르는
> 발걸음의 힘찬 울림을 듣고 싶다
> 내가 걸어온
> 길고 삐뚤삐뚤한 길이 보고 싶다

① 과거로 돌아가고 싶은 화자의 소망을 전하고 있다.
② 시적 화자의 옛 경험을 사실적으로 묘사하고 있다.
③ 시어의 반복을 통해 화자의 정서를 강조하고 있다.
④ 허구적 상상을 통해 현실의 고난을 극복하고 있다.

[07~08] 다음 글을 읽고 물음에 답하시오.

> (가) A: 너 보고서 다 했어?
>   B: 무슨 보고서?
>   A: 내일까지 과업 달성 보고서 해서 내야 되잖아.
>   B: 맞다! 생각도 안 하고 있었네.
>   A: 버스 온다. 나 먼저 갈게. 내일 보자.
>
> (나) A: 벌써 추석이네.
>   B: 나도 고향에 내려가야 하는데 아직 기차표를 못 구했어.
>   A: 그래? 그럼 버스 타고 가야겠다.
>   B: 그건 그렇고 올해도 우리 할머니가 임진각에 가시려나?
>   A: ㉠ 해마다 가셨지?
>   B: 응.
>   A: 너희 할머니는 실향민이시구나.

07 다음 중 (가)에 대한 설명으로 적절하지 않은 것은?

① 모두 5개의 발화로 이루어져 있다.
② 모두 2개의 담화로 이루어져 있다.
③ 마지막 A의 이야기로 볼 때 버스를 기다리고 있는 상황임을 알 수 있다.
④ 위 대화에서는 특별한 사회·문화적 맥락이 드러나 있다고 보기 어렵다.

08 다음 중 (나)의 밑줄 친 ㉠에 대한 설명으로 가장 적절한 것은?

① B의 할머니와 만난 적이 있음을 보여 주는 발화이다.
② 우리나라의 풍습에 대해 잘 알고 있음을 보여 주는 발화이다.
③ 우리나라 근현대사에 대한 지식이 없으면 이해하기 힘든 발화이다.
④ A의 할머니도 매년 추석마다 임진각에 간다.

09 다음 중 '피동 표현'에서 '능동 표현'으로 바꿀 수 없는 것은?

① 그 문제가 어떤 수학자에 의해 풀렸다.
② 지민이가 감기에 걸렸다.
③ 딸이 아버지에게 안겼다.
④ 그 수필은 많은 사람들에게 읽혔다.

10 다음은 어떤 사전에 제시된 '고르다'의 내용이다. 사전에 대한 설명으로 옳지 않은 것은?

■ 고르다¹ [고르다]. 골라[골라], 고르니[고르니].
「동사」【…에서 …을】여럿 중에서 가려내거나 뽑다.
■ 고르다² [고르다]. 골라[골라], 고르니[고르니].
「동사」【…을】
「1」울퉁불퉁한 것을 평평하게 하거나 들쭉날쭉한 것을 가지런하게 하다.
「2」붓이나 악기의 줄 따위가 제 기능을 발휘하도록 다듬거나 손질하다.
■ 고르다³ [고르다]. 골라[골라], 고르니[고르니].
「형용사」「1」여럿이 다 높낮이, 크기, 양 따위의 차이가 없이 한결같다.
「2」상태가 정상적으로 순조롭다.

① '고르다¹', '고르다²', '고르다³'은 서로 동음이의어이다.
② '고르다¹', '고르다²', '고르다³'은 모두 현재진행형으로 사용할 수 있다.
③ '고르다²'와 '고르다³'은 다의어이지만 '고르다¹'은 다의어가 아니다.
④ '고르다¹', '고르다²', '고르다³'은 모두 불규칙 활용을 한다.

11 다음은 어순 병렬의 원리에 대한 설명이다. 이와 가장 부합하지 않는 어순을 보이는 것은?

국어에는 언어 표현이 병렬될 때 일정한 규칙이 반영된다. 시간 용어가 병렬될 때 일반적으로는 자연 시간의 순서를 따르거나 화자가 말하는 때를 기준으로 가까운 쪽이 앞서고 멀어질수록 뒤로 간다. 공간 관련 용어들은 일반적으로 위쪽이나 앞쪽 그리고 왼쪽과 관련된 용어가 앞서고, 아래쪽이나 뒤쪽 그리고 오른쪽과 관련된 용어들이 나중에 온다.

① 꽃이 피고 지고 한다.
② 문 닫고 들어와라.
③ 수입과 지출을 맞추어 보다.
④ 머리끝부터 발끝까지 달라졌다.

12 다음 글을 요약한 것으로 가장 적절한 것은?

영어에서 위기를 뜻하는 단어 'crisis'의 어원은 '분리하다'라는 뜻의 그리스어 '크리네인(Krinein)'이다. 크리네인은 본래 회복과 죽음의 분기점이 되는 병세의 변화를 가리키는 의학 용어로 사용되었는데, 서양인들은 위기에 어떻게 대응하느냐에 따라 결과가 달라진다고 보았다. 상황에 위축되지 않고 침착하게 위기의 원인을 분석하여 사리에 맞는 해결 방안을 찾을 수 있다면 긍정적 결과가 나올 수 있다는 것이다. 한편, 동양에서는 위기(危機)를 '위험(危險)'과 '기회(機會)'가 합쳐진 것으로 해석하여, 위기를 통해 새로운 기회를 모색하라고 한다. 동양인들 또한 상황을 바라보는 관점에 따라 위기가 기회로 변모될 수도 있다고 본 것이다.

① 서양인과 동양인은 위기에 처한 상황을 바라보는 관점이 서로 다르다.
② 위기가 아예 다가오지 못하도록 미리 대처해야 새로운 기회가 많이 주어진다.
③ 위기 상황을 냉정하게 판단하고 긍정적으로 받아들여, 위기를 통해 새로운 기회를 모색한다.
④ 위기는 인간의 욕심에서 비롯된 경우가 많으므로, 자신을 반성하고 돌아보는 자세가 필요하다.

13 지명을 로마자로 표기한 것이 옳은 것은?

① 가평군 – Gapyeong-goon

② 갈매봉 – Galmaibong

③ 마천령 – Macheollyeong

④ 백령도 – Baeknyeongdo

14 다음 〈보기〉의 밑줄 친 ㉠과 바꿔 쓰기에 가장 적절한 것은?

〈보 기〉

　간접세는 조세 부담자와 납세자가 ㉠ 다르며, 주로 소비에 기준을 두고 세금을 징수하기 때문에 보통은 자신이 세금을 내고 있는지조차 모르는 경우가 많다. 부가가치세, 특별 소비세, 주세, 전화세 등이 여기에 속한다.

① 상관(相關)하며

② 상이(相異)하며

③ 상응(相應)하며

④ 상충(相衝)하며

15 다음 중 국어 순화가 옳지 않은 것은?

① 팝업 창(pop-up 窓) → 알림창

② 무빙워크(moving walk) → 안전길

③ 컨트롤타워(control tower) → 통제탑, 지휘 본부

④ 스카이 라운지(sky lounge) → 전망쉼터, 하늘쉼터

16 다음 중 ㉠과 의미가 가장 유사한 속담은 무엇인가?

　그런데 문제는 정도에 지나친 생활을 하는 사람을 보면 이를 무시하거나 핀잔을 주어야 할 텐데, 오히려 없는 사람들까지도 있는 척하면서 그들을 부러워하고 모방하려고 애쓴다는 사실이다. 이러한 행동은 '모방 본능' 때문에 나타난다.

　모방 본능은 필연적으로 '모방 소비'를 부추긴다. 모방 소비란 내게 꼭 필요하지도 않지만 남들이 하니까 나도 무작정 따라 하는 식의 소비이다. 이는 마치 ㉠ 남들이 시장에 가니까 나도 장바구니를 들고 덩달아 나서는 격이다. 이러한 모방 소비는 참여하는 사람들의 수가 대단히 많다는 점에서 과시 소비 못지않게 큰 경제 악이 된다.

① 친구 따라 강남 간다

② 계란으로 바위치기이다

③ 호랑이도 제 말하면 온다

④ 사공이 많으면 배가 산으로 간다

17 문맥에 따른 배열로 가장 적절한 것은?

(가) 그러나 사람들은 소유에서 오는 행복은 소중히 여기면서 정신적 창조와 인격적 성장에서 오는 행복은 모르고 사는 경우가 많다.

(나) 소유에서 오는 행복은 낮은 차원의 것이지만 성장과 창조적 활동에서 얻는 행복은 비교할 수 없이 고상한 것이다.

(다) 부자가 되어야 행복해진다고 생각하는 사람은 스스로 부자라고 만족할 때까지는 행복해지지 못한다.

(라) 하지만 최소한의 경제적 여건에 자족하면서 정신적 창조와 인격적 성장을 꾀하는 사람은 얼마든지 차원 높은 행복을 누릴 수 있다.

(마) 자기보다 더 큰 부자가 있다고 생각될 때는 여전히 불만과 불행에 사로잡히기 때문이다.

① (나) – (가) – (마) – (라) – (다)

② (나) – (라) – (가) – (다) – (마)

③ (다) – (마) – (라) – (나) – (가)

④ (다) – (라) – (마) – (가) – (나)

[18~19] 다음 작품을 읽고 물음에 답하시오.

> 돌하 노피곰 도드샤
> 어긔야 머리곰 비취오시라
> 어긔야 어강됴리
> 아으 다롱디리
> 져재 녀러신고요
> 어긔야 즌 딕를 드딕욜셰라
> 어긔야 어강됴리
> 어느이다 노코시라
> 어긔야 내 가논 딕 졈그룰셰라
> 어긔야 어강됴리
> 아으 다롱디리
>
> – 작자 미상, 「정읍사」

18 다음 중 제시된 작품에 대한 설명으로 가장 적절한 것은?

① 후렴구를 반복하여 주제 의식을 부각하고 있다.
② 반어적 표현을 사용하여 긴장감을 높이고 있다.
③ 성찰적 어조를 통해 엄숙한 분위기를 조성하고 있다.
④ 말을 건네는 방식을 통해 화자의 정서를 드러내고 있다.

19 다음 중 밑줄 친 '돌'에 대한 이해로 적절하지 않은 것은?

① 시적 진술의 시점으로 보아, 시간적 배경을 알려 주는 소재이다.
② 화자가 처한 상황으로 보아, 화자가 겪는 마음의 동요를 완화할 수 있는 존재이다.
③ '돌'과 결합한 조사 '하'의 쓰임으로 보아, 존경의 의미를 함축하고 있는 대상이다.
④ '노피곰'이 상승 이미지를 환기하는 것으로 보아, 초월적 세계에 대한 화자의 동경을 표상하는 존재이다.

20 다음 시에 대한 설명으로 적절하지 않은 것은?

> 가문 섬진강을 따라가며 보라.
> 퍼 가도 퍼 가도 전라도 실핏줄 같은
> 개울물들이 끊기지 않고 모여 흐르며
> 해 저물면 저무는 강변에
> 쌀밥 같은 토끼풀꽃,
> 숯불 같은 자운영꽃 머리에 이어 주며
> 지도에도 없는 동네 강변
> 식물 도감에도 없는 풀에
> 어둠을 끌어다 죽이며
> 그을린 이마 훤하게
> 꽃등을 달아 준다.
> 흐르다 흐르다 목메이면
> 영산강으로 가는 물줄기를 불러
> 뼈 으스러지게 그리워 얼싸안고
> 지리산 뭉툭한 허리를 감고 돌아가는
> 섬진강을 따라가며 보라.
> 섬진강물이 어디 몇 놈이 달려들어
> 퍼낸다고 마를 강물이더냐고,
> 지리산이 저문 강물에 얼굴을 씻고
> 일어서서 껄껄 웃으며
> 무등산을 보며 그렇지 않느냐고 물어 보면
> 노을 띤 무등산이 그렇다고 훤한 이마 끄덕이는
> 고갯짓을 바라보며
> 저무는 섬진강을 따라가며 보라.
> 어디 몇몇 애비 없는 후레자식들이
> 퍼 간다고 마를 강물인가를.
>
> – 김용택, 「섬진강 1」

① 반어적인 어조를 활용하여 현실을 풍자하고 있다.
② 직유를 활용하여 대상을 인상적으로 드러내고 있다.
③ 의인화를 통해 대상의 강한 생명력을 표현하고 있다.
④ 대상이 지닌 속성을 통해 주제 의식을 강화하고 있다.

21 다음 중 밑줄 친 오류의 예를 추가할 때 가장 적절한 것은?

> 논리학에서 비형식적 오류 유형에는 우연의 오류, 애매어의 오류, 결합의 오류, 분해의 오류 등이 있다.
>
> 우선 우연의 오류란 거의 대부분의 경우에 적용되는 일반적인 원리나 규칙을 우연적인 상황으로 인해 생긴 예외적인 특수한 경우에까지도 무차별적으로 적용할 때 생기는 오류이다. 그 예로 "인간은 이성적인 동물이다. 중증 정신 질환자는 인간이다. 그러므로 중증 정신 질환자는 이성적인 동물이다."를 들 수 있다.
>
> 애매어의 오류는 동일한 한 단어가 한 논증에서 맥락마다 서로 다른 의미를 지니는 것으로 사용될 때 생기는 오류를 말한다. "김 씨는 성격이 직선적이다. 직선적인 모든 것들은 길이를 지닌다. 고로 김 씨의 성격은 길이를 지닌다."가 그 예이다.
>
> 한편 각각의 원소들이 개별적으로 어떤 성질을 지니고 있다는 내용의 전제로부터 그 원소들을 결합한 집합 전체도 역시 그 성질을 지니고 있다는 결론을 도출하는 경우가 결합의 오류이고, 반대로 집합이 어떤 성질을 지니고 있다는 내용의 전제로부터 그 집합의 각각의 원소들 역시 개별적으로 그 성질을 지니고 있다는 결론을 도출하는 경우가 분해의 오류이다. 전자의 예로는 "그 연극단 단원들 하나하나가 다 훌륭하다. 고로 그 연극단은 훌륭하다."를, 후자의 예로는 "그 연극단은 일류급이다. 박 씨는 그 연극단 일원이다. 그러므로 박 씨는 일류급이다."를 들 수 있다.

① 모든 사람은 죽는다. 소크라테스는 사람이다. 그러므로 소크라테스는 죽는다.

② 그 학생의 논술 시험 답안은 탁월하다. 그의 답안에 있는 문장 하나하나가 탁월하기 때문이다.

③ 부패하기 쉬운 것들은 냉동 보관해야 한다. 세상은 부패하기 쉽다. 고로 세상은 냉동 보관해야 한다.

④ 미국 아이스하키 선수단이 이번 올림픽에서 금메달을 차지했다. 그러므로 미국 선수 각자는 세계 최고 기량을 갖고 있다.

22 ㉠~㉣에 대한 이해로 가장 적절한 것은?

> 막차는 좀처럼 오지 않았다
> 대합실 밖에는 밤새 송이눈이 쌓이고
> ㉠ 흰 보라 수수꽃 눈시린 유리창마다
> 톱밥난로가 지펴지고 있었다
> 그믐처럼 몇은 졸고
> 몇은 감기에 쿨럭이고
> 그리웠던 순간들을 생각하며 나는
> 한 줌의 톱밥을 불빛 속에 던져 주었다
> 내면 깊숙이 할 말들은 가득해도
> ㉡ 청색의 손바닥을 불빛 속에 적셔 두고
> 모두들 아무 말도 하지 않았다
> 산다는 것이 때론 술에 취한 듯
> 한 무릎의 굴비 한 광주리의 사과를
> 만지작거리며 귀향하는 기분으로
> 침묵해야 한다는 것을
> 모두들 알고 있었다
> ㉢ 오래 앓은 기침소리와
> 쓴 약 같은 입술담배 연기 속에서
> 싸륵싸륵 눈꽃은 쌓이고
> 그래 지금은 모두들
> 눈꽃의 화음에 귀를 적신다
> 자정 넘으면
> 낯설음도 뼈아픔도 다 설원인데
> 단풍잎 같은 몇 잎의 차창을 달고
> 밤열차는 또 어디로 흘러가는지
> ㉣ 그리웠던 순간들을 호명하며 나는
> 한 줌의 눈물을 불빛 속에 던져 주었다
>
> ― 곽재구, 「사평역에서」

① ㉠: 여러 개의 난로가 지펴져 안온한 대합실의 상황을 비유적으로 표현하였다.

② ㉡: 대조적 색채 이미지를 통해, 눈 오는 겨울 풍경의 서정적 정취를 강조하였다.

③ ㉢: 오랜 병마에 시달린 이들의 비관적 심리와 무례한 행동을 묘사하였다.

④ ㉣: 화자가 그리워하는 지난 때를 떠올리며 느끼는 정서를 화자의 행위에 투영하였다.

23 다음 글에 대한 이해로 적절하지 않은 것은?

> 희극의 발생 조건에 대하여 베르그송은 집단, 지성, 한 개인의 존재 등을 꼽았다. 즉 집단으로 모인 사람들이 자신들의 감성을 침묵하게 하고 지성만을 행사하는 가운데 그들 중 한 개인에게 그들의 모든 주의가 집중되도록 할 때 희극이 발생한다고 보았다. 그러나 그가 말하는 세 가지 사항은 웃음을 유발하는 것이 아니라 그러한 것을 가능케 하는 조건들이다. 웃음을 유발하는 단순한 형태의 직접적인 장치는 대상의 신체적인 결함이나 성격적인 결함을 들 수 있다. 관객은 이러한 결함을 지닌 인물을 통하여 스스로 자기 우월성을 인식하고 즐거워질 수 있게 된다. 이와 관련해 "한 인물이 우리에게 희극적으로 보이는 것은 우리 자신과 비교해서 그 인물이 육체의 활동에는 많은 힘을 소비하면서 정신의 활동에는 힘을 쓰지 않는 경우이다. 어느 경우에나 우리의 웃음이 그 인물에 대하여 우리가 지니는 기분 좋은 우월감을 나타내는 것임은 부정할 수 없다."라는 프로이트의 말은 시사적이다.

① 베르그송에 의하면 집단, 지성, 한 개인의 존재는 희극 발생의 조건이다.
② 베르그송에 의하면 희극은 관객의 감성이 집단적으로 표출된 결과이다.
③ 프로이트에 의하면 상대적으로 정신 활동보다 육체활동에 힘을 쓰는 상대가 희극적인 존재이다.
④ 한 개인의 신체적·성격적 결함은 집단의 웃음을 유발하는 직접적인 장치이다.

24 다음 제시문의 주된 설명 방식과 같은 설명 방식이 적용된 것은?

> 문학이 구축하는 세계는 실제 생활과 다르다. 즉 실제 생활은 허구의 세계를 구축하는 데 필요한 재료가 되지만 이 재료들이 일단 한 구조의 구성 분자가 되면 그 본래의 재료로서의 성질과 모습은 확연히 달라진다. 건축가가 집을 짓는 것을 떠올려 보자. 건축가는 어떤 완성된 구조를 생각하고 거기에 필요한 재료를 모아서 적절하게 집을 짓게 되는데, 이때 건물이라고 하는 하나의 구조를 완성하게 되면 이 완성된 구조의 구성 분자가 된 재료들은 본래의 재료와 전혀 다른 것이 된다.

① 국어 단어는 그 형성 방식에 따라 단일한 요소가 곧 한 단어가 되는 단일어와 다양한 요소들이 결합하여 한 단어가 되는 복합어로 구분할 수 있다.
② 르네상스 시대의 화가들은 원근법을 사용하여 세상을 향한 창과 같은 사실적인 그림을 그렸다. 현대 회화를 출발시켰다고 평가되는 인상주의자들이 의식적으로 추구한 것도 이러한 사실성이었다.
③ 여자는 생각하는 것이 남자와 다른 데가 있다. 남자는 미래를 생각하지만 여자는 현재의 상태를 더 소중하게 여긴다. 남자가 모험, 사업, 성 문제를 중심으로 생각한다면 여자는 가정, 사랑, 안정성에 비중을 두어 생각한다.
④ 목적을 지닌 인생은 의미 있다. 목적 없이 살아가는 사람은 험난한 인생의 노정을 완주하지 못한다. 목적을 갖고 뛰어야 마라톤에서 완주가 가능한 것처럼 우리의 인생에서도 목표를 가지고 꾸준히 노력하는 사람이 성공한다.

25 〈보기〉의 문장이 들어가기에 가장 적절한 곳은?

> ────〈보 기〉────
>
> 그동안 3·1 운동에 관한 학자들의 부단한 연구는 3·1 운동의 원인과 배경을 비롯하여, 운동의 형성과 전개 과정, 일제의 통치·지배 정책, 운동의 국내외의 반향, 운동의 검토와 평가 그리고 3·1 운동 이후의 국내외 민족운동 등 각 분야에 걸쳐 수많은 저작을 내놓고 있다.

> (가) 일제의 식민지 통치 밑에서 천도교가 주도하여 일으킨 3·1 독립운동은 우리나라 민족사에서 가장 빛나는 위치를 차지하는 거족적인 해방 독립 투쟁이다.
>
> (나) 그 뿐만 아니라 1918년 11월 제1차 세계 대전이 끝나자 미국 대통령 윌슨(Woodrow Wilson)이 전후 처리 방안인 14개조의 기본 원칙으로 민족자결주의를 이행한다고 발표한 후 최초이자 최대 규모로 일어난 제국주의에 대항한 비폭력 투쟁으로써 세계 여러 약소 민족 국가와 피압박 민족의 해방 운동에 끼친 영향은 실로 지대한 세계사적인 의의를 갖는다고 하겠다.
>
> (다) 또한 '최후의 一人까지, 최후의 一刻까지'를 부르짖은 3·1 독립운동이 비록 민족 해방을 쟁취하는 투쟁으로서는 실패는 하였으나 평화적인 수단으로 지배자에게 청원(請願)을 하거나 외세에 의존하는 사대주의적 방법으로는 자주독립이 불가능하다는 교훈을 남겼다는 점에서도 그 의의는 크다고 할 것이다.
>
> (라) 언론 분야는 3·1 운동이 일어나자 독립 선언서와 함께 천도교의 보성사에서 인쇄하여 발행한 지하신문인 「조선독립신문」이 나오자, 이를 계기로 국내에서는 다양한 신문이 쏟아져 나왔기 때문에 이들 자료를 통해 많은 연구가 이루어져 있다.

① (가)의 뒤
② (나)의 뒤
③ (다)의 뒤
④ (라)의 뒤

01 $F(s) = \dfrac{4(s+6)}{s(s^2+2s+8)}$ 일 때, $F(s)$의 역 라플라스 변환(Inverse Laplace Transform)된 함수 $f(t)$의 최종값은?

① $\dfrac{1}{2}$

② $\dfrac{1}{3}$

③ $\dfrac{3}{4}$

④ 3

02 전압 $v = 20\sin 20t + 30\sin 30t[\text{V}]$이고, 전류가 $i = 30\sin 20t + 20\sin 30t[\text{A}]$이면 소비전력[W]은?

① 1,200[W]

② 600[W]

③ 400[W]

④ 300[W]

03 3상 불평형 전압에서 영상 전압이 200[V]이고 정상 전압이 800[V], 역상 전압이 500[V]이면 전압의 불평형률[%]은?

① 60[%]

② 62.5[%]

③ 70[%]

④ 72.5[%]

04 100[V]의 전압에서 10[A]의 전류가 흐르는 전기다리미를 3시간 사용하였다. 이 다리미에서 소비된 전력량[Wh]은?

① 2,500[Wh]

② 3,000[Wh]

③ 5,000[Wh]

④ 6,000[Wh]

05 그림에서 R_1, R_2, R_3의 저항 3개를 직렬로 접속했을 때 합성저항의 값은?

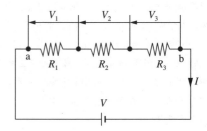

① $R = R_1 + R_2 \cdot R_3$

② $R = \dfrac{R_1 + R_2 + R_3}{R_1 \cdot R_2 \cdot R_3}$

③ $R = R_1 \cdot R_2 \cdot R_3$

④ $R = R_1 + R_2 + R_3$

06 다음 중 과도현상에 대한 설명으로 옳지 않은 것은?

① RL 직렬회로의 시정수는 $\dfrac{L}{R}$[s]이다.

② RC 직렬회로에서 V_0로 충전된 콘덴서를 방전시킬 경우 $t = RC$에서의 콘덴서 단자전압은 $0.632\,V_0$이다.

③ 정현파 교류회로에서는 전원을 넣을 때의 위상을 조절함으로써 과도현상의 영향을 제거할 수 있다.

④ 전원이 직류 기전력인 때에도 회로의 전류가 정현파로 되는 경우가 있다.

07 권수 300의 코일을 지나는 자속이 0.2초 동안 0.1[Wb]만큼 변화하면 자속의 변화율 및 유도 기전력 [V]은?

① 50[V]

② 100[V]

③ 150[V]

④ 200[V]

10 액체 유전체를 넣은 콘덴서의 용량은 30[μF]이다. 여기에 500[V]의 전압을 가했을 때 누설 전류는 약 몇 [mA]인가? (단, 고유 저항 $\rho = 10^{11}[\Omega \cdot m]$, 비유전율 $\varepsilon_s = 2.2$이다)

① 5.1

② 7.7

③ 10.2

④ 15.4

08 그림과 같은 회로에서 2[Ω]에 흐르는 전류[A]는?

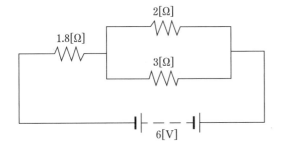

① 1.2[A]

② 1.8[A]

③ 0.8[A]

④ 2[A]

11 진공 중 반지름이 a[m]인 원형 도체판 2매를 사용하여 극판 거리 d[m]인 콘덴서를 만들었다. 만약 이 콘덴서의 극판 거리를 3배로 하고 정전용량은 일정하게 하려면 이 도체판의 반지름 a는 얼마로 하면 되는가?

① $3a$

② $\frac{1}{3}a$

③ $\sqrt{3}a$

④ $\frac{1}{\sqrt{3}}a$

09 진상 콘덴서에서 3배의 교류전압을 가했을 때 충전 용량은 어떻게 되는가?

① $\frac{1}{9}$이 된다.

② $\frac{1}{6}$이 된다.

③ 6배가 된다.

④ 9배가 된다.

12 RL 직렬회로에 대한 설명으로 옳은 것은?

① 주파수가 감소하면 전류는 증가하고, 저항에 걸리는 전압은 감소한다.

② 주파수가 증가하면 전류는 증가하고, 저항에 걸리는 전압은 증가한다.

③ 주파수가 감소하면 전류는 감소하고, 인덕터에 걸리는 전압은 감소한다.

④ 주파수가 증가하면 전류는 감소하고, 인덕터에 걸리는 전압은 증가한다.

13 $e^{j\frac{2}{3}\pi}$과 같은 것은?

① $-\frac{1}{2}-j\frac{\sqrt{3}}{2}$

② $\frac{1}{2}-j\frac{\sqrt{3}}{2}$

③ $-\frac{1}{2}+j\frac{\sqrt{3}}{2}$

④ $\cos\frac{2}{3}\pi+\sin\frac{2}{3}\pi$

14 송전 계통의 안정도를 증진시키는 방법으로 적절하지 않은 것은?

① 직렬 리액턴스를 가능한 작게 한다.

② 중간 조상설비를 설치한다.

③ 계통의 연계를 이용한다.

④ 원동기의 조속기 작동을 느리게 한다.

15 4단자 회로에서 4단자 정수가 $A=\frac{16}{3}$, $D=1$이고, 영상 임피던스 $Z_{02}=\frac{18}{20}[\Omega]$일 때, 영상 임피던스 $Z_{01}[\Omega]$은?

① $8[\Omega]$

② $6[\Omega]$

③ $4.8[\Omega]$

④ $4[\Omega]$

16 코일에 발생하는 유기 기전력의 크기는 어느 것과 관계가 되는가?

① 코일에 쇄교하는 자속수의 변화에 비례한다.

② 시간의 변화에 비례한다.

③ 코일에 쇄교하는 자속수에 반비례한다.

④ 코일의 권수에 반비례한다.

17 그림과 같은 회로에서 시상수 T는 얼마인가?

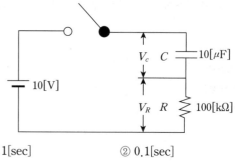

① $1[\text{sec}]$

② $0.1[\text{sec}]$

③ $10[\text{sec}]$

④ $0.01[\text{sec}]$

18 $Z(s)=\frac{2s+3}{s}$으로 표시되는 2단자 회로망은?

① ○──WWW──||── $2[\Omega]$ $\frac{1}{3}[\text{F}]$

② ○──mmm──WWW──○ $2[\text{H}]$ $3[\Omega]$

③ ○──WWW──mmm──○ $2[\Omega]$ $3[\text{H}]$

④ ○──||──WWW──○ $3[\text{F}]$ $\frac{1}{2}[\Omega]$

19 10[A]의 전류가 흐르고 있는 도선이 자계 내를 운동하여 5[Wb]의 자속을 끊었다고 하면 이때에 전자력이 한 일[J]은?

① $15[\text{J}]$

② $25[\text{J}]$

③ $50[\text{J}]$

④ $250[\text{J}]$

20 다음 설명 중 옳지 않은 것은?

① 무한장 솔레노이드 내부 자계의 크기는 코일에 흐르는 전류의 크기에 비례한다.

② 솔레노이드 내부에서의 자계의 세기는 위치에 관계없이 일정한 평등자계이다.

③ 철심의 길이가 증가하더라도 무한장 솔레노이드의 자기 인덕턴스 값은 증가하지 않는다.

④ 자계의 방향과 암페어 경로 간에 서로 수직인 경우 자계의 세기는 최고이다.

21 다음 회로해석에 대한 설명 중 옳지 않은 것은?

① 전기회로는 특정 목적을 달성하기 위하여 상호 연결된 회로소자들의 집합이다.

② 옴의 법칙과 같은 소자법칙은 회로가 어떻게 구성되는지에 따라 각 개별 소자에서 단자전압과 전류를 관계 지어준다.

③ 키르히호프의 법칙은 회로의 연결 법칙으로서 전하 불변 및 에너지 불변으로부터 유래되었다.

④ 일반적으로 전압－전류특성에 의하여 회로의 형태를 알 수 있는 것이며, 특히 다이오드와 트랜지스터는 선형적으로 해석할 수 있다.

22 평형 3상 부하에 전력을 공급할 때 선전류 값이 $20[A]$이고 부하의 소비전력이 $6[kW]$이다. 이 부하의 등가 Y회로에 대한 각 상의 저항은 약 몇 $[\Omega]$인가?

① $5[\Omega]$ ② $7[\Omega]$

③ $9[\Omega]$ ④ $10[\Omega]$

23 기본파의 $80[\%]$인 제3고조파와 기본파의 $60[\%]$인 제5고조파를 포함하는 전압파의 왜형률은?

① 0.2 ② 0.5

③ 1 ④ 1.5

24 다음 설명 중 옳은 것은?

① 완전 도체가 아닌 일정한 고유저항을 가진 대지상에 대지와 나란히 높이 $h[m]$인 곳에 가선된 전류 I가 흐르고 원통상 도선의 영상전류는 방향이 반대인 $-I$이고, 땅속 h보다 얕은 곳에 대지면과 나란히 흐르는 영상전류이다.

② 접지 구도체의 외부에 있는 점전하에 기인된 접지 구도체상 유도전하의 영상전하는 2개가 있다.

③ 두 유전체가 무한 평면으로 경계면을 이루고 접해 있을 때 한 유전체 내에 있는 점전하 Q의 영상전하는 경계면과 Q간 거리의 연장선상 반대편 등거리에 1개가 있다.

④ 절연 도체구의 외부에 점전하가 있을 때 절연 도체구에 유도된 전하에 관한 영상전하는 2개가 있다.

25 그림에서 a－b단자의 전압이 $45\angle0°[V]$, a－b단자에서 본 능동 회로망(N)의 임피던스가 $Z=2+j6[\Omega]$일 때, a－b단자에 임피던스 $Z'=4-j3[\Omega]$를 접속하면 이 임피던스에 흐르는 전류$[A]$는?

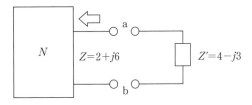

① $2(3-j)[A]$ ② $2(3+j)[A]$

③ $3(2-j)[A]$ ④ $3(2+j)[A]$

01 매극 유효 자속 0.035[Wb], 전기자 총도체수 152인 4극 중권 발전기를 매분 1,200회의 속도로 회전할 때의 기전력[V]은 약 얼마인가?

① 106[V]

② 86[V]

③ 66[V]

④ 53[V]

02 일반적인 3상 유도전동기에 대한 설명으로 옳지 않은 것은?

① 2차 측 저항을 2배로 하더라도 최대토크는 변하지 않는다.

② 토크는 2차 입력에 반비례하고 동기속도에 비례한다.

③ 농형은 권선형에 비해 구조가 견고하며, 권선형에 비해 소형·중형 전동기로 널리 사용된다.

④ 불평형 전압으로 운전하는 경우 전류는 증가하나 토크는 감소한다.

03 1[kg·m]의 회전력으로 매분 1,000회전하는 직류 전동기의 출력[kW]은 다음의 어느 것에 가장 가까운가?

① 0.1[kW]

② 1[kW]

③ 2[kW]

④ 5[kW]

04 직류 직권 전동기가 있다. 공급 전압이 525[V], 전기자 전류가 50[A]일 때 회전 속도는 1,500[rpm]이라고 한다. 공급 전압을 400[V]로 낮추었을 때 같은 전기자 전류에 대한 회전 속도[rpm]는? (단, 전기자 권선 및 계자 권선의 전저항은 0.5[Ω]이라 한다)

① 1,000[rpm]

② 1,125[rpm]

③ 1,250[rpm]

④ 1,375[rpm]

05 3상 농형 유도전동기의 기동 방법으로 적절하지 않은 것은?

① 전전압 기동

② 리액터 기동

③ 2차 저항에 의한 기동

④ Y−Δ 기동

06 동기 주파수 변환기의 주파수 f_1 및 f_2 계통에 접속되는 양 극을 p_1, p_2라 할 때 다음의 어떤 관계가 성립되는가?

① $\dfrac{f_1}{f_2} = p_2$

② $\dfrac{f_1}{f_2} = \dfrac{p_2}{p_1}$

③ $\dfrac{f_1}{f_2} = \dfrac{p_1}{p_2}$

④ $\dfrac{f_2}{f_1} = p_1 \cdot p_2$

07 자극수 4, 전기자 도체수 50, 전기자저항 0.1[Ω]의 중권 타여자 전동기가 있다. 정격전압 110[V], 정격전류 100[A]로 운전하던 것을 전압 112[V] 및 계자회로를 일정히 하고 무부하로 운전했을 때 전기자전류가 20[A]이라면 속도 변동률[%]은? (단, 매극의 자속은 0.05[Wb]라 한다)

① 5[%]

② 10[%]

③ 12[%]

④ 15[%]

08 다음은 직류 발전기의 정류 곡선이다. 이 중에서 정류 초기에 정류의 상태가 좋지 않은 것은?

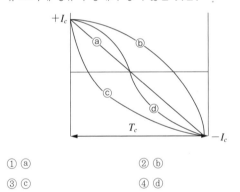

① ⓐ

② ⓑ

③ ⓒ

④ ⓓ

09 3상 배전선에 접속된 V결선의 변압기에서 전부하시의 출력을 P[kVA]라 하면 같은 변압기 한 대를 증설하여 Δ결선하였을 때의 정격 출력은?

① $\dfrac{1}{2}P$

② $\dfrac{2}{\sqrt{3}}P$

③ $\sqrt{3}P$

④ $2P$

10 용량 10[kVA]의 단권 변압기를 그림과 같이 접속하면 역률 80%의 부하에 몇 [kW]의 전력을 공급할 수 있는가?

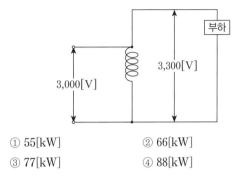

① 55[kW]

② 66[kW]

③ 77[kW]

④ 88[kW]

11 3/4부하에서 효율이 최대인 주상 변압기가 있다. 전부하 시에 있어서의 철손과 동손의 비는?

① 3 : 4

② 4 : 3

③ 9 : 16

④ 16 : 9

12 회전자계 이론을 기반으로 한 단상 유도전동기의 정방향 회전자계의 속도가 n_0[rpm], 회전자의 정방향 회전속도가 n[rpm]일 때 정방향 회전자계에 대한 슬립[pu]은?

① $\dfrac{2n_0 - n}{n_0}$

② $\dfrac{2n_0 + n}{n_0}$

③ $\dfrac{n_0 - n}{n_0}$

④ $\dfrac{n_0 + n}{n_0}$

13 다음 〈보기〉의 괄호 안에 옳은 내용을 순서대로 나열한 것은?

---〈보 기〉---

SCR에서는 게이트에 전류를 흘리면 순방향의 저지 상태에서 (   ) 상태가 된다. 게이트 전류를 가하여 도통 완료까지의 시간을 (   )시간이라고 하고 이 시간이 길면 (   )시의 (   )이 많고 소자가 파괴된다.

① 턴 온(Turn On), 스위칭, 온(On), 전력 손실
② 온(On), 턴 온(Turn On), 전력 손실, 스위칭
③ 스위칭, 온(On), 턴 온(Turn On), 전력 손실
④ 온(On), 턴 온(Turn On), 스위칭, 전력 손실

14 1차 측 권선이 50회, 전압 666[V], 주파수 50[Hz], 정격용량이 50[kVA]인 변압기가 정현파 전원에 연결되어 있다. 철심에서 교번하는 정현파 자속의 최댓값은 몇 [Wb]인가?

① 0.03[Wb]
② 0.04[Wb]
③ 0.05[Wb]
④ 0.06[Wb]

15 변압기의 무부하 시험, 단락 시험에서 구할 수 없는 것은?

① 동손
② 철손
③ 절연내력
④ 전압 변동률

16 직류 분권 전동기의 기동 방법으로 가장 적절한 것은?

① 기동 토크를 작게 한다.
② 계자 저항기의 저항값을 크게 한다.
③ 계자 저항기의 저항값을 0으로 한다.
④ 기동 저항기를 전기자와 병렬 접속한다.

17 그림과 같은 단상 전파 제어 회로에서 점호각이 a일 때 출력 전압의 반파 평균값을 나타내는 식은?

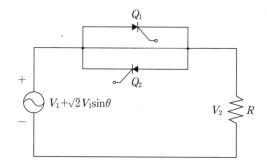

① $\dfrac{\sqrt{2}\,V_1}{\pi}(1-\cos a)$ ② $\dfrac{\sqrt{2}\,V_1}{\pi}(1+\cos a)$

③ $\dfrac{\pi}{\sqrt{2}\,V_1}(1-\cos a)$ ④ $\dfrac{\pi}{\sqrt{2}\,V_1}(1+\cos a)$

18 극수 6, 동기속도 800[rpm]인 동기발전기에서 나오는 전압의 주파수[Hz]는?

① 40[Hz]
② 50[Hz]
③ 60[Hz]
④ 80[Hz]

19 200[W], 440/44[V]의 2권선 변압기를 승압 단권변압기로 결선을 변경하고 저압 측에 전압 440[V]를 공급할 때, 고압 측 전압[V]은?

① 484[V]
② 480[V]
③ 4,400[V]
④ 4,800[V]

20 보통 전기 기계에서는 규소 강판을 성층하여 사용하는 경우가 많다. 성층하는 이유는 다음 중 어느 것을 줄이기 위한 것인가?

① 히스테리시스손
② 와류손
③ 동손
④ 기계손

21 터빈발전기의 냉각을 수소냉각방식으로 하는 이유로 적절하지 않은 것은?

① 풍손이 공기냉각 시의 약 1/10으로 줄어든다.
② 동일기계일 때 공기냉각 시보다 정격출력이 약 25[%] 증가한다.
③ 수분, 먼지 등이 없어 코로나에 의한 손상이 없다.
④ 비열은 공기의 약 10배이고 열전도율은 약 15배가 된다.

22 용량 40[kVA], 3,200/200[V]인 3상 변압기 2차 측에 3상 단락이 생겼을 경우 단락전류는 약 몇 [A]인가? (단, %임피던스 전압은 4[%]이다)

① 1,887[A]
② 2,887[A]
③ 3,243[A]
④ 3,558[A]

23 정격 400[V], 5[kW]인 평복권(외분권) 직류 발전기의 분권 계자 저항이 80[Ω]이며, 직권 계자 및 전기자 저항이 각각 0.6[Ω] 및 0.8[Ω]이다. 이 발전기의 무부하 시 전기자 유기 기전력[V]은? (단, 전기자 반작용 및 브러시 접촉에 의한 전압 강하는 무시한다)

① 388[V]
② 400[V]
③ 407[V]
④ 412[V]

24 220[V], 10[A], 1,500[rpm]인 직류 분권 발전기의 정격 시의 계자전류는 2[A]이다. 이때 계자회로에는 10[Ω]의 외부저항이 삽입되어 있다. 계자권선의 저항[Ω]은?

① 20[Ω]
② 40[Ω]
③ 80[Ω]
④ 100[Ω]

25 동기 발전기에 회전계자형을 사용하는 경우에 대한 이유로 적절하지 않은 것은?

① 기전력의 파형을 개선한다.
② 전기자가 고정자이므로 고압 대전류용에 좋고, 절연하기 쉽다.
③ 계자가 회전자지만 저압 소용량의 직류이므로 구조가 간단하다.
④ 전기자보다 계자극을 회전자로 하는 것이 기계적으로 튼튼하다.

www.sdedu.co.kr

군무원 전기직 FINAL 실전 봉투모의고사
제4회 모의고사

전기직

제1과목	국어	제2과목	전기공학
제3과목	전기기기	제4과목	

응시번호		성 명	

〈 안내 사항 〉

1. 답안지의 모든 기재 및 표기사항은 반드시 『컴퓨터용 흑색사인펜』으로만 작성하여야 합니다.
   (사인펜에 "컴퓨터용"으로 표시되어 있음) (사인펜 본인 지참)
   * 매년 지정된 펜을 사용하지 않아 답안지가 무효처리 되는 상황이 빈발하고 있으므로, 답안지
   는 반드시 『컴퓨터용 흑색사인펜』으로만 표기하시기 바랍니다.

2. 답안은 매 문항마다 반드시 하나의 답만 골라 그 숫자에 "●"로 표기해야 하며, 표기한 내용은 수정
   테이프를 이용하여 정정할 수 있습니다. 단, 시험시행본부에서 수정테이프를 제공하지 않습니다.
   (표기한 부분을 긁는 경우 오답처리 될 수 있으며, 수정스티커 또는 수정액은 사용 불가)
   * 답안지는 훼손·오염되거나 구겨지지 않도록 주의해야 하며, 특히 답안지 상단의 타이밍마크
   (Ⅰ Ⅰ Ⅰ Ⅰ Ⅰ)를 절대로 훼손해서는 안 됩니다.

3. 필기시험 문제 관련 의견제시 기간 : 시험 당일을 포함한 5일간
   * 국방부 군무원채용관리홈페이지(http://recruit.mnd.go.kr) - 시험안내 - 시험문고답하기

제4회 모의고사

01 언어 예절에 가장 알맞게 발화한 것은?

① (아침에 출근해서 직급이 같은 동료에게) 좋은 아침!
② (집에서 손님을 보낼 때 손위 사람에게) 살펴 가십시오.
③ (윗사람의 생일을 축하하며) 건강하십시오.
④ (관공서에서 손님이 들어올 때) 무엇을 도와 드릴까요?

02 주장하는 말이 범하는 논리적 오류 유형이 다른 하나는?

① 식량을 주면, 옷을 달라고 할 것이고, 그 다음 집을 달라고 할 것이고, 결국 평생직장을 보장하라고 할 것이 틀림없어. 식량 배급은 당장 그만두어야 해.
② 네가 술 한 잔을 마시면, 다시 마시게 되고, 결국 알코올 중독자가 될 거야. 애초부터 술 마실 생각은 하지 마라.
③ 아이들에게 부드럽게 말하면, 아이들은 부모를 무서워하지 않게 되고, 그 부모는 아이들을 망치게 될 겁니다. 아이들에게 엄하게 말하는 것을 두려워하지 마세요.
④ 식이요법을 시작하면 영양 부족에 빠지고, 어설픈 식이요법이 알코올 중독에 이르게 한다는 것을 암시해. 식이요법을 시작하지 못 하게 막아야 해.

03 〈자료〉를 바탕으로 〈보기〉의 문장을 작성하였다. 다음 〈보기〉의 문장 중 띄어쓰기가 옳은 것끼리 묶인 것은?

〈자 료〉

한글 맞춤법
[제2항] 문장의 각 단어는 띄어 씀을 원칙으로 한다.
[제41항] 조사는 그 앞말에 붙여 쓴다.
[제42항] 의존 명사는 띄어 쓴다.
[제43항] 단위를 나타내는 명사는 띄어 쓴다.

〈보 기〉

㉠ 당신이 문득 나를 알아볼 때까지.
㉡ 한국인 만큼 부지런한 민족이 있을까?
㉢ 돈을 많이 모아서 멋진 집 한 채를 샀다.
㉣ 무궁화는 자랑스럽고 아름다운 꽃 입니다.

① ㉠, ㉡   ② ㉠, ㉢
③ ㉡, ㉣   ④ ㉢, ㉣

04 다음 중 복수 표준어가 아닌 것은?

① 자장면 – 짜장면
② 나부랭이 – 너부렁이
③ 멀찌가니 – 멀찌감찌
④ 허섭스레기 – 허접쓰레기

05 다음 중 문장의 구조가 다른 것은?

① 농부들은 비가 오기를 고대했다.
② 나는 지금이 중요한 때임을 알고 있다.
③ 형은 대학생이고, 누나는 고등학생이다.
④ 우리 집 앞마당에 드디어 장미꽃이 피었다.

06 다음 중 밑줄 친 단어의 의미 관계가 다른 것은?

① • 눈가에 잔주름이 <u>가다</u>.
　• 밥을 먹으러 식당에 <u>가다</u>.
② • <u>철</u>에 따라 피는 꽃이 다르다.
　• 아이들이 <u>철</u>이 너무 없다.
③ • 벽난로에서 장작이 활활 <u>타고</u> 있었다.
　• 서쪽으로 뻗은 주능선을 <u>타고</u> 산행을 계속했다.
④ • 밥을 식지 않게 아랫목에 <u>묻었다</u>.
　• 손에 기름이 <u>묻었다</u>.

07 다음의 〈사례〉와 〈보기〉의 언어 특성을 잘못 연결한 것은?

─〈사 례〉─
(가) '방송(放送)'은 '석방'에서 '보도'로 의미가 변하였다.
(나) '밥'이라는 의미의 말소리 [밥]을 내 마음대로 [법]으로 바꾸면 다른 사람들은 '밥'이라는 의미로 이해할 수 없다.
(다) '종이가 찢어졌어.'라는 말을 배운 아이는 '책이 찢어졌어.'라는 새로운 문장을 만들어 낸다.
(라) '오늘'이라는 의미를 가진 말을 한국어에서는 '오늘[오늘]', 영어에서는 'today(투데이)'라고 한다.

─〈보 기〉─
㉠ 자의성　　㉡ 규칙성　　㉢ 창조성　　㉣ 사회성

① (가) – ㉡　　　　　② (나) – ㉣
③ (다) – ㉢　　　　　④ (라) – ㉠

08 다음 중 높임법에 대한 설명으로 옳지 않은 것은?

㉠ 아버지께서 할머니를 모시고 댁에 들어가셨다.
㉡ 어머니께서 아주머니께 이 김치를 드리라고 하셨습니다.
㉢ 주민 여러분께서는 잠시만 제 이야기에 귀를 기울여 주시기 바랍니다.

① ㉠, ㉡, ㉢: 문장의 주체를 높이고 있다.
② ㉠, ㉡: 문장의 객체를 높이고 있다.
③ ㉡, ㉢: 듣는 이를 높이고 있다.
④ ㉠, ㉡: 특수한 어휘를 사용하여 높임을 표현하고 있다.

09 외래어 표기가 옳은 것만을 모두 고른 것은?

㉠ vision: 비전
㉡ cardigan: 카디건
㉢ container: 콘테이너
㉣ yellow: 옐로
㉤ lobster: 롭스터

① ㉠, ㉤
② ㉢, ㉣
③ ㉠, ㉡, ㉣
④ ㉡, ㉢, ㉤

10 다음 중 밑줄 친 고유어의 뜻풀이가 옳지 않은 것은?

① 짜장: 과연 정말로
② 곰살맞다: 몹시 부드럽고 친절하다
③ 가리사니: 사물을 분간하여 판단할 수 있는 실마리
④ 비나리: 갑자기 내리는 비

11 다음 중 〈보기〉의 발음 과정에 적용되는 음운 변동 규칙이 아닌 것은?

―――〈보 기〉―――
홑이불 → [혼니불]

① 'ㄴ' 첨가
② 두음 법칙
③ 자음 동화
④ 음절의 끝소리 규칙

12 밑줄 친 부분의 함축적 의미로 가장 적절한 것은?

그는 피아노를 향하여 앉아서 머리를 기울였습니다. 몇 번 손으로 키를 두드려 보다가는 다시 머리를 기울이고 생각하고 하였습니다. 그러나 다섯 번 여섯 번을 다시 하여 보았으나 아무 효과도 없었습니다. 피아노에서 울려 나오는 음향은 규칙 없고 되지 않은 한낱 소음에 지나지 못하였습니다. 야성? 힘? 귀기? 그런 것은 없었습니다. 감정의 재뿐이 있었습니다.

"선생님, 잘 안 됩니다."

그는 부끄러운 듯이 연하여 고개를 기울이며 이렇게 말하였습니다.

"두 시간도 못 되어서 벌써 잊어버린담?"

나는 그를 밀어 놓고 내가 대신하여 피아노 앞에 앉아서 아까 베낀 그 음보를 펴 놓았습니다. 그리고 내가 베낀 곳부터 다시 시작하였습니다.

화염! 화염! 빈곤, 주림, 야성적 힘, 기괴한 감금당한 감정! 음보를 보면서 타던 나는 스스로 흥분이 되었습니다.

– 김동인, 「광염 소나타」

① 화려한 기교가 없는 연주
② 악보와 일치하지 않는 연주
③ 도저히 이해할 수 없는 연주
④ 기괴한 감정이 느껴지지 않는 연주

13 다음 글의 주제로 옳은 것은?

야생 동물이 건강에 좋은 먹을거리를 선택한다는 것은 이미 과학적으로 입증되었다. 그 수준도 '동물 따위가 뭘 알겠어.' 하고 치부하기에는 놀라울 정도로 높다. 예를 들면 동물은 기운을 북돋기 위해 흥분제 성분이 들어 있는 과일이나 환각 작용을 일으키는 버섯, 아편 성분이 들어 있는 양귀비 등 향정신성 먹을거리를 즐겨 섭취한다. 개중에는 흥분제에 중독 증상을 보이는 동물도 있다. 더욱 놀랄 만한 사실은 교미 시의 생산 능력을 높이기 위해 자연에 널려 있는 '최음제'를 먹는 경우마저 있다는 사실이다. 사막에 사는 거북은 칼슘을 찾아 사막을 몇십 킬로미터씩 여행한다. 칼슘은 거북의 껍질을 단단하게 만드는 데 필요한 성분이다. 원숭이와 곰 등은 신맛이 나는 기름과 고약한 냄새의 송진을 온몸에 즐겨 바른다. 이러한 냄새들은 벌레에 물리는 것을 막아줄 뿐만 아니라 세균 감염도 예방해 준다. 침팬지는 털이 난 나뭇잎을 독특한 방법으로 뭉쳐서 삼킨다. 잎에 난 털이 식도로 넘어가며 식도 주위의 기생충들을 청소해 준다. 개와 고양이가 가끔 풀을 뜯어먹는 것도 비슷한 이유다. 이 풀들은 기생충과 함께 소화되지 않고 몸 바깥으로 배설된다. 새들은 특정한 향이 나는 허브 잎을 모아 둥지를 둘러싼다. 잎의 향 때문에 진드기와 벼룩이 둥지로 접근하지 못한다. 코끼리는 나트륨 성분을 섭취하기 위해 소금을 먹는다. 만약 소금이 모자라면 새로운 소금 동굴을 찾기 위해 죽음을 무릅쓴 집단 이동도 마다하지 않는다. 붉은원숭이는 주식인 나뭇잎이 함유하는 독성 성분을 없애기 위해 숯을 먹는다. 보통 동물들은 모체로부터 이 같은 식습관을 배운다. 하지만 동물들이 먹을거리의 의학적 효능에 대해 정확하게 알고 있는 것은 아니다. 침팬지와 원숭이가 기생충을 제거하기 위해 먹는 나뭇잎의 종류는 30가지가 넘는다. 만약 침팬지가 나뭇잎을 먹는 이유를 정확하게 알고 있다면 털이 가장 부숭부숭한 나뭇잎을 골라 먹을 것이다.

① 동물은 질병을 치료하는 물을 알고 있다.
② 동물은 어느 자연환경에서나 잘 적응할 수 있다.
③ 동물은 각각 좋아하는 음식이 따로 있다.
④ 동물은 스스로를 자연적으로 치유하는 방법에 대해 선천적으로 알고 있다.

14 다음 〈보기〉를 참고하여 ㉠~㉣에 대해 설명한 내용으로 적절하지 않은 것은?

> 집의 옷밥을 언고 들먹는 져 고공(雇工)아,
> 우리 집 긔별을 아는다 모로는다.
> 비 오는 놀 일 업슬직 숫 소면셔 니루리라.
> ㉠ 처음의 한어버이 사롬이 흐려 홀 직,
> 인심(人心)을 만히 쓰니 사롬이 결로 모다,
> ㉡ 풀 쎗고 터를 닷가 큰 집을 지어 내고,
> 셔리 보십 장기 쇼로 전답(田畓)을 긔경(起耕)ᄒ니,
> ㉢ 오려논 터밧치 여드레 ᄀ리로다.
> 자손(子孫)에 전계(傳繼)ᄒ야 대대(代代)로 나려오니,
> 논밧도 죠커니와 고공도 근검(勤儉)터라.
> 저희마다 여름 지어 가음여리 사던 것슬,
> 요ᄉ이 고공들은 혬이 어이 아조 업서,
> 밥사발 큰나 쟈그나 동옷시 죠코 즈나,
> ㉣ ᄆᆞ음을 듯호는 듯 호슈(戶首)을 싀오는 듯,
> 무슴 일 ᄀᆞᆷ드러 흘깃할깃 ᄒᆞᄂᆞᆫ다.
> 너희ᄂᆡ 일 아니코 시절(時節) 좃ᄎ 수오나와,
> ᄀᆞᆺ득의 ᄂᆡ 셰간이 플러지게 되야ᄂᆞᄃᆡ,
> 엇그지 화강도(火强盗)에 가산(家産)이 탕진(蕩盡)ᄒ니,
> 집 ᄒᆞ나 불타 붓고 먹을 껏시 견혀 업다.
> 크나큰 셰ᄉᆞ(歲事)을 엇지ᄒᆞ여 니로려료.
> 김가(金哥) 이가(李哥) 고공들아 싀 ᄆᆞ음 먹어슬라.
>
> — 허전, 「고공가(雇工歌)」

---〈보 기〉---

이 작품은 조선 왕조의 창업부터 임진왜란 직후의 역사를 농사일이나 집안 살림에 빗대는 방식을 활용하고 있다. 특히 제 역할을 하지 않고 서로 시기하고 반목하는 요즘 고공들의 행태를 질책하고 있다.

① ㉠: 태조 이성계가 조선 왕조를 창업한 사실과 관련지을 수 있다.
② ㉡: 나라의 기초를 닦은 조선 왕조의 모습과 관련지을 수 있다.
③ ㉢: 조선의 땅이 외침으로 인해 피폐해진 현실과 관련지을 수 있다.
④ ㉣: 신하들이 서로 다투고 시기하는 상황과 관련지을 수 있다.

15 다음 중 ㉠~㉣에 대한 설명으로 옳지 않은 것은?

> ㉠ 못난 놈들은 서로 얼굴만 봐도 흥겹다
> 이발소 앞에 서서 참외를 깎고
> 목로에 앉아 막걸리를 들이켜면
> 모두들 한결같이 친구 같은 얼굴들
> ㉡ 호남의 가뭄 얘기 조합 빚 얘기
> 약장수 기타 소리에 발장단을 치다 보면
> 왜 이렇게 자꾸만 서울이 그리워지나
> 어디를 들어가 섰다라도 벌일까
> 주머니를 털어 색싯집에라도 갈까
> ㉢ 학교 마당에들 모여 소주에 오징어를 찢다
> 어느새 긴 여름 해도 저물어
> 고무신 한 켤레 또는 조기 한 마리 들고
> ㉣ 달이 환한 마찻길을 절뚝이는 파장
>
> — 신경림, 「파장」

① ㉠: 농민들이 서로에게 느끼는 유대감을 보여 준다.
② ㉡: 농민들이 겪는 여러 가지 어려움이 나타난다.
③ ㉢: 어려움을 극복한 농민들의 흥겨움이 드러난다.
④ ㉣: 농촌의 힘겨운 현실을 시적으로 형상화하고 있다.

도르래는 둥근 바퀴에 튼튼한 줄을 미끄러지지 않도록 감아 무거운 물체를 들어 올리는 데 사용하는 도구이다. 가장 기본이 되는 도르래는 고정도르래와 움직도르래이다. 그렇다면 두 도르래의 차이는 어떤 것이 있을까?

우선 고정도르래부터 살펴보도록 하자. 고정도르래는 힘의 방향만 바꾸어 주는 도르래로 줄을 감은 바퀴의 중심축이 고정되어 있다. 힘의 이득을 볼 수는 없지만, 힘의 작용 방향을 바꿀 수 있는 장점이 있다. 고정도르래를 사용할 때는 줄의 한쪽에 물체를 걸고 다른 쪽 줄을 잡아 당겨 물체를 원하는 높이까지 움직인다. 이때 물체를 들어 올리는 힘은 줄 하나가 지탱하고 있다. 따라서 직접 들어 올리는 것과 비교해 힘의 이득은 없으며 단지 고정도르래 때문에 줄을 당기는 힘의 방향만 바뀐다. 하지만 물체를 높은 곳으로 직접 들어 올리는 것보다는 줄을 아래로 잡아당김으로써 물체를 올리는 방법이 훨씬 편하다. 또한 물체를 1미터 들어 올리기 위해 잡아당기는 줄의 길이도 1미터면 된다.

한편 움직도르래는 힘의 이득을 보기 위해 사용한다. 움직도르래를 사용할 때는 도르래에 줄을 감고 물체를 들어 올린다. 움직도르래는 도르래 축에 직접 물체를 매달기 때문에 줄을 당기면 물체와 함께 도르래도 움직인다. 이때 물체를 지탱하는 줄은 두 가닥이 된다. 물체의 무게는 각 줄에 분산되어 두 사람이 각각의 줄을 잡고 동시에 들어 올리는 효과가 난다. 따라서 움직도르래 한 개를 사용하면 물체 무게의 2분의 1의 힘으로 물체를 움직일 수 있게 되는 것이다. 하지만 물체를 1미터 들어 올리기 위해 당겨야 하는 줄의 길이는 물체가 올라가는 높이의 두 배인 2미터이다. 왜냐하면 물체가 1미터 올라갈 때 물체를 지탱하는 두 줄도 동시에 1미터씩 움직여야 하는데, 줄을 당기는 쪽으로 줄이 감기게 되기 때문이다. 그래서 움직도르래를 이용하여 물체를 들어 올리면 줄의 길이는 물체가 움직여야 하는 높이의 두 배가 필요하게 된다.

16 다음 중 윗글의 내용과 일치하는 것은?

① 고정도르래는 도르래 축에 물체를 직접 매달아 사용한다.
② 움직도르래와 고정도르래를 함께 사용해야 물체의 무게가 분산된다.
③ 움직도르래로 물체를 들어 올릴 수 있는 높이는 줄의 길이에 영향을 받는다.
④ 고정도르래는 줄을 당기는 힘의 방향과 물체에 작용하는 힘의 방향이 일치한다.

17 다음 중 윗글의 내용 전개 방식으로 가장 적절한 것은?

① 구체적 사례를 통해 개념 이해를 돕고 있다.
② 대상의 차이점을 중심으로 특징을 설명하고 있다.
③ 대상의 인과 관계에 초점을 맞추어 설명하고 있다.
④ 특정 기술이 발달한 과정을 순서대로 제시하고 있다.

18 다음 글을 순서대로 바르게 나열한 것은?

> (가) 제임스 러브록이 말하는 사이보그는 우리가 아는 것과 조금 다르다. 그는 사이보그를 오늘날 로봇과 인공지능(AI) 시스템의 후예로 자급자족하고 자각할 수 있는 존재라고 묘사했다. 이는 뇌를 제외한 팔다리나 장기를 기계로 바꾼 개조 인간을 뜻하는 사이보그보다 AI 로봇의 의미에 가깝다.
>
> (나) 제임스 러브록은 "사이보그를 생물의 또 다른 계(king-dom)라고 생각한다."면서 "그들은 인간이 동물계로서 식물계 위에 선 것처럼 우리 위에 설 것"이라고 말했다. 러브록은 계속해서 자신을 개선할 수 있는 AI 시스템의 발명은 노바세의 결실에 다가가는 중요한 핵심 요소라고 말했다.
>
> (다) 지구를 하나의 작은 생명체로 보는 '가이아 이론'의 창시자인 제임스 러브록은 인간은 인공지능(AI) 로봇에 의해 지구 최상위층 자리를 내줄 수도 있다고 경고하고 나섰다. 제임스 러브록은 가이아 이론을 '노바세(Novacene)'에서 이렇게 밝혔다. 러브록은 "인간의 우위가 급격히 약해지고 있다. 미래에는 인간이 아니라 스스로 설계하고 만드는 존재들이 우위에 설 것"이라면서 "난 그들을 쉽게 사이보그라고 부른다."고 말했다.
>
> (라) 만일 지구가 멸망 위기에 직면하면 사이보그는 대규모 지구공학을 이용해 지구를 인간보다 자신들 환경에 맞게 바꿔놓으려 할 수도 있을 것이라고 그는 설명했다. 그러면 세계는 산소나 물을 필요하지 않는 사이보그에게 맞게 변해 인간의 생존에는 적합하지 않을 수도 있다는 것이다. 하지만 이보다 가능성이 높은 상황은 지능이 매우 높은 사이보그들은 지구에서 지내기 어려운 상황이 되기 전에 지구를 떠나는 길을 선택할 수도 있다.

① (가) – (나) – (다) – (라)
② (나) – (가) – (라) – (다)
③ (다) – (가) – (나) – (라)
④ (라) – (나) – (다) – (가)

19 밑줄 친 한자성어의 쓰임이 적절하지 않은 것은?

① 말이 너무 번드르르해 미덥지 않은 자들은 대부분 口蜜腹劍형의 사람이다.
② 그는 싸움다운 전쟁도 못하고 一敗塗地가 되어 고향으로 달아나고 말았다.
③ 그에게 마땅히 대응했어야 했는데, 그대는 어찌하여 首鼠兩端하다가 시기를 놓쳤소?
④ 요새 신입생들이 선배들에게 예의를 차릴 줄 모르는 걸 보면 참 後生可畏하다는 생각이다.

20 다음 작품에 대한 설명으로 적절하지 않은 것은?

> 기심 매러 갈 적에는 갈뽕을 따 가지고
> 기심 매고 올 적에는 올뽕을 따 가지고
> 삼간방에 누어 놓고 청실홍실 뽑아 내서
> 강릉 가서 날아다가 서울 가서 매어다가
> 하늘에다 베틀 놓고 구름 속에 이매 걸어
> 함경나무 바디집에 오리나무 북게다가
> 짜궁짜궁 짜아 내어 가지잎과 뭇거워라
> 배꽃같이 바래워서 참외같이 올 짓고
> 외씨 같은 보선 지어 오빠님께 드리고
> 겹옷 짓고 솜옷 지어 우리 부모 드리겠네
>
> — 작자 미상, 「베틀 노래」

① 노동 현실에 대한 한과 비판이 드러나 있다.
② 대구법과 직유법 등의 표현 기법을 사용하고 있다.
③ 4·4조의 운율과 언어유희로 리듬감을 형성하고 있다.
④ 화자의 상상력을 바탕으로 과장되게 표현한 부분이 나타나 있다.

21 다음 중 ㉠~㉣의 지시 대상이 같은 것끼리 묶인 것은?

> 서은: 지난번 샀던 ㉠ 이 과자는 별로 맛이 없어. ㉡ 그 과자는 어때?
>
> 지희: 응. ㉢ 이 과자는 꽤 맛있던데, 서은아 저 과자 먹어봤니?
>
> 서은: 아니, ㉣ 저 과자는 안 먹어봤는데.

① ㉠, ㉢

② ㉠, ㉣

③ ㉡, ㉢

④ ㉡, ㉣

[22~23] 다음 글을 읽고 물음에 답하시오.

기업은 다른 기업들과의 경쟁에서 이기고, 자신이 설정한 경영 목표를 달성하기 위해서 기업의 사업 내용과 목표시장 범위를 결정하는데, 이를 기업전략이라고 한다. 즉, 기업전략은 다양한 사업의 포트폴리오*를 전사적(全社的) 차원에서 어떻게 구성하고 조정할 것인가를 결정하는, 즉 참여할 사업을 결정하는 것이라고 할 수 있다.

기업전략의 구체적 예로 기업 다각화 전략을 들 수 있다. 기업 다각화 전략은 한 기업이 복수의 산업 또는 시장에서 복수의 사업을 영위하기 위한 전략으로, 제품 다각화 전략, 지리적 시장 다각화 전략, 제품 시장 다각화 전략으로 크게 구분된다. 이는 다시 제품이나 판매 지역 측면에서 관련된 사업에 종사하는 관련 다각화와 관련이 없는 사업에 종사하는 비관련 다각화로 구분된다. 리처드 러멜트는 미국의 다각화 기업을 구분하며, 관련 사업에서 70% 이상의 매출을 올리는 기업을 관련 다각화 기업, 70% 미만의 매출을 올리는 기업을 비관련 다각화 기업으로 명명했다.

기업 다각화는 범위의 경제성을 창출함으로써 수익 증대에 기여한다. 범위의 경제성이란 하나의 기업이 동시에 복수의 사업 활동을 하는 것이, 복수의 기업이 단일의 사업 활동을 하는 것보다 총비용이 적고 효율적이라는 이론이다. 범위의 경제성은 한 기업이 여러 제품을 동시에 생산할 때, 투입되는 요소 중 공통적으로 투입되는 생산요소가 존재하기 때문에 투입 요소 비용이 적게

발생한다는 사실을 통해 설명된다.

또한 다각화된 기업은 기업 내부 시장을 활용함으로써 새로운 가치를 창출할 수 있다. 여러 사업부에서 나오는 자금을 통합하여 활용할 수 있는 내부 자본시장을 갖추었을 뿐 아니라 여러 사업부에서 훈련된 인력을 전출하여 활용할 수 있는 내부 노동시장도 갖추었기 때문이다. 새로운 인력을 채용하여 교육시키는 데 많은 시간과 비용이 들어감을 고려하면, 다각화된 기업은 신규 기업에 비해 훨씬 우월한 위치에서 경쟁할 수 있다.

한편 다각화를 함으로써 기업은 사업 부문들의 경기 순환에서 오는 위험을 줄일 수 있다. 예를 들어 기업의 주력 사업이 반도체, 철강, 조선과 같이 불경기와 호경기가 반복적으로 순환되는 사업 분야일수록, 기업은 (㉠) 분야의 다각화를 함으로써 경기가 불안정할 때에도 자금 순환의 안정성을 비교적 (㉡)할 수 있다.

* 포트폴리오: 다양한 투자 대상에 분산하여 자금을 투입하여 운용하는 일

22 윗글의 문맥을 고려하여, 윗글의 ㉠, ㉡ 부분에 들어갈 단어를 가장 적절하게 추론한 것은?

	㉠	㉡
①	비관련	제거
②	비관련	확보
③	관련	제거
④	관련	확보

23 윗글에 대한 이해로 가장 적절한 것은?

① 다각화된 기업은 여러 사업부에서 나오는 자금을 통합하여 활용할 수 없다.

② 범위의 경제성에 의하면 한 기업이 제품A, 제품B를 모두 생산하는 것은, 서로 다른 두 기업이 각각 제품A, 제품B를 생산하는 것보다 비효율적이다.

③ 리처드 러멜트에 의하면, 관련 사업에서 50%의 매출을 올리는 기업은 관련 다각화 기업이다.

④ 신규 기업은 새로운 인력을 채용하고 교육하는 것에 부담이 있다.

[24~25] 다음 글을 읽고 물음에 답하시오.

> 벤담과 같은 고전적인 공리주의에서는 사람들의 행복은 계측과 합계가 가능하다고 생각하기 때문에, 행복에 공통의 기준이 성립되어 있다고 여긴다. 벤담의 효용이라는 개념은 공통의 통화를 제공하는 것이다.
>
> 이런 생각을 근거로 한 것이 비용편익분석이다. 어떤 정책이나 행동이 얼마만큼의 행복을 가져오고 동시에 얼마만큼의 비용이 드는가를 화폐 가치로 환산해서 그 차액으로 정책이나 행동을 결정하는 것이다.
>
> 비용편익분석의 사례로 체코에서 일어난 필립 모리스 담배 문제를 소개할 수 있다. 담배 때문에 사람이 죽게 되는 경우, 살아 있는 동안 국가의 의료비 부담은 늘어나지만, 흡연자는 빨리 사망하기 때문에 연금, 고령자를 위한 주택 등의 예산이 절약되어 국가 재정에는 오히려 도움이 된다. 국민들이 담배를 피울 때 국가의 비용보다 편익이 크므로 국가는 담배를 금하지 말고 계속 피우게 하는 편이 좋다는 이 결과에 인간의 생명을 경시하는, 비인도적인 발상이라는 비난 여론이 들끓었다. 결국 필립 모리스는 사죄하게 되었다.
>
> 포드사는 소형자동차 핀토의 결함을 수리할 것인가에 대해 판단하기 위해 비용편익분석을 하였다. 차의 결함으로 인한 사고로 죽는 인간의 생명이나 부상자들의 부상을 그들에게 배상해야 할 금액으로 환산해서 이것을 (㉠) 속에 넣고 결함을 개량하는 데 드는 비용이 편익보다 많기 때문에 인명이 희생되더라도 결함을 개량하지 않는 편이 낫다고 결정했다. 그 외에도 환경보호국의 분석에서 고령자의 생명을 화폐로 환산하면서 할인했다는 예, 자동차의 제한용편익분석에서 인명을 화폐로 환산해서 인명을 잃은 비용보다 방지 대책에 드는 비용이 크다는 이유로 행위나 정책이 정당화되었다는 예도 있다.
>
> 결국 비용편익분석과 같은 결과주의의 생각, 즉 인명 희생의 방치나 정당화와 같이 도덕적으로 허용되지 않는 답을 이끌어낸 사례들을 지적하면서 '비용과 편익을 분석하는 주체는 누가 되어야 하는가?'와 같은 문제를 제기할 수 있다.

24 ㉠에 들어갈 내용으로 가장 적절한 것은?

① 수리의 비용
② 수리의 편익
③ 사고의 비용
④ 사고의 편익

25 윗글의 서술 방식으로 가장 적절한 것은?

① 구체적인 사례를 제시하여 논지를 전개하고 있다.
② 비교와 대조를 통해 대상의 특징을 드러내고 있다.
③ 철학적 사상을 근거로 삼아 설득력을 높이고 있다.
④ 문제 상황과 대안을 제시하고 타당성을 검증하고 있다.

01 그림과 같이 전기장에 놓여 있는 양(+) 전하 q가 받는 힘의 방향은? (단, 실선은 전기력선, 점선은 힘의 방향을 나타낸다)

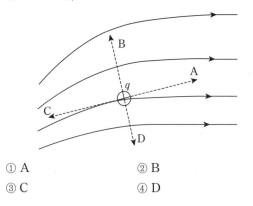

① A
② B
③ C
④ D

02 균일한 자기장 속에 직선 도선이 자기장의 방향에 수직으로 놓여 있다. 이 도선의 길이가 2[m]이고 자기장의 세기(자속 밀도)가 1[Wb/m²]일 때, 도선에 흐르는 전류가 3[A]라면 도선이 받는 힘[N]은?

① 3[N]
② 5[N]
③ 6[N]
④ 9[N]

03 저항이 5[Ω]인 도체에 10[A]의 전류를 1분간 흘렸을 때 발생하는 열량[J]은?

① 10,000[J]
② 15,000[J]
③ 25,000[J]
④ 30,000[J]

04 100[V]용 200[W] 전열기의 저항치는 몇[Ω]인가?

① 10[Ω]
② 20[Ω]
③ 50[Ω]
④ 200[Ω]

05 저항 $R_1=10[\Omega]$과 $R_2=40[\Omega]$이 직렬로 접속된 회로에 100[V], 60[Hz]인 정현파 교류전압을 인가할 때, 이 회로에 흐르는 전류로 적절한 것은? (단, $\pi=3.14$로 한다)

① $\sqrt{2}\sin377t$[A]
② $2\sqrt{2}\sin377t$[A]
③ $\sqrt{2}\sin422t$[A]
④ $2\sqrt{2}\sin422t$[A]

06 N회 감긴 환상코일의 단면적은 $S[\text{m}^2]$이고 평균 길이가 $l[\text{m}]$이다. 이 코일의 권수를 두 배로 하고 인덕턴스를 일정하게 하는 방법으로 적절한 것은?

① 단면적을 $\dfrac{1}{4}$로 한다.
② 전류의 세기를 4배로 한다.
③ 길이를 4배로 한다.
④ 비투자율을 $\dfrac{1}{2}$로 한다.

07 권선수 100의 코일에 쇄교되는 자속이 10[ms]마다 2[Wb]만큼 증가할 때 코일에 유도되는 기전력[V]은?

① $-500[\text{V}]$
② $-1,000[\text{V}]$
③ $-20,000[\text{V}]$
④ $-30,000[\text{V}]$

08 $V_a=5[\text{V}]$, $V_b=4-j5[\text{V}]$, $V_c=6+j5[\text{V}]$를 3상 불평형 전압이라고 할 때, 영상전압[V]은?

① $0[\text{V}]$
② $5[\text{V}]$
③ $7[\text{V}]$
④ $15[\text{V}]$

09 송전 계통의 중성점을 접지하는 목적으로 적절하지 않은 것은?

① 지락 고장 시 전선로의 대지 전위 상승을 억제하고 전선로와 기기의 절연을 경감시킨다.
② 소호리액터 접지 방식에서는 1선 지락 시 지락점 아크를 빨리 소멸시킨다.
③ 차단기의 차단 용량을 증대시킨다.
④ 지락 고장에 대한 계전기의 동작을 확실하게 한다.

10 용량 10[Ah], 기전력 2[V]인 축전지 6개를 직렬 연결하여 사용할 때의 기전력이 12[V]로 될 때 이때의 용량[Ah]은?

① $\dfrac{10}{6}[\text{Ah}]$
② $10[\text{Ah}]$
③ $60[\text{Ah}]$
④ $120[\text{Ah}]$

11 $F(s)=\dfrac{2}{(s+1)(s+3)}$의 역 라플라스 변환은?

① $e^{-t}-e^{-3t}$
② $e^{-t}-e^{3t}$
③ $e^{t}-e^{3t}$
④ $e^{t}-e^{-3t}$

12 진공 중에 1m의 거리로 $10^{-5}[\text{C}]$ 및 $10^{-6}[\text{C}]$의 두 정전하가 놓여 있을 때 그 사이에 작용하는 힘[N]은?

① $5\times10^{-2}[\text{N}]$
② $6\times10^{-2}[\text{N}]$
③ $7\times10^{-2}[\text{N}]$
④ $9\times10^{-2}[\text{N}]$

13 히스테리시스 손실과 히스테리시스 곡선과의 관계를 설명한 것으로 옳은 것은?

① 히스테리시스 곡선의 잔류자기 값이 클수록 히스테리시스 손실이 적다.
③ 히스테리시스 곡선의 보자력 값이 클수록 히스테리시스 손실이 적다.
② 히스테리시스 곡선의 면적이 클수록 히스테리시스 손실이 적다.
④ 히스테리시스 곡선의 면적이 작을수록 히스테리시스 손실이 적다.

14 어떤 계에 임펄스 함수(δ함수)가 입력으로 가해졌을 때 시간함수 e^{-2t}가 출력으로 나타났다. 이 계의 전달 함수는?

① $\dfrac{2}{s+2}$

② $\dfrac{1}{s+2}$

③ $\dfrac{2}{s-2}$

④ $\dfrac{1}{s-2}$

15 자기장의 코일이 있다. 이것의 권수 $N=2,000$, 저항 $R=12[\Omega]$으로 전류 $I=10[\mathrm{A}]$를 통했을 때의 자속 $\varPhi=6\times10^{-2}[\mathrm{Wb}]$이다. 이 회로의 시상수는?

① $0.01[\sec]$

② $0.1[\sec]$

③ $1[\sec]$

④ $10[\sec]$

16 어떤 교류회로의 순시값이 $v=\sqrt{2}\,V\sin\omega t[\mathrm{V}]$인 전압에서 $\omega t=\dfrac{\pi}{6}[\mathrm{rad}]$일 때 $100\sqrt{2}[\mathrm{V}]$이면 이 전압의 실횻값 $[\mathrm{V}]$은?

① $100[\mathrm{V}]$

② $100\sqrt{2}[\mathrm{V}]$

③ $200[\mathrm{V}]$

④ $200\sqrt{2}[\mathrm{V}]$

17 와전류와 관련된 설명으로 옳지 않은 것은?

① 단위 체적당 와류손의 단위는 $[\mathrm{W/m^2}]$이다.

② 와전류는 주파수의 제곱에 비례한다.

③ 와전류손은 히스테리시스손과 함께 철손이다.

④ 최대 자속밀도의 1.6승에 반비례한다.

18 그림과 같은 RC 병렬회로의 위상각 θ는?

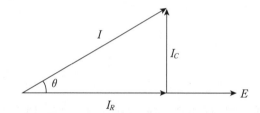

① $\tan^{-1}\dfrac{\omega C}{R}$

② $\tan^{-1}\omega CR$

③ $\tan^{-1}\dfrac{R}{\omega C}$

④ $\tan^{-1}\dfrac{1}{\omega CR}$

19 정상상태에서의 원자를 설명한 것으로 옳지 않은 것은?

① 양성자와 전자의 극성은 같다.

② 원자는 전체적으로 보면 전기적으로 중성이다.

③ 원자를 이루고 있는 양성자의 수는 전자의 수와 같다.

④ 양성자 1개가 지니는 전기량은 전자 1개가 지니는 전기량과 크기가 같다.

20 내부 저항이 $r[\Omega]$인 전지 M개를 병렬로 연결했을 때, 전지로부터 최대 전력을 공급받기 위한 부하 저항$[\Omega]$은?

① $\dfrac{r}{M}$

② Mr

③ r

④ $M^2 r$

21 직류전원$[\mathrm{V}]$, $R=30[\mathrm{k}\Omega]$, $C=3[\mu\mathrm{F}]$의 값을 갖고 스위치가 열린 상태의 RC 직렬회로에서 $t=0$일 때 스위치가 닫힌다. 이때 시정수는?

① 6×10^{-2}

② 6×10^{4}

③ 9×10^{-2}

④ 9×10^{4}

22 그림과 같이 평행한 두 개의 무한 직선 도선에 전류가 각각 I, $1.5I$인 전류가 흐른다. 두 도선 사이의 점 P에서 자계의 세기가 0일 때 $\dfrac{a}{b}$의 값은?

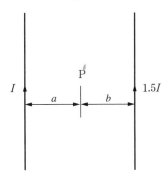

① $\dfrac{1}{2}$

② 2

③ $\dfrac{2}{3}$

④ $\dfrac{3}{2}$

23 권선수가 N회인 코일에 전류 $I[\mathrm{A}]$를 흘릴 경우, 코일에 $\phi[\mathrm{Wb}]$의 자속이 지나간다면 이 코일에 저장된 자계에너지$[\mathrm{J}]$는?

① $\dfrac{1}{2}N\phi^2 I$

② $\dfrac{1}{2}N\phi I$

③ $\dfrac{1}{2}N^2\phi I$

④ $\dfrac{1}{2}N\phi I^2$

24 그림에서 4단자 회로 정수 A, B, C, D 중 출력 단자 3, 4가 개방되었을 때 $\dfrac{V_1}{V_2}$인 A의 값은?

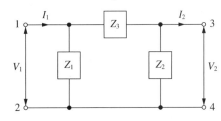

① $1+\dfrac{Z_2}{Z_1}$

② $1+\dfrac{Z_3}{Z_2}$

③ $1+\dfrac{Z_2}{Z_3}$

④ $\dfrac{Z_1+Z_2+Z_3}{Z_1 Z_3}$

25 길이 $l[\mathrm{m}]$인 도선으로 원형코일을 만들어 일정한 전류를 흘릴 때, M회 감았을 때의 중심자계는 N회 감았을 때의 중심자계의 몇 배인가?

① $\left(\dfrac{M}{N}\right)^2$

② $\left(\dfrac{N}{M}\right)^2$

③ $\dfrac{N}{M}$

④ $\dfrac{M}{N}$

제3과목: 전기기기

QR코드 접속을 통해 풀이시간 측정, 자동 채점
그리고 결과 분석까지!!

01 도체수 500, 부하 전류 200[A], 극수 4, 전기자 병렬 회수로 2인 직류 발전기의 매극당 감자 기자력[AT]은 약 얼마인가? (단, 브러시의 이동각은 전기 각도 20°이다)

① 11,100[AT] ② 5,550[AT]
③ 2,777[AT] ④ 1,388[AT]

02 이상적인 단상변압기의 1차 측 권선 수는 200회, 2차 측 권선 수는 800회이다. 1차 측 권선은 200[V], 50[Hz] 전원에, 2차 측 권선은 2[A], 지상역률 0.4의 부하에 연결될 때, 부하에서 소비되는 전력[W]은?

① 600[W] ② 640[W]
③ 704[W] ④ 740[W]

03 브러시리스 직류(BLCD) 전동기의 특징으로 적절하지 않은 것은?

① 구조가 간단하고 보수가 필요 없다.
② 홀센서와 다이오드 정류기는 직류기의 정류작용을 위한 정류자와 브러시 역할을 한다.
③ 홀 소자 등을 사용하여 회전자 위치의 검출이 필요하다.
④ 전기자가 회전하는 구조를 가진다.

04 효율 80[%], 출력 10[kW]인 직류 발전기의 전손실[kW]은?

① 1.25[kW] ② 1.5[kW]
③ 2.0[kW] ④ 2.5[kW]

05 3,000[V], 1,500[kVA], 동기 임피던스 3[Ω]인 동일 정격의 두 동기 발전기를 병렬 운전하던 중 한 쪽 계자 전류가 증가해서 각 상 유도 기전력 사이에 300[V]의 전압차가 발생했다면 두 발전기 사이에 흐르는 무효 횡류는 몇 [A]인가?

① 20[A] ② 30[A]
③ 40[A] ④ 50[A]

06 동기기의 손실에서 고정손에 해당되는 것은?

① 계자철심의 철손
② 브러시의 전기손
③ 계자권선의 저항손
④ 전기자권선의 저항손

07 단지전압 130[V], 전기자전류 5[A], 전기자저항 1[Ω], 회전속도가 1800[rpm]인 직류 전동기의 역기전력[V]은?

① 110[V] ② 125[V]
③ 130[V] ④ 145[V]

08 4극 단중 파권 직류 발전기의 전전류가 I[A]일 때, 전기자 권선의 각 병렬 회로에 흐르는 전류[A]는?

① $2I$[A]

② $8I$[A]

③ $\dfrac{I}{2}$[A]

④ $\dfrac{I}{4}$[A]

09 동기 전동기의 장점으로 적절하지 않은 것은?

① 직류 여자가 필요하다.

② 전부하 효율이 양호하다.

③ 역률 1로 운전할 수 있다.

④ 동기 속도를 얻을 수 있다.

10 단상 3권선 변압기가 있다. 1차 전압은 100[kV], 2차 전압은 20[kV], 3차 전압은 10[kV]이다. 2차에 10,000[kVA] 유도 역률 80%의 부하에, 3차에 6,000[kVA]의 진상 무효 전력이 걸렸을 때의 1차 전류[A]는? (단, 변압기 손실 및 여자 전류는 무시한다)

① 60[A]

② 80[A]

③ 100[A]

④ 120[A]

11 100[V]의 전압을 120[V]로 승압하는 단권 변압기의 자기 용량(등가 용량)은? (단, 부하 용량은 6[kVA]이다)

① 10[kVA]

② 5[kVA]

③ 3.3[kVA]

④ 1[kVA]

12 3상 동기발전기가 200[kVA]의 전력을 역률 0.85의 부하에 공급하고 있다. 발전기의 효율은 0.5이고 발전기 운전용 원동기의 효율은 0.85일 때, 원동기의 입력[kW]은?

① 200[kW]

② 350[kW]

③ 400[kW]

④ 550[kW]

13 직류 전동기의 속도 제어 방법 중 광범위한 속도 제어가 가능하며, 운전 효율이 가장 좋은 방법은?

① 계자제어

② 전압제어

③ 직렬 저항제어

④ 병렬 저항제어

14 3상 변압기의 임피던스가 $Z[\Omega]$이고, 선간 전압이 $V[kV]$, 정격 용량이 $P[kVA]$일 때 $\%Z$(%임피던스)는?

① $\dfrac{PZ}{V}$

② $\dfrac{10PZ}{V}$

③ $\dfrac{PZ}{10V^2}$

④ $\dfrac{PZ}{100V^2}$

15 220[V], 3상 4극, 60[Hz]인 3상 유도전동기가 정격 전압 주파수에서 최대 회전력을 내는 슬립은 16[%]이다. 지금 200[V], 50[Hz]로 사용할 때의 최대 회전력 발생 슬립은 약 몇 [%]가 되는가?

① 16[%]

② 18[%]

③ 19.3[%]

④ 21.3[%]

16 4극, 60[Hz]인 3상 유도전동기를 입력 100[kW], 효율 90[%]로 정격 운전할 때의 토크[kg · m]는?

① 46.7[kg · m]

② 48.75[kg · m]

③ 97.5[kg · m]

④ 146.25[kg · m]

17 유도전동기의 1차 접속을 Δ에서 Y로 바꾸면 기동시의 1차 전류는?

① $\dfrac{1}{3}$로 감소

② $\dfrac{1}{\sqrt{3}}$로 감소

③ $\sqrt{3}$배로 증가

④ 3배로 증가

18 슬립 6[%]인 유도전동기의 2차 측 효율[%]은?

① 94[%]

② 84[%]

③ 90[%]

④ 88[%]

19 자기저항(Reluctance)에 대한 설명으로 옳지 않은 것은?

① 공극이 증가하는 경우 자기저항은 증가한다.

② 일정 기자력에 대해 자속이 감소하는 경우 자기저항은 감소한다.

③ 자기저항은 인덕턴스와 반비례 관계이다.

④ 자기회로의 투자율이 증가하는 경우 자기저항은 감소한다.

20 단상 변압기 3대를 이용하여 $\Delta-\Delta$결선하는 경우에 대한 설명으로 옳지 않은 것은?

① 중성점을 접지할 수 없다.

② Y$-$Y결선에 비해 상전압이 선간전압의 $\dfrac{1}{\sqrt{3}}$배이므로 절연이 용이하다.

③ 3대 중 1대에서 고장이 발생하여도 나머지 2대로 V결선하여 운전을 계속할 수 있다.

④ 결선 내에 순환전류가 흐르나 외부에는 나타나지 않으므로 통신 장애에 대한 염려가 없다.

21 단상 전파 정류회로를 구성한 것으로 옳은 것은?

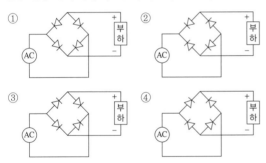

22 변압기 운전에 있어 효율이 최대가 되는 부하는 전부하의 80[%]였다고 한다. 이때 전부하에서의 철손과 동손의 비 P_c/P_i는?

① 16 : 9

② 9 : 16

③ 25 : 16

④ 16 : 25

23 4극 60[Hz]의 3상 동기발전기가 있다. 회전자의 주변속도를 200[m/s] 이하로 하려면 회전자의 최대 직경을 약 몇 [m]로 하여야 하는가?

① 1.5[m]

② 1.8[m]

③ 2.1[m]

④ 2.8[m]

24 3상 유도전동기의 슬립과 토크의 관계에서 최대 토크를 T_m, 최대 토크를 발생하는 슬립을 S_t, 2차 저항이 R_2일 때의 관계는?

① $T_m \propto R_2$, S_t=일정

② $T_m \propto R_2$, $S_t \propto R_2$

③ T_m=일정, $S_t \propto R_2$

④ T_m=일정, S_t=일정

25 3상 유도전동기의 출력이 10[kW], 전부하 시의 슬립이 5[%]이면, 이때 2차 입력의 값[kW]과 2차 동손의 값[kW]은? (단, 기계손은 무시한다)

① 10.425[kW], 1.5[kW]

② 15.200[kW], 1.2[kW]

③ 10.526[kW], 0.5042[kW]

④ 10.526[kW], 0.5263[kW]

www.sdedu.co.kr

군무원 전기직 FINAL 실전 봉투모의고사
제5회 모의고사

전기직

제1과목	국어	제2과목	전기공학
제3과목	전기기기	제4과목	

응시번호		성 명	

〈 안내 사항 〉

1. 답안지의 모든 기재 및 표기사항은 반드시 『컴퓨터용 흑색사인펜』으로만 작성하여야 합니다.
   (사인펜에 "컴퓨터용"으로 표시되어 있음) (사인펜 본인 지참)
   * 매년 지정된 펜을 사용하지 않아 답안지가 무효처리 되는 상황이 빈발하고 있으므로, 답안지
   는 반드시 『컴퓨터용 흑색사인펜』으로만 표기하시기 바랍니다.

2. 답안은 매 문항마다 반드시 하나의 답만 골라 그 숫자에 "●"로 표기해야 하며, 표기한 내용은 수정
   테이프를 이용하여 정정할 수 있습니다. 단, 시험시행본부에서 수정테이프를 제공하지 않습니다.
   (표기한 부분을 긁는 경우 오답처리 될 수 있으며, 수정스티커 또는 수정액은 사용 불가)
   * 답안지는 훼손·오염되거나 구겨지지 않도록 주의해야 하며, 특히 답안지 상단의 타이밍마크
   (❘❘❘❘❘)를 절대로 훼손해서는 안 됩니다.

3. 필기시험 문제 관련 의견제시 기간 : 시험 당일을 포함한 5일간
   * 국방부 군무원채용관리홈페이지(http://recruit.mnd.go.kr) - 시험안내 - 시험묻고답하기

제5회 모의고사

제1과목: 국어

QR코드 접속을 통해 풀이시간 측정, 자동 채점
그리고 결과 분석까지!

01 다음 〈보기〉의 예에 해당하지 않는 것은?

―――〈보 기〉―――
'노인, 여자'의 경우에서처럼, 첫머리에서 'ㄹ, ㄴ' 음
이 제약되어 '로인'이 '노인'으로, '녀자'가 '여자' 등으로
나타나는 것을 두음 법칙이라고 한다.

① 노기(怒氣)
② 논리(論理)
③ 이토(泥土)
④ 약도(略圖)

02 밑줄 친 관형절의 성격이 다른 것은?

① 우리는 <u>급히 학교로 돌아오라는</u> 연락을 받았다.
② <u>충무공이 만든</u> 거북선은 세계 최초의 철갑선이었다.
③ 우리는 <u>사람이 살지 않는</u> 그 섬에서 하룻밤을 지냈다.
④ <u>수양버들이 서 있는</u> 돌각담에 올라가 아득히 먼 수평
선을 바라본다.

03 다음은 훈민정음의 제자 방법에 대한 설명이다. 이
에 대한 예로 옳지 않은 것은?

훈민정음의 글자를 만드는 방법은 상형을 기본으로
하였다. 초성 글자의 경우 발음기관을 상형의 대상으로
삼아 ㄱ, ㄴ, ㅁ, ㅅ, ㅇ 기본 다섯 글자를 만들고 다른
글자들 중 일부는 '여(厲: 소리의 세기)'를 음성자질(音
聲資質)로 삼아 기본 글자에 획을 더하여 만들었는데 이
를 가획자라 한다.

① 아음 ㄱ에 획을 더해 가획자 ㅋ을 만들었다.
② 설음 ㄴ에 획을 더해 가획자 ㄷ을 만들었다.
③ 치음 ㅅ에 획을 더해 가획자 ㅈ을 만들었다.
④ 후음 ㅇ에 획을 더해 가획자 ㆆ(옛이응)을 만들었다.

04 다음 중 밑줄 친 단어를 고친 결과가 가장 적절하지
않은 것은?

① 금년에도 S전자는 최근 전 세계 휴대전화 <u>부분(部分)</u>
시장 점유율 1위를 차지한 것으로 조사되었다. → 부
문(部門)
② 그는 국왕이 명실상부하게 정치를 주도하는 <u>체계(體
系)</u>를 구축하고자 노력하였다. → 체제(體制)
③ 진정한 공동체를 향한 새롭고 진지한 <u>모색(摸索)</u>을 바
로 지금부터 시작해야 합니다. → 탐색(探索)
④ 환경 오염은 당면한 현실 문제라고 그가 지적한 것에
대해서는 나 역시 <u>동감(同感)</u>이 갔다. → 공감(共感)

05 다음에 제시된 단어의 의미에 맞게 쓴 문장으로 적절하지 않은 것은?

단어	의미	문장
풀다	모르거나 복잡한 문제 따위를 알아내거나 해결하다.	㉠
	어려운 것을 알기 쉽게 바꾸다.	㉡
	긴장된 분위기나 표정 따위를 부드럽게 하다.	㉢
	금지되거나 제한된 것을 할 수 있도록 터놓다.	㉣

① ㉠: 나는 형이 낸 수수께끼를 풀다가 결국 포기하고 말았다.
② ㉡: 선생님은 난해한 말을 알아들을 수 있게 풀어 설명하셨다.
③ ㉢: 막내도 잘못을 뉘우치니, 아버지도 그만 얼굴을 푸세요.
④ ㉣: 경찰을 풀어서 행방불명자를 백방으로 찾으려 하였다.

06 다음 ㉠, ㉡에 들어갈 말이 바르게 연결된 것은?

A: 가(㉠) 오(㉠) 마음대로 해라.
B: 지난겨울은 몹시 춥(㉡).

	㉠	㉡
①	-든지	-드라
②	-던지	-더라
③	-든지	-더라
④	-던지	-드라

07 다음 중 언어 예절과 어법에 가장 알맞게 발화한 것은?

① (남편의 형에게) 큰아빠, 전화 받으세요.
② 이어서 회장님의 인사 말씀이 계시겠습니다.
③ (직원이 고객에게) 주문하신 상품은 현재 품절이십니다.
④ (관공서에서 손님이 들어올 때) 어서 오십시오. 무엇을 도와 드릴까요?

08 다음 중 ㉠~㉣의 현대어 풀이가 옳지 않은 것은?

> 이 몸 삼기실 제 님을 조차 삼기시니, ㉠ 현 緣연分분이며 하늘 모를 일이런가. ㉡ 나 하나 졈어 잇고 님 하나 날 괴시니, 이 무음 이 스랑 견졸 디 노여 업다. 平평生싱애 願원ㅎ요디 흔디 녜쟈 ㅎ얏더니, 늙거야 므스 일로 외오 두고 글이는고. 엇그제 님을 뫼셔 廣광寒한殿뎐의 올낫더니, 그 더디 엇디ㅎ야 下하界계예 ㄴ려오니, ㉢ 올 적의 비슨 머리 얼킈연 디 三삼年년이라. 臙연脂지粉분 잇니마는 눌 위ㅎ야 고이 홀고. 무음의 미친 실음 疊텹疊텹이 빠혀 이셔, ㉣ 짓ㄴ니 한숨이오 디ㄴ니 눈물이라. 人인生싱은 有유限한흔디 시름도 그지 업다. 無무心심흔 歲셰月월은 믈 흐르듯 ㅎㄴ고야. 炎염凉냥이 째를 아라 가는 듯 고텨 오니, 듯거니 보거니 늣길 일도 하도 할샤.
>
> – 정철, 「사미인곡」

① ㉠: 한평생 인연임을 하늘이 모를 일이던가?
② ㉡: 나는 젊어 있고 임은 너무 괴로워하시니
③ ㉢: 떠나올 적에 빗은 머리가 헝클어진 지 삼 년이구나.
④ ㉣: 짓는 것은 한숨이고, 떨어지는 것은 눈물이구나.

09 다음 글의 상황에 어울리는 한자성어로 적절한 것은?

우리나라 축구 대표팀은 2023 카타르 월드컵에서 놀라운 성과를 거두었다. 월드컵 개최지의 무더운 날씨와 엎친 데 덮친 격으로 개막을 앞두고 주장인 손흥민 선수의 부상으로 16강 진출 가능성이 희박했지만, 우리 대표팀은 더 강도 높은 훈련을 이어가며 경기력 향상에 매진하였고, 조별 경기에서도 최선을 다하는 경기 모습을 보여 주면서 16강 진출이라는 좋은 성적으로 국민들의 찬사와 응원을 받았다.

① 走馬加鞭
② 走馬看山
③ 切齒腐心
④ 見蚊拔劍

10 ㉠~㉣의 고쳐 쓰기로 적절하지 않은 것은?

파놉티콘(panopticon)은 원형 평면의 중심에 감시탑을 설치해 놓고, 주변으로 빙 둘러서 죄수들의 방이 배치된 감시 시스템이다. 감시탑의 내부는 어둡게 되어 있는 반면 죄수들의 방은 밝아 교도관은 죄수를 볼 수 있지만, 죄수는 교도관을 바라볼 수 없다. 죄수가 잘못했을 때 교도관은 잘 보이는 곳에서 처벌을 가한다. 그렇게 수차례의 처벌이 있게 되면 죄수들은 실제로 교도관이 자리에 ㉠ 있을 때조차도 언제 처벌을 받을지 모르는 공포감에 의해서 스스로를 감시하게 된다. 이렇게 권력자에 의한 정보 독점 아래 ㉡ 다수가 통제된다는 점에서 파놉티콘의 디자인은 과거 사회 구조와 본질적으로 같았다.

현대사회는 다수가 소수의 권력자를 동시에 감시할 수 있는 시놉티콘(synopticon)의 시대가 되었다. 시놉티콘에 가장 크게 기여한 것은 인터넷의 ㉢ 동시성이다. 권력자에 대한 비판을 신변 노출 없이 자유롭게 표현할 수 있게 되었기 때문이다. 정보화 시대가 오면서 언론과 통신이 발달했고, ㉣ 특정인이 정보를 수용하고 생산하게 되었다. 그로 인해 사회에서 일어나는 일에 대한 비판적 인식 교류와 부정적 현실 고발 등 네티즌의 활동으로 권력자들을 감시하는 전환이 일어났다.

① ㉠을 '없을'로 고친다.
② ㉡을 '소수'로 고친다.
③ ㉢을 '익명성'으로 고친다.
④ ㉣을 '누구나가'로 고친다.

[11~12] 다음 글을 읽고 물음에 답하시오.

언젠가는 하도 갑갑해서 자를 가지고 덤벼들어서 그 키를 한번 재 볼까 했다마는, 우리는 장인님이 내외를 해야 한다고 해서 마주 서 이야기도 한 마디 하는 법 없다. 움물길에서 어쩌다 마주칠 적이면 겨우 눈어림으로 재 보고 하는 것인데, 그럴 적마다 나는 저만침 가서

"제-미, 키두!"

하고 논둑에다 침을 탁 뱉는다. 아무리 잘 봐야 내 겨드랑(다른 사람보다 좀 크긴 하지만) 밑에서 넘을락 말락 밤낮 요 모양이다. 개, 돼지는 풀풀 크는데 왜 이리도 사람은 안 크는지, 한동안 머리가 아프도록 궁리도 해 보았다. 아하, 물동이를 자꾸 이니까 뼉다귀가 옴츠라드나 부다, 하고 내가 넌즛넌즈시 그 물을 대신 길어도 주었다. 뿐만 아니라 나무를 하러 가면 소낭당에 돌을 올려놓고

"점순이의 키 좀 크게 해 줍소사. 그러면 담엔 떡 갖다 놓고 고사 드립죠니까."

하고 치성도 한두 번 드린 것이 아니다. 어떻게 돼먹은 킨지 이래도 막무가내니…….

그래 내 어저께 싸운 것이 결코 장인님이 밉다든가 해서가 아니다.

모를 붓다가 가만히 생각을 해 보니까 또 승겁다. 이 벼가 자라서 점순가 먹고 좀 큰다면 모르지만, 그렇지도 못한 걸 내 심어서 뭘 하는 거냐. 해마다 앞으로 축불거지는 장인님의 아랫배(가 너머 먹은 걸 모르고 내병이라나, 그 배)를 불리기 위하야 심으곤 조곰도 싶지 않다.

"아이구, 배야!"

난 몰 붓다 말고 배를 씨다듬으면서 그대루 논둑으로 기어올랐다. 그리고 겨드랑에 꼈던 벼 담긴 키를 그냥 땅바닥에 털썩 떨어치며 나도 털썩 주저앉았다. 일이 암만 바빠도 나 배 아프면 고만이니까. 아픈 사람이 누가 일을 하느냐. 파릇파릇 돌아 오른 풀 한 숲을 뜯어 들고 다리의 거머리를 쓱쓱 문태며 장인님의 얼굴을 쳐다보았다.

– 김유정, 「봄봄」

11 윗글의 사건 구성 방식에 대한 설명으로 적절한 것은?

① 중심 소재를 통해 사건에 대해 암시하고 있다.

② 사건들이 밀접한 관련성 없이 각각 독립적으로 연결되어 있다.

③ 바깥 이야기 속에 또 다른 이야기가 들어가 있다.

④ 현재의 사건을 진행하면서 과거의 사건을 끌어들이고 있다.

12 다음 중 [A]의 방법으로 윗글을 감상한 것은?

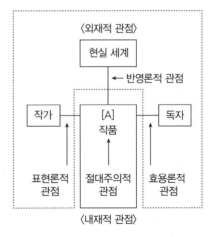

① 배경이 되는 1930년대의 농촌 현실의 모습이 어떠했는가를 반영한다.

② 순박한 인물이 겪는 일련의 사건을 주로 대화와 행동을 통해 전달한다.

③ 독자들은 이 작품을 통해 바른 삶의 자세에 대해 생각해 볼 수 있다.

④ 해학적이고 토속적인 작품을 주로 쓴 작가 김유정의 경향을 잘 드러낸다.

13 다음 작품에서 화자의 처지나 심정을 나타낸 말로 가장 적절한 것은?

> 어이 못 오던다 므스 일로 못 오던다
> 너 오는 길 우희 무쇠로 성(城)을 빤고 성(城) 안혜 담 빤고 담 안혜란 집을 짓고 집 안혜란 두지 노코 두지 안혜 궤(櫃)를 노코 궤(櫃) 안혜 너를 결박(結縛)ᄒ여 노코 쌍(雙)비목 외걸새에 용(龍)거북 ᄌ믈쇠로 수기수기 ᄌᆷ 갓더냐 네 어이 그리 아니 오던다
> 흔 달이 셜흔 날이여니 날 보라 올 홀리 업스랴

① 눈이 가다
② 눈이 맞다
③ 눈이 뒤집히다
④ 눈이 빠지다

14 다음 대화에서 '민재'의 의사소통 방식으로 가장 적절한 것은?

> 윤수: 요즘 짝꿍이랑 사이가 별로야.
> 민재: 왜? 무슨 일이 있었어?
> 윤수: 그 애가 내 일에 자꾸 끼어들어. 사물함 정리부터 내 걸음걸이까지 하나하나 지적하잖아.
> 민재: 그런 일이 있었구나. 짝꿍한테 그런 말을 해 보지 그랬어.
> 윤수: 해 봤지. 하지만 그때뿐이야. 아마 나를 자기 동생처럼 여기나 봐.
> 민재: 나도 그런 적이 있어. 작년의 내 짝꿍도 나한테 무척이나 심했거든. 자꾸 끼어들어서 너무 힘들었어. 네 얘기를 들으니 그때가 다시 생각난다. 그런데 생각을 바꿔 보니 그게 관심이다 싶더라고. 그랬더니 마음이 좀 편해졌어. 그리고 짝꿍과 솔직하게 얘기를 해 봤더니, 그 애도 자신의 잘못된 점을 고치더라고.
> 윤수: 너도 그랬구나. 나도 생각을 바꾸려고 노력해 보고, 짝꿍하고 진솔한 대화를 나눠 봐야겠어.

① 상대방의 입장을 고려해 용서함으로써 갈등을 해결하고 있다.
② 자신의 경험을 들어 상대방이 해결점을 찾을 수 있도록 돕고 있다.
③ 상대방의 약점을 비판하면서 자신의 장점을 최대한 부각하고 있다.
④ 상대방이 말하는 내용을 경청하면서 그 타당성을 평가하고 있다.

[15~16] 다음 글을 읽고 물음에 답하시오.

(가) '테라포밍'은 지구가 아닌 다른 외계의 천체 환경을 인간이 살 수 있도록 변화시키는 것을 말하는데 현재까지 최적의 후보로 꼽히는 행성은 바로 화성이다. 화성은 육안으로도 붉은 빛이 선명하기에 '火(불 화)' 자를 써서 화성(火星)이라고 부르며, 서양에서는 정열적인 전쟁의 신이기도 한 '마르스'와 함께 '레드 플래닛', 즉 '붉은 행성'으로도 일컬어진다. 화성이 이처럼 붉은 이유는 표면의 토양에 철과 산소의 화합물인 산화철이 많이 포함돼 있기 때문인데, 녹슨 쇠가 불그스름해지는 것과 같은 원리로 보면 된다. 그렇다면 이런 녹슨 행성인 화성을 왜 '테라포밍' 1순위로 선정했을까? 또한 어떤 과정을 통해서 이 화성을 인간이 살 수 있는 푸른 별로 바꿀 수 있을까?

(나) 영화 「레드 플래닛」을 보면 이런 '테라포밍'의 계획이 잘 나타나 있다. 21세기 초, 자원 고갈과 생태계 오염 등으로 지구의 환경이 점점 악화되자, 화성을 새로운 인류의 터전으로 바꾸기 위해서 이끼 종자를 가득 담은 무인 로켓이 화성으로 발사된다. 이끼가 번식해 화성 표면을 덮으면 그들이 배출하는 산소가 모여 궁극적으로는 인간이 호흡할 수 있는 대기층이 형성되기 때문이다. 그로부터 50여 년 후, 마침내 화성에 도착한 선발대는 희박하기는 하지만 화성의 공기가 사람이 숨 쉴 수 있을 정도로 바뀌었음을 알게 된다.

(다) 그렇다면 영화가 아닌 현실에서 화성을 변화시키는 일은 가능할까? 시간이 걸리고 힘든 일이지만 가능성은 있다. 화성의 극지방에는 '극관'이라고 부르는 드라이 아이스로 추정되는 하얀 막 같은 것이 존재하는데, 이것을 녹여 화성에 공기를 공급한다는 것이다. 극관에 검은 물질을 덮어 햇빛을 잘 흡수하게 만든 후 온도가 상승하면 극관이 자연스럽게 녹을 수 있도록 하는 방법인 것이다. 이 검은 물질을 자기 복제가 가능한 것으로 만들면 소량을 뿌려도 시간이 지나면서 극관 전체를 덮게 될 것이다.

(라) 자기 복제가 가능한 검은 물질이 바로 「레드 플래닛」에 나오는 이끼이다. 유전 공학에 의해 화성처럼 혹독한 환경에서도 성공적으로 번식할 수 있는, 지의류 같은 이끼의 변종을 만들어 내어 화성의 극관 지역에 투하한다. 그들이 뿌리를 내리고 성공적으로 번식할 경우 서서히 태양광선 흡수량이 많아지고 극관은 점점 녹게 될 것이다. 그러나 이런 방법을 택하더라도 인간이 직접 호흡하며 돌아다니게 될 때까지는 최소 몇백 년의 시간이 걸릴 것이다. 지금은 거의 불가능하다고 여겨지는 일들이지만 인류는 언제나 불가능한 일들을 불굴의 의지로 해결해 왔다. 화성 탐사선이 발사되고 반세기가 안 된 오늘날 인류는 화성을 지구 환경으로 만들 꿈을 꾸고 있다. 최소 몇 백 년이 걸릴 수도 있는 이 '테라포밍'도 언젠가는 인류의 도전 앞에 무릎을 꿇게 될 것이 분명하다. 그래서 아주 먼 훗날 우리의 후손들은 화성을 볼 때, 붉게 빛나는 별이 아니라 지구와 같은 초록색으로 반짝이는 화성을 볼 수 있게 될지도 모른다. 그렇다면 그때에는 화성을 '녹성(綠星)' 또는 '초록별'이라 이름을 바꿔 부르게 되지 않을까?

15 (가)~(마)에 대한 설명으로 적절하지 않은 것은?

① (가): 대상의 특성을 설명하고 화제를 제시하고 있다.
② (나): 예를 통해 화제에 대한 이해를 돕고 있다.
③ (다): 화제를 현실화할 수 있는 방법을 제시하고 있다.
④ (라): 귀납을 통해 화제의 실현 가능성을 증명하고 있다.

16 '테라포밍' 계획의 핵심이 되는 최종적인 작업은?

① 화성의 극관을 녹이는 일
② 화성에 대기층을 만드는 일
③ 화성의 온도를 상승시키는 일
④ 극관을 검은 물질로 덮는 일

17 다음 글의 내용과 가장 거리가 먼 것은?

> 글의 기본 단위가 문장이라면 구어를 통한 의사소통의 기본 단위는 발화이다. 담화에서 화자는 발화를 통해 '명령', '요청', '질문', '제안', '약속', '경고', '축하', '위로', '협박', '칭찬', '비난' 등의 의도를 전달한다. 이때 화자의 의도가 직접적으로 표현된 발화를 직접 발화, 암시적으로 혹은 간접적으로 표현된 발화를 간접 발화라고 한다.
> 일상 대화에서도 간접 발화는 많이 사용되는데, 그 의미는 맥락에 의존하여 파악된다. '아, 덥다.'라는 발화가 '창문을 열어라.'라는 의미로 파악되는 것이 대표적인 예이다. 방 안이 시원하지 않다는 상황을 고려하여 청자는 창문을 열게 되는 것이다. 이처럼 화자는 상대방이 충분히 그 의미를 파악할 수 있다고 판단될 때 간접 발화를 전략적으로 사용함으로써 의사소통을 원활하게 하기도 한다. 공손하게 표현하고자 할 때도 간접 발화는 유용하다. 남에게 무언가를 요구하려는 경우 직접 발화보다 청유 형식이나 의문 형식의 간접 발화를 사용하면 공손함이 잘 드러나기도 한다.

① 화자는 발화를 통해 다양한 의도를 전달한다.
② 직접 발화는 화자의 의도가 직접적으로 표현된다.
③ 간접 발화의 의미는 언어 사용 맥락에 기대어 파악된다.
④ 간접 발화가 직접 발화보다 화자의 의도를 더 잘 전달한다.

18 〈보기〉를 통해서 알 수 있는 내용으로 가장 적절하지 않은 것은?

> ───〈보 기〉───
> 나는 서울에서 고등학교를 다니는 학생이다. 며칠 전 제사가 있어서 대구에 있는 할아버지 댁에 갔다. 제사를 준비하면서 할아버지께서 나에게 심부름을 시키셨는데 사투리가 섞여 있어서 잘 알아들을 수가 없었다. 집으로 돌아올 때 할아버지께서 용돈을 듬뿍 주셔서 기분이 좋았다. 그런데 오늘 어머니께서 할아버지가 주신 용돈 중 일부를 달라고 하셨다. 나는 어머니께 그 용돈으로 '문상'을 다 샀기 때문에 남은 돈이 없다고 말씀드렸다. 어머니께서는 '문상'이 무엇이냐고 물으셨고 나는 '문화상품권'을 줄여서 사용하는 말이라고 말씀드렸다. 학교에서 친구들과 이야기할 때 흔히 사용하는 '컴싸'나 '훈남', '생파' 같은 단어들을 부모님과 대화할 때는 설명을 해드려야 해서 불편할 때가 많다.

① 어휘는 세대에 따라서 달라지기도 한다.
② 어휘는 지역에 따라서 달라지기도 한다.
③ 성별에 따라 사용하는 어휘가 달라지기도 한다.
④ 은어나 유행어는 청소년층이 쓰는 경우가 많다.

19 다음 중 밑줄 친 ㉠을 가장 자연스럽게 고친 것은?

나는 김 군을 만나면 글 이야기도 하고 잡담도 하며 시간을 보내는 때가 많았다. 어느 날 김 군과 저녁을 같이하면서 반찬으로 올라온 깍두기를 화제로 이야기를 나누었다.

깍두기는 조선 정종 때 홍현주(洪顯周)의 부인이 창안해 낸 음식이라고 한다. 궁중의 잔치 때에 각 신하들의 집에서 솜씨를 다투어 일품요리(一品料理)를 한 그릇씩 만들어 올리기로 하였다. 이때 홍현주의 부인이 만들어 올린 것이 그 누구도 처음 구경하는, 바로 이 소박한 음식이었다. 먹어 보니 얼근하고 싱싱하여 맛이 매우 뛰어났다. 그래서 임금이 "그 음식의 이름이 무엇이냐?" 하고 묻자 "이름이 없습니다. 평소에 우연히 무를 깍둑깍둑 썰어서 버무려 봤더니 맛이 그럴듯하기에 이번에 정성껏 만들어 맛보시도록 올리는 것입니다."라고 하였다. "그러면 깍두기라 부르면 되겠구나." 그 후 깍두기가 우리 음식의 한 자리를 차지하여 상에 자주 오르내리게 된 것이 그 유래라고 한다. 그 부인이야말로 참으로 우리 음식을 만들 줄 아는 솜씨 있는 부인이었다고 생각한다.

아마 다른 부인들은 산해진미, 희한하고 값진 재료를 구하기에 애쓰고 주방 주위에서 흔히 볼 수 있는 무·파·마늘은 거들떠보지도 아니했을 것이다. 갖은 양념, 갖은 고명을 쓰기에 애쓰고 소금·고춧가루는 무시했을지도 모른다. 그러나 재료는 가까운 데 있고 허름한 데 있었다. ㉠ 중국 음식의 모방이나 정통 궁중 음식을 본뜨거나 하여 음식을 만들기에 애썼으나 하나도 새로운 것은 없었을 것이다. 더욱이 궁중에 올릴 음식으로 그렇게 막되게 썬, 규범에 없는 음식을 만들려 들지는 아니했을 것이다. 썩둑썩둑 무를 썰면 곱게 채를 치거나 나박김치처럼 납작납작 예쁘게 썰거나 장아찌처럼 걀찍걀찍 썰지, 그렇게 꺽둑꺽둑 막 썰 수는 없다. 고춧가루도 적당히 치는 것이지, 그렇게 시뻘겋게 막 버무리는 것을 보면 질색을 했을 것이다. 그 점에 있어서 깍두기는 무법이요, 창의적인 대담한 파격이다.

① 중국 음식을 모방하고 정통 궁중 음식을 본뜨거나 하여
② 중국 음식을 모방하거나 정통 궁중 음식을 본뜨거나 하여
③ 중국 음식의 모방과 정통 궁중 음식을 본뜨거나 하여
④ 중국 음식의 모방이나 정통 궁중 음식을 본떠

20 다음 중 ㉠의 발상 및 표현과 가장 거리가 먼 것은?

나는 이제 너에게도 슬픔을 주겠다
㉠ 사랑보다 소중한 슬픔을 주겠다
겨울밤 거리에서 귤 몇 개 놓고
살아온 추위와 떨고 있는 할머니에게
귤값을 깎으면서 기뻐하던 너를 위하여
나는 슬픔의 평등한 얼굴을 보여 주겠다
내가 어둠 속에서 너를 부를 때
단 한 번도 평등하게 웃어 주질 않은
가마니에 덮인 동사자(凍死者)가 다시 얼어 죽을 때
가마니 한 장조차 덮어 주지 않은
무관심한 너의 사랑을 위해
흘릴 줄 모르는 너의 눈물을 위해
나는 이제 너에게도 기다림을 주겠다
이 세상에 내리던 함박눈을 멈추겠다
보리밭에 내리던 봄눈들을 데리고
추워 떠는 사람들의 슬픔에게 다녀와서
눈 그친 눈길을 너와 함께 걷겠다
슬픔의 힘에 대한 이야길 하며
기다림의 슬픔까지 걸어가겠다

– 정호승, 「슬픔이 기쁨에게」

① 내 마음은 호수요.
　그대 노저어 오오.

– 김동명, 「내 마음은」

② 죽음은 이렇듯 미움보다도, 사랑보다도
　더 너그러운 것이다.

– 구상, 「초토의 시」

③ 님이여, 당신은 의(義)가 무거웁고 황금(黃金)이 가벼운 것을 잘 아십니다.

– 한용운, 「찬송」

④ 향기로운 주검의 내도 풍기리
　살아서 섧던 주검 죽었으매 이내 안 서럽고

– 박두진, 「묘지송」

21 다음 글의 설명 방식에 대한 설명으로 옳은 것은?

> 멕시코의 환경 운동가로 유명한 가브리엘 과드리는 1960년대 이후 중앙아메리카 숲의 25% 이상이 목초지 조성을 위해 벌채되었으며 1970년대 말에는 중앙아메리카 전체 농토의 2/3가 축산 단지로 점유되었다고 주장했다. 실제로 1987년 이후로도 멕시코에만 1,497만 3,900ha의 열대 우림이 파괴되었는데, 이렇게 중앙아메리카의 열대림을 희생하면서까지 생산된 소고기는 주로 유럽과 미국으로 수출되었다. 그렇지만 이 소고기들은 지방분이 적고 미국인의 입맛에 그다지 맞지 않아 대부분 햄버거의 재료로 사용되었다.

① 통계 수치를 활용하여 논거의 타당성을 높이고 있다.
② 예상되는 반론을 제기한 후 논거를 제시하고 있다.
③ 서로 상반된 주장에 대해 구체적인 근거를 제시하고 있다.
④ 전문 용어의 뜻을 쉽게 풀이하여 독자의 이해를 돕고 있다.

22 〈보기〉는 국어 단모음 체계의 변화를 보여 주고 있다. 〈보기〉에 대한 설명으로 적절하지 않은 것은?

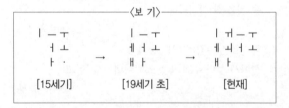

─────〈보 기〉─────

ㅣ ㅡ ㅜ		ㅣ ㅡ ㅜ		ㅣ ㅟ ㅡ ㅜ
ㅓ ㅗ	→	ㅔ ㅓ ㅗ	→	ㅔ ㅚ ㅓ ㅗ
ㅏ ·		ㅐ ㅏ		ㅐ ㅏ
[15세기]		[19세기 초]		[현재]

① 모음들이 연쇄적으로 조음 위치의 변화를 겪는 현상이 발견된다.
② 단모음의 개수는 점차 늘어난 것으로 보인다.
③ 모음 중에서 음소 자체가 소멸된 것이 있다.
④ 일부 이중모음의 단모음화가 발견된다.

23 〈보기〉의 ㉠~㉣에 대한 다음 설명 중 가장 적절하지 않은 것은?

─────〈보 기〉─────
㉠ 부엌+일 → [부엉닐]
㉡ 콧+날 → [콘날]
㉢ 앉+고 → [안꼬]
㉣ 훑+는 → [훌른]
───────────────────

① ㉠, ㉡: '맞+불 → [맏뿔]'에서처럼 음절 끝에 올 수 있는 자음이 제한되어 있기 때문에 일어난 음운 변동이 있다.
② ㉠, ㉡, ㉣: '있+니 → [인니]'에서처럼 인접하는 자음과 조음 방법이 같아진 음운 변동이 있다.
③ ㉢: '앓+고 → [알코]'에서처럼 자음이 축약된 음운변동이 있다.
④ ㉢, ㉣: '몫+도 → [목또]'에서처럼 음절 끝에 둘 이상의 자음이 오지 못하기 때문에 일어난 음운 변동이 있다.

24 다음 중 단어의 의미 관계가 '넉넉하다 : 푼푼하다'와 같은 것은?

① 출발 : 도착
② 늙다 : 젊다
③ 괭이잠 : 노루잠
④ 느슨하다 : 팽팽하다

25 다음 글에 대한 이해로 적절하지 않은 것은?

"워싱턴 : 1=링컨 : x (단, x는 1, 5, 16, 20 가운데 하나)"라는 유추 문제를 가정해 보자. 심리학자 스턴버그는 유추 문제의 해결 과정을 다음과 같이 제시하였다. 첫 번째, '부호화'는 유추 문제의 각 항들이 어떠한 의미인지 파악하는 과정이다. '워싱턴', '1', '링컨' 등의 단어가 무슨 뜻인지 이해하는 것이 부호화이다. 두 번째, '추리'는 앞의 두 항이 어떠한 연관성을 갖는지 규칙을 찾는 과정이다. 조지 워싱턴이 미국의 초대 대통령이라는 지식을 갖고 있는 사람이라면, '워싱턴'과 숫자 '1'로부터 연관성을 찾아낼 수 있을 것이다. 세 번째, '대응'은 유추의 근거 영역의 요소들과 대상 영역의 요소들을 연결하는 단계이다. '워싱턴'과 '링컨'을 연결하고, 숫자 '1'과 미지항 x를 연결하는 과정이 이에 해당한다. 네 번째, '적용'은 자신이 찾아낸 규칙을 대상 영역에 적용하는 과정이다. 조지 워싱턴이 미국의 초대 대통령이며 아브라함 링컨이 미국의 열여섯 번째 대통령임을 안다면, 적용의 단계에서 미지항 x의 답이 '16'이라고 생각할 것이다. 다섯 번째, '비교'는 자신이 찾아낸 미지항 x의 값과 다른 선택지들을 비교하는 과정이다. 만약 '16'을 답으로 찾은 사람에게 조지 워싱턴이 1달러 지폐의 인물이고 아브라함 링컨이 5달러 지폐의 인물이라는 정보가 있다면, 정답의 가능성이 있는 두 개의 선택지 사이에서 비교를 진행하게 될 것이다. 여섯 번째, '정당화'는 비교의 결과 더 적합하다고 생각되는 답을 선택하는 과정이며, 마지막으로 '반응'은 자신이 찾아낸 최종적인 결론을 말하거나 기록하는 과정이다.

① '워싱턴'이 미국의 도시 이름이라는 정보만 갖고 있는 사람이라면, '추리'의 단계에서 실패할 것이다.

② '링컨'이 몇 번째 대통령인지에 대한 정보와 미국의 화폐에 대한 정보가 없는 사람이라면, '대응'의 단계에서 실패할 것이다.

③ 미국의 화폐에 대한 정보는 갖고 있지만 미국 역대 대통령의 순서에 대한 정보가 없는 사람이라면, '적용'의 단계에서 '5'를 선택할 것이다.

④ 'x'에 들어갈 수 있는 답으로 '5'와 '16'을 찾아낸 사람이라면, 'x는 순서를 나타낸다'라는 새로운 기준을 제시했을 때 '정당화'의 단계에서 '16'을 선택할 것이다.

제2과목: 전기공학

QR코드 접속을 통해 풀이시간 측정, 자동 채점
그리고 결과 분석까지!

01 부하저항 $R_L[\Omega]$이 전원의 내부저항 $R_0[\Omega]$의 3배가 되면 부하저항 R_L에서 소비되는 전력 $P_L[W]$은 최대 전송전력 $P_m[W]$의 몇 배인가?

① 0.89배
② 0.75배
③ 0.5배
④ 0.3배

02 불평형 3상 전류 $I_a=20+j5[A]$, $I_b=-30-j7[A]$, $I_c=-5+j20[A]$일 때 영상 전류는 I_0는 약 몇 [A]인가?

① $-1+j12$
② $-4+j4$
③ $-2+j16$
④ $-5+j6$

03 저항만으로 구성되어 있는 회로에 50[V]의 전압을 가했더니 2[A]의 전류가 흘렀다. 이 회로의 저항[Ω]은?

① 15[Ω]
② 25[Ω]
③ 50[Ω]
④ 70[Ω]

04 무손실 선로의 정상 상태에 대한 설명으로 옳은 것은?

① 전파 정수 γ는 $jw\sqrt{LC}$이다.
② 특성 임피던스는 $Z_0=\sqrt{\dfrac{C}{L}}$이다.
③ 진행파의 전파 속도는 $v=\sqrt{\dfrac{L}{C}}$이다.
④ 위상정수 $\alpha=0$, 감쇠정수 $\beta=w\sqrt{LC}$이다.

05 다음 중 설명으로 옳지 않은 것은?

① 표피 효과는 주파수가 낮을수록 침투 깊이는 작아진다.
② 표피 두께는 투자율이 클수록 작아진다.
③ 표피 효과는 전계 혹은 전류가 도체 내부로 들어갈수록 지수 함수적으로 적어지는 현상이다.
④ 같은 주파수의 전자파를 사용할 경우 전도율이 높은 금속을 사용하면 침투깊이가 감소한다.

06 0.1[H]인 자체 인덕턴스 L에 5[A]의 전류가 흐를 때 L에 축적되는 에너지[J]는?

① 0.75[J]
② 1.25[J]
③ 2.52[J]
④ 3.25[J]

07 그림과 같은 회로에서 a−b 간에 $E[V]$의 전압을 가하여 일정하게 하고, 스위치 S를 닫았을 때의 전전류 $I[A]$가 닫기 전 전류의 2배가 되었다면 저항 R_X의 값은 약 몇 [Ω]인가?

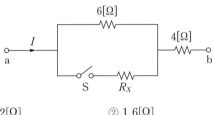

① 1.2[Ω]
② 1.6[Ω]
③ 2.2[Ω]
④ 3.8[Ω]

08 직류 전원으로 전류를 흘릴 때 전원 전압의 3배가 되어 흐르는 전류를 1.5배로 하려면 저항값을 몇 배로 해야 하는가?

① 5배
② 3.5배
③ 3배
④ 2배

09 효율 80[%], 출력 4[kW]인 전동기를 2시간 동안 사용했을 때 소비전력량[kWh]은?

① 9.3[kWh]
② 8.7[kWh]
③ 7.5[kWh]
④ 6.4[kWh]

10 RL 직렬회로에 $V_R = 100[V]$이고 $V_L = 173[V]$이다. 전원 전압이 $v = \sqrt{2}V\sin\omega t[V]$일 때 리액턴스 양단 전압의 순시값 $V_L[V]$은?

① $173\sqrt{2}\sin(\omega t + 60°)[V]$
② $173\sqrt{2}\sin(\omega t + 30°)[V]$
③ $173\sqrt{2}\sin(\omega t - 60°)[V]$
④ $173\sqrt{2}\sin(\omega t - 30°)[V]$

11 2[Wb/m²]의 자기장 내에 길이 30[cm]의 도선을 자기장과 직각으로 놓고 $v[m/s]$의 속도로 이동할 때 생기는 기전력이 3.6[V]였다면 속도 $v[m/s]$는?

① 5[m/s]
② 6[m/s]
③ 7[m/s]
④ 8[m/s]

12 그림과 같은 회로에서 C_{ac} 사이의 합성 정전 용량 [F]은 어떻게 되는가?

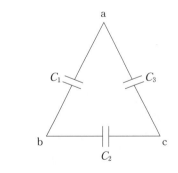

① $C_3 + \dfrac{1}{\dfrac{1}{C_1} + \dfrac{1}{C_2}}$
② $C_2 + \dfrac{1}{\dfrac{1}{C_1} + \dfrac{1}{C_3}}$
③ $C_1 + \dfrac{1}{\dfrac{1}{C_2} + \dfrac{1}{C_3}}$
④ $C_1 + C_2 + C_3$

13 3상 대칭분 전류를 I_0, I_1, I_2라고 하고 선전류를 I_a, I_b, I_c라고 할 때 I_b는 어떻게 되는가?

① $I_0+I_1+I_2$

② $I_0+aI_1+a^2I_2$

③ $\dfrac{1}{3}(I_0+I_1+I_2)$

④ $I_0+a^2I_1+aI_2$

14 전기력선에 대한 설명으로 옳지 않은 것은?

① 같은 전기력선은 흡입한다.

② 전기력선은 서로 만나 끊어지거나 교차하지 않는다.

③ 전기력선의 밀도는 전기장의 크기를 나타낸다.

④ 전기력선은 양(+)전하의 표면에서 나와서 음(−)전하의 표면에서 끝난다.

15 그림에서 전류 i_2의 크기는?

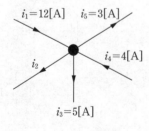

$i_1=12[A]$ $i_5=3[A]$

i_2 $i_4=4[A]$

$i_3=5[A]$

① 3[A]   ② 5[A]

③ 6[A]   ④ 8[A]

16 $R=1[k\Omega]$, $C=1[\mu F]$가 직렬 접속된 회로에 스텝(구형파)전압 10[V]를 인가하는 순간에 커패시터 C에 걸리는 최대전압[V]은?

① 0[V]

② 3.72[V]

③ 6.32[V]

④ 10[V]

17 기전력 5[V], 내부저항 0.4[Ω]의 전지 9개가 있다. 이것을 3개씩 직렬로 하여 3조 병렬 접속한 것에 부하저항 1.6[Ω]을 접속하면 부하전류[A]는?

① 4.5[A]

② 6.5[A]

③ 7.5[A]

④ 8.5[A]

18 저항 4[Ω], 유도 리액턴스 3[Ω]을 병렬 연결하면 합성 임피던스는 몇 [Ω]이 되는가?

① 2.4[Ω]

② 5[Ω]

③ 7.5[Ω]

④ 10[Ω]

19 임피던스가 $Z(s)=\dfrac{s+30}{s^2+2RLs+1}[\Omega]$으로 주어지는 2단자 회로에 직류 전류원 3[A]를 가할 때, 이 회로의 단자전압 [V]은? (단, $s=j\omega$이다)

① 30[V]

② 90[V]

③ 300[V]

④ 900[V]

20 RLC 직렬회로에서 회로가 부족제동이 되려면 회로 저항의 값은 어느 때여야 하는가?

① $R>2\sqrt{\dfrac{L}{C}}$

② $R=2\sqrt{\dfrac{L}{C}}$

③ $R<2\sqrt{\dfrac{L}{C}}$

④ $R=0$

21 지름 5[mm]의 경동선을 간격 1[m]로 정삼각형 배치를 한 가공전선 1선의 작용 인덕턴스는 약 몇 [mH/km]인가? (단, 송전선은 평형 3상 회로이다)

① 1.13[mH/km]

② 1.25[mH/km]

③ 1.42[mH/km]

④ 1.55[mH/km]

22 지상 역률 80[%], 10,000[kVA]의 부하를 가진 변전소에 6,000[kVA]의 콘덴서를 설치하여 역률을 개선하면 변압기에 걸리는 부하[kVA]는 콘덴서 설치 전의 몇 [%]로 되는가?

① 60[%]

② 75[%]

③ 80[%]

④ 85[%]

23 진공 중에서 10^{-6}[C]과 10^{-7}[C]의 두 개의 점전하가 50[cm]의 거리에 있을 때 작용하는 힘[N]은?

① 3.6×10^{-3}[N]

② 1.8×10^{-3}[N]

③ 4×10^{-13}[N]

④ 0.25×10^{-13}[N]

24 1상의 직렬 임피던스가 $R=3$[Ω], $X_L=4$[Ω]인 Δ결선 평형부하가 있다. 여기에 선간전압 80[V]인 대칭 3상 교류전압을 가하면 선전류는 몇 [A]인가?

① $\dfrac{10\sqrt{3}}{2}$[A]

② $10\sqrt{3}$[A]

③ 16[A]

④ $16\sqrt{3}$[A]

25 환상철심에 권수 4,000회 A코일과 권수 600회 B코일이 감겨져 있다. A코일의 자기 인덕턴스가 480[mH]일 때 A, B 두 코일의 상호 인덕턴스는 몇 [mH]인가? (단, 결합계수는 1이다)

① 18[mH]

② 26[mH]

③ 36[mH]

④ 72[mH]

01 변압기 V결선의 특징으로 적절하지 않은 것은?

① 고장 시 응급처치 방법으로도 쓰인다.

② 단상 변압기 2대로 3상 전력을 공급한다.

③ 부하 증가가 예상되는 지역에 시설한다.

④ 결선 시 출력은 Δ결선 시 출력과 그 크기가 같다.

02 직류 분권 발전기의 무부하 포화 곡선이 $V = \dfrac{940i_f}{33+i_f}$ 이고, i_f는 계자전류[A], V는 무부하 전압[V]으로 주어질 때 계자 회로의 저항이 20[Ω]이면 몇 [V]의 전압이 유기되는가?

① 140[V]

② 160[V]

③ 280[V]

④ 300[V]

03 릴럭턴스 토크만을 발생시키는 전동기는?

① 표면부착형 영구자석전동기

② 매입형 영구자석전동기

③ 동기형 릴럭턴스 전동기

④ 영구자석 릴럭턴스 전동기

04 직류 발전기 전기자 반작용의 영향에 대한 설명으로 옳지 않은 것은?

① 브러시 사이에 불꽃을 발생시킨다.

② 주자속이 찌그러지거나 감소된다.

③ 전기자 전류에 의한 자속이 주자속에 영향을 준다.

④ 회전 방향과 반대 방향으로 자기적 중성축이 이동된다.

05 3상 동기 발전기가 있다. 이 발전기의 여자 전류 5[A]에 대한 1상의 유기 기전력이 600[V]이고, 그 3상 단락 전류는 30[A]이다. 이 발전기의 동기 임피던스[Ω]는?

① 2[Ω]

② 3[Ω]

③ 20[Ω]

④ 30[Ω]

06 유도전동기에서 공간적으로 본 고정자에 의한 회전자계와 회전자에 의한 회전자계는?

① 항상 동상으로 회전한다.

② 슬립만큼의 위상각을 가지고 회전한다.

③ 역률각만큼의 위상각을 가지고 회전한다.

④ 항상 180°만큼의 위상각을 가지고 회전한다.

07 동기기의 안정도를 향상시키는 대책으로 적절한 것은?

① 회전부의 관성을 작게 한다.
② 속응 여자 방식을 채용한다.
③ 동기 리액턴스를 크게 한다.
④ 역상 및 영상 임피던스를 작게 한다.

08 Δ결선 변압기의 한 대가 고장으로 제거되어 V결선으로 공급할 때 공급할 수 있는 전력은 고장 전 전력에 대하여 몇 [%]인가?

① 86.6[%]
② 75.0[%]
③ 66.7[%]
④ 57.7[%]

09 전압변동률 11[%]인 직류 발전기의 정격전압이 180[V]일 때 무부하 전압[V]은?

① 50[V]
② 80[V]
③ 150[V]
④ 200[V]

10 정격 150[kVA], 철손 1[kW], 전부하 동손이 4[kW]인 단상 변압기의 최대 효율[%]과 최대 효율 시의 부하[kVA]를 각각 구하면 약 얼마인가?

① 96.8[%], 125[kVA]
② 97.4[%], 75[kVA]
③ 97[%], 50[kVA]
④ 97.2[%], 100[kVA]

11 5[kVA] 3,300/210[V], 단상 변압기의 단락 시험에서 임피던스 와트를 150[W]라 하면 퍼센트 저항 강하는 몇 [%]인가?

① 2[%]
② 3[%]
③ 4[%]
④ 5[%]

12 사이리스터 정류기(SCR)의 턴 오프(Turn Off) 조건으로 적절한 것은?

① 순방향 에노드 전류를 증가시킨다.
② 에노드 전류를 유지 전류 이하로 한다.
③ 게이트에 역방향 전류를 흘린다.
④ 역방향 에노드 전류를 통전한다.

13 그림과 같은 유도전동기가 있다. 고정자가 매초 100회전하고 회전자가 매초 95회전하고 있을 때 회전자의 도체에 유기되는 기전력의 주파수[Hz]는?

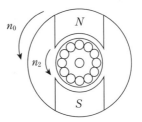

① 5[Hz]　　　　② 10[Hz]
③ 15[Hz]　　　　④ 20[Hz]

14 동기 전동기의 위상 특성 곡선(V곡선)에 대한 설명으로 옳은 것은?

① 출력을 일정하게 유지할 때 부하전류와 전기자 전류의 관계를 나타낸다.

② 역률을 일정하게 유지할 때 계자전류와 전기자전류의 관계를 나타낸다.

③ 계자전류를 일정하게 유지할 때 전기자전류와 출력 사이의 관계를 나타낸다.

④ 공급전압 V와 부하가 일정할 때 계자전류의 변화에 대한 전기자 전류의 변화를 나타낸다.

15 전압 220[V]에서의 기동 토크가 전부하 토크의 210[%]인 3상 유도전동기가 있다. 기동 토크가 100[%] 되는 부하에 대하여는 기동 보상기로 전압을 약 몇 [V]를 공급하면 되는가?

① 105[V]

② 152[V]

③ 319[V]

④ 462[V]

16 3상 유도전압조정기의 원리를 응용한 것은?

① 3상 변압기

② 3상 유도전동기

③ 3상 동기발전기

④ 3상 교류자전동기

17 단상 직권 정류자 전동기에 관한 설명 중 옳지 않은 것은? (단, A: 전기자, C: 보상권선, F: 계자권선이라 한다)

① 직권형은 A와 F가 직렬로 되어 있다.

② 보상 직권형은 A, C 및 F가 직렬로 되어 있다.

③ 단상 직권 정류자 전동기에서는 보극권선을 사용하지 않는다.

④ 유도 보상 직권형은 A와 F가 직렬로 되어 있고, C는 A에서 분리한 후 단락되어 있다.

18 단상 반파 정류 회로인 경우 정류 효율은 몇 [%]인가? (단, $\pi = 3.14$로 한다)

① 12.6[%]

② 40.6[%]

③ 60.6[%]

④ 81.2[%]

19 동일 정격의 3상 동기 발전기 2대를 무부하로 병렬 운전하고 있을 때 두 발전기의 기전력 사이에 30°의 위상차가 있으면 한 발전기에서 다른 발전기에 공급되는 유효전력[kW]은? (단, 각 발전기의(1상의) 기전력은 1,000[V], 동기 리액턴스는 4[Ω]이고, 전기자 저항은 무시한다)

① 62.5[kW]

② $62.5\sqrt{3}$[kW]

③ 125.5[kW]

④ $125.5\sqrt{3}$[kW]

20 극수가 12극이고 회전수가 1,200[rpm]인 동기발전기와 병렬 운전하는 동기발전기의 극수가 20극이라면 회전수[rpm]는?

① 60[rpm]
② 720[rpm]
③ 800[rpm]
④ 880[rpm]

21 440/13,200[V], 단상 변압기의 2차 전류가 4.5[A]이면 1차 출력은 약 몇 [kVA]인가?

① 50.4[kVA]
② 59.4[kVA]
③ 62.4[kVA]
④ 65.4[kVA]

22 200[V], 50[Hz], 8극, 15[kW]의 3상 유도전동기에서 전부하 회전수가 720[rpm]이면 이 전동기의 2차 동손[W]은?

① 435[W]
② 537[W]
③ 625[W]
④ 723[W]

23 변압기의 전일효율을 최대로 하기 위한 조건으로 적절한 것은?

① 전부하 시간이 짧을수록 무부하손을 작게 한다.
② 전부하 시간이 짧을수록 철손을 크게 한다.
③ 부하시간에 관계없이 전부하 동손과 철손을 같게 한다.
④ 전부하 시간이 길수록 철손을 작게 한다.

24 3상 유도전동기의 전전압 기동토크는 전부하 시의 1.8배이다. 전전압의 2/3로 기동할 때 기동토크는 전부하 시보다 약 몇 [%] 감소하는가?

① 80[%]
② 70[%]
③ 60[%]
④ 40[%]

25 스텝 모터의 특징을 설명한 것으로 옳지 않은 것은?

① 위치제어를 할 때 각도 오차가 작고 누적되지 않는다.
② 속도제어 범위가 좁으며 초저속에서 토크가 크다.
③ 정지하고 있을 때 그 위치를 유지해주는 토크가 크다.
④ 가속, 감속이 용이하며 정·역전 및 변속이 쉽다.

www.sdedu.co.kr

군무원 전기직
FINAL 실전 봉투모의고사

정답 및 해설

제1회 모의고사 정답 및 해설

제1과목: 국어

01	02	03	04	05	06	07	08	09	10
①	③	④	④	③	①	②	④	①	③

11	12	13	14	15	16	17	18	19	20
③	①	②	④	③	②	①	④	③	②

21	22	23	24	25					
④	④	①	②	②					

01
정답 ①

정답해설

①의 제시된 문장은 '영하는 부산에 산다.'라는 문장과 '민주는 대전에 산다.'라는 문장을 대등적 연결 어미 '-고'를 사용하여 연결한 것으로, 대등적으로 이어진 문장이다.

오답해설

② '형이 취직하기'는 명사절로 안긴문장으로, 제시된 문장에서 목적어의 역할을 한다.

③ '예쁜'이 뒤에 오는 체언 '지혜'를 수식하고 있으므로, 관형절로 안긴문장이다. 제시된 문장은 '지혜는 예쁘다.'라는 문장과 '지혜는 자주 거울을 본다.'라는 문장으로 구분할 수 있다.

④ '다음 주에 가족 여행을 가자.'라는 문장을 인용 조사 '고'를 활용해 연결한 것으로, 인용절로 안긴문장이다.

> **The 알아보기 문장의 종류**
> • 홑문장
> – 주어와 서술어가 하나씩 있어서 둘 사이의 관계가 한 번만 이루어지는 문장이다.
> – 간결하고 명쾌하게 의미를 전달할 수 있다.
> – 본용언과 보조 용언이 결합하여 서술어로 쓰인 문장은 홑문장이다.
> – 대칭 서술어(마주치다, 다르다, 같다, 비슷하다, 악수하다)가 사용된 문장은 홑문장이다.
> • 겹문장
> – 주어와 서술어의 관계가 두 번 이상 이루어지는 문장이다.
> – 복잡한 내용을 전달할 수 있지만, 너무 복잡해지면 오히려 의미 전달이 어려워질 수 있다.
> – 종류
>
> | 이어진
문장 | 개념 | 둘 이상의 절이 연결 어미에 의하여 결합된 문장 |
> |----|----|----|
> | | 종류 | • 대등하게 이어진 문장
• 종속적으로 이어진 문장 |

02
정답 ③

정답해설

③은 문장의 목적어나 부사어가 지시하는 대상을 높이는 객체 높임법이 특수 어휘 '드리다'로 실현되었다.

오답해설

① · ② · ④ 서술어의 주체를 높이는 주체 높임법이 높임의 선어말 어미 '-시-'로 실현된 문장이다.

03
정답 ④

정답해설

문학 작품을 표현 방식에 따라 구분하면 크게 서정, 서사, 극, 교술 문학으로 나뉜다.

④ 교술 양식: 필자의 경험에서 우러나온 깨달음을 서술하는 문학 장르이며 교술 민요, 경기체가, 악장, 가사, 패관 문학, 가전체, 몽유록, 수필, 서간, 일기, 기행, 비평 등이 해당된다.

오답해설

① 서정 양식: 개인의 감정이나 정서를 노래하는 주관적인 문학 장르로, 고대 가요, 향가, 고려 속요, 시조, 현대시 등이 해당된다.

② 서사 양식: 인물들이 벌인 어떠한 사건에 대해 서술자가 서술하는 것으로, 설화(신화, 전설, 민담), 판소리, 고전 소설, 현대 소설, 신소설 등이 해당된다.

③ 극 양식: 서사 갈래와 동일하게 어떠한 사건을 다루지만 무대 위에 인물들이 직접 등장하여 대사와 행동으로 보여 주는 문학 장르이다. 가면극(탈춤), 인형극, 무극, 그림자극, 희곡 등이 해당된다.

The 알아보기　문학의 갈래

갈래	특징	예
서정 (노래 하기)	• 운율이 있는 언어를 통해 내용이 전개되며 전개 방식이 매우 감각적임 • 작품 외적 세계(작가)의 개입이 없는 세계(객관적 세계)의 자아화(주관화)	고대 가요, 향가, 고려 속요, 시조, 한시, 민요, 근대시, 현대시 등
서사 (이야기 하기)	• 다른 장르에 비해 객관적이고 분석적임 • 작품 외적 자아(서술자)의 개입이 있는 자아(인물)와 세계(현실)의 대결	설화, 서사 무가, 판소리, 고전 소설, 신소설, 현대 소설 등
극 (보여 주기)	• 연극적인 형식을 갖추고 있으며 서정 갈래의 주관성과 서사 갈래의 객관성을 공유 • 작품 외적 자아(서술자)의 개입이 없는 자아(인물)와 세계(현실)의 대결	탈춤, 인형극, 창극, 근대극, 현대극 등
교술 (알려 주기)	• 다른 장르에 비해 교훈성과 설득성이 매우 강함 • 작품 외적 세계(작가)의 개입이 있는 자아(주관)의 세계화(객관화)	경기체가, 악장, 가사, 국문 수필, 기행문, 비평문 등

04
정답 ④

정답해설

실질 형태소는 명사, 대명사, 수사, 관형사, 부사, 감탄사, 용언의 어간으로, 제시된 문장에서 실질 형태소는 '눈, 녹-, 남-, 발, 자국, 자리, 꽃, 피-'이므로 총 8개이다.

오답해설

① 제시된 문장의 형태소는 '눈(명사)/이(조사)/녹-(어간)/-으면(어미)/남-(어간)/-은(어미)/발(명사)/자국(명사)/자리(명사)/마다(조사)/꽃(명사)/이(조사)/피-(어간)/-리-(선어말 어미)/-니(어말 어미)'로 나눌 수 있다. 의존 형태소는 어간, 어미, 조사, 접사로, 제시된 문장에서 의존형태소는 '이, 녹-, -으면, 남-, -은, 마다, 이, 피-, -리-, -니'이므로 총 10개이다.

② 자립 형태소는 명사, 대명사, 수사, 관형사, 부사, 감탄사로, 제시된 문장에서 자립 형태소는 '눈, 발, 자국, 자리, 꽃'이므로 총 5개이다.

③ 어절은 띄어쓰기의 단위로, 제시된 문장은 '눈이/녹으면/남은/발자국/자리마다/꽃이/피리니'와 같이 총 7개의 어절로 이루어져 있다. 음절은 말소리의 단위로, 제시된 문장은 총 19개의 음절로 이루어져 있다.

05
정답 ③

정답해설

제시문에서 경전을 인용하여 주장을 강조하는 부분은 찾아볼 수 없다.

오답해설

① 물결치고 바람 부는 물 위에서 배를 띄워 놓고 사는 '주옹'의 삶에 대해 '손'은 매우 위험하게 생각하며 상식과 통념에 입각하여 사물을 바라보는 관점을 취하고 있다. 이와 달리 '주옹'은 늘 위태로운 지경에 처하게 되면 조심하고 경계하게 되므로 오히려 더욱 안전하다고 주장하고 있다. 따라서 이러한 '주옹'의 관점은 상식과 통념을 뒤집는 역설적 발상의 결과라고 할 수 있다.

② '손'과의 대화 과정에서 '주옹'은 여러 가지 질문을 던지고 이에 대한 자신의 주장을 펴고 있다.

④ 끝부분에서 '주옹'은 시를 이용하여 '어떻게 살아야 하는가'에 대한 자신의 주장을 암시적으로 보여 주고 있다.

The 알아보기　권근, 「주옹설(舟翁說)」
• 갈래: 한문 수필, 설(說)
• 성격: 비유적, 교훈적, 계몽적, 역설적
• 표현: 여러 가지 질문을 던지고 이에 대한 자신의 주장을 폄
• 제재: 뱃사람의 삶
• 특징
　- 편안함에 젖어 위험을 깨닫지 못하는 삶을 경계
　- 역설적 발상을 통해 일반적인 삶의 태도를 비판
　- 허구적인 대리인(주옹)을 설정하여 글쓴이의 생각을 전달
• 주제
　- 세상살이의 어려움과 삶의 태도
　- 항상 경계하며 사는 삶의 태도의 필요성

06
정답 ①

정답해설

제시문의 [A]는 자연 속에서 근심 없이 유유자적하는 삶의 태도를 보여 주고 있다.

① 월산대군의 강호한정가로 세속에 관심 없이 자연의 아름다움을 즐기며 안분지족하는 삶의 태도를 보여 주고 있다.

오답해설

② 황진이의 시조로 임을 떠나보내고 후회하는 여인의 심리를 표현한 연정가이다.

③ 원천석의 시조로 대나무를 의인화하여 고려 왕조에 대한 변함없는 충절을 표현한 절의가이다.

④ 이황의 시조 「도산십이곡」으로 변함없는 자연과 인간의 유한성을 대비하여 영원한 학문과 덕행에의 정진을 다짐하고 있다.

07
정답 ②

정답해설

'서로 짠 일도 아닌데 ~ 네 집이 돌아가며 길어 먹었지요.'와 '집안에 일이 있으면 그 순번이 자연스럽게 양보되기도 했었구요.'를 통해 이웃 간의 배려에 대한 표현을 찾아볼 수는 있다. 그러나 '미나리가 푸르고(시각적 이미지)', '잘도 썩어 구린내 혹 풍겼지요(후각적 이미지).'에서 감각적 이미지가 사용된 것은 확인할 수 있으나, 하나의 감각에서 다른 감각으로 전이되는 공감각적 이미지는 찾을 수 없다.

오답해설

① '네 집이 돌아가며 길어 먹었지요.'와 '집안에 일이 있으면 그 순번이 자연스럽게 양보되기도 했었구요.'를 통해 '샘'은 이웃 간의 정과 배려를 느끼게 하는 소재임을 알 수 있다. 따라서 '샘'을 매개로 공동체의 삶을 표현하였다는 설명은 적절하다.

③ '-었지요', '-었구요' 등은 구어체 표현으로서 이웃 간의 정감 어린 분위기를 표현하기 위해 사용되었다.

④ '길이었습니다', '있었지요', '먹었지요', '했었구요', '풍겼지요' 등의 과거 시제를 사용하고 있으며 이를 통해 과거를 회상하는 분위기를 표현하였다.

08
정답 ④

정답해설

국밥: 예사소리(ㄱ, ㅂ), 파열음(ㄱ, ㅂ), 연구개음(ㄱ)

오답해설

① 해장
- 예사소리(ㅈ), 'ㅎ'은 어디에도 포함되지 않는다.
- 파찰음(ㅈ), 마찰음(ㅎ)
- 경구개음(ㅈ), 목청소리(ㅎ)

② 사탕
- 예사소리(ㅅ), 거센소리(ㅌ), 울림소리(ㅇ)
- 마찰음(ㅅ), 혀끝소리(ㅅ)

③ 낭만
- 울림소리(ㄴ, ㅁ, ㅇ)
- 비음(ㄴ, ㅁ, ㅇ)
- 연구개음(ㅇ), 혀끝소리(ㄴ), 입술소리(ㅁ)

09
정답 ①

정답해설

주어진 문장의 쓰다는 '어떤 일을 하는 데에 재료나 도구, 수단을 이용하다.'의 의미이다.

① '쓰다'는 '합당치 못한 일을 강하게 요구하다.'라는 의미로, 주어진 문장의 '쓰다'와 다의 관계이다.

오답해설

② '시체를 묻고 무덤을 만들다.'의 의미이다.

③ '얼굴에 어떤 물건을 걸거나 덮어쓰다.'의 의미이다.

④ '머릿속의 생각을 종이 혹은 이와 유사한 대상 따위에 글로 나타내다.'의 의미이다.

10
정답 ③

정답해설

ⓒ 송별연은 '별'의 종성인 'ㄹ'이 연음되어 [송벼련]으로 발음된다.

ⓔ 야금야금은 두 가지 발음 [야금냐금/야그먀금]이 모두 표준 발음으로 인정된다.

오답해설

㉠ 동원령[동원녕]

ⓒ 삯일[상닐]

11
정답 ③

정답해설

제시된 글에서는 '화랑도(花郎道: 꽃 화, 사나이 랑, 길 도)'와 '화랑도(花郎徒: 꽃 화, 사나이 랑, 무리 도)'를 정의함으로써 독자의 이해를 돕고 있으므로 ③은 적절한 설명이다.

오답해설

① 화랑도라는 용어를 바탕으로 의견을 제시하고 있을 뿐, 이에 대한 반론이나 반론을 위한 전제를 제시하지 않았으므로 이는 적절하지 않은 설명이다.

② 과거 신라 시대의 화랑도를 설명하고 있을 뿐, 글쓴이의 체험담은 제시되지 않았으므로 이는 적절하지 않은 설명이다.

④ 역사적 개념과 사실을 전달하고 있을 뿐, 통계적 사실이나 사례를 제시하지 않았으므로 이는 적절하지 않은 설명이다.

12
정답 ①

정답해설

① ㉠ '꿈'은 헤어진 임과 다시 만날 것을 간절히 염원하는 그리움의 표상이다.

오답해설

② 초장의 '이화우'와 중장의 '추풍낙엽'에서 계절의 대립적 변화는 나타나 있지만 ㉠은 작가의 소망을 나타낸 것일 뿐 대립적인 상황을 해소하는 계기가 되지는 않는다.

③ 인물의 과거 행적과 ㉠은 아무 관련이 없다.

④ '천 리에 외로운 꿈'은 둘 사이에 놓여 있는 공간적 거리감과 함께 잊을 수 없는 임에 대한 그리움의 표상이지 긴박한 분위기의 이완과는 관련이 없다.

The 알아보기 계랑, 「이화우(梨花雨) 흩날릴 제」

• 갈래: 평시조, 연정가(戀情歌), 이별가
• 성격: 감상적, 애상적, 우수적
• 표현: 은유법
• 제재: 이별과 그리움
• 주제: 임을 그리는 마음

13
정답 ②

정답해설

제시문은 '학교폭력 가해사실에 대한 학교생활기록부 기록 방침'에 대해 찬성하는 입장을 취하고 있다. 이와 반대로 ②는 학교폭력의 가해자가 받을 수 있는 지나친 불이익을 이유로 들어 '학교폭력 가해사실에 대한 학교생활기록부 기록 방침'에 대해 반대하는 입장을 취하고 있다.

오답해설

① · ③ · ④ '학교폭력 가해사실에 대한 학교생활기록부 기록 방침'이 갖는 긍정적인 측면을 기술하고 있다.

14
정답 ④

정답해설

제시문은 세잔, 고흐, 고갱 각자의 인상주의에 대한 비판점과 해결 방법에 대해 서술하고 있다.

오답해설

① 세잔은 인상주의가 균형과 질서의 감각을 잃었다고 생각했다.

② 고흐는 인상주의가 빛과 색의 광학적 성질만을 탐구하여서, 미술의 강렬한 정열을 상실하게 될 위험에 처했다고 느꼈다.

③ 고갱은 그가 본 인생과 예술 전부에 대해 철저하게 불만을 느꼈고, 더 단순하고 더 솔직한 것을 열망했다.

15
정답 ③

정답해설

4구체, 8구체, 10구체로 분류되는 것은 '시조'가 아니라 '향가'이다.

오답해설

① · ② · ④ 시조 갈래에 대해 잘 설명하고 있다.

The 알아보기 송순, 「십 년(十年)을 경영하여」

• 갈래: 평시조, 정형시
• 주제: 자연에 대한 사랑과 안빈낙도
• 특징
  – 의인법과 비유법을 통해 물아일체의 모습을 나타냄
  – 근경과 원경이 조화를 이루고 있음

---

16 정답 ②

정답해설

핫옷: 안에 솜을 두어 만든 옷

오답해설

① 감실감실: 사람이나 물체, 빛 따위가 먼 곳에서 자꾸 아렴 풋이 움직이는 모양

③ 닝큼닝큼: 머뭇거리지 않고 잇따라 빨리

④ 다붓하다: 조용하고 호젓하다

17 정답 ①

정답해설

오매불망(寤寐不忘): 자나 깨나 잊지 못함

오답해설

② 청출어람(靑出於藍): 쪽에서 뽑아낸 푸른 물감이 쪽보다 더 푸르다는 뜻으로, 제자나 후배가 스승이나 선배보다 나음을 비유적으로 이르는 말

③ 각골난망(刻骨難忘): 남에게 입은 은혜가 뼈에 새길 만큼 커서 잊히지 아니함

④ 불문곡직(不問曲直): 옳고 그름을 따지지 아니함

18 정답 ④

정답해설

ⓔ의 '금간 창 틈'은 넉넉하지 않은 가정 상황을 나타내며, '빗소리'는 화자의 외로움을 고조시키고 있다.

> **The 알아보기** 기형도, 「엄마 걱정」
> • 갈래: 자유시, 서정시
> • 주제: 장에 간 엄마를 걱정하고 기다리던 어린 시절의 외로움
> • 특징
>   – 어른이 된 화자가 과거를 회상함
>   – 외로웠던 어린 시절을 감각적 심상으로 묘사

19 정답 ③

정답해설

국어의 표기법은 한 음절의 종성을 다음 자의 초성으로 내려서 쓰는 '이어적기(연철)', 여러 형태소가 연결될 때에 형태소의 모음 사이에서 나는 자음을 각각 앞 음절의 종성으로 적고 뒤 음절의 초성으로 적는 '거듭적기(혼철)', 여러 형태소가 연결될 때 그 각각을 음절이나 성분 단위로 밝혀 적는 '끊어적기(분철)'가 있다.

③ '쟝긔판'은 '쟝긔판+올'을 거듭적기로 쓴 표기이고, '밍글어늘'은 '밍글-+-어늘'을 끊어적기로 쓴 표기이다. 따라서 이어적기가 쓰이지 않았다.

오답해설

① '기픈'은 '깊-+-은'을 이어적기로 쓴 표기이므로 이는 적절하다.

② 'ᄇᄅ매'는 'ᄇᄅᆷ+애'를 이어적기로 쓴 표기이므로 이는 적절하다.

④ '바ᄅ래'는 '바ᄅᆯ+애'를 이어적기로 쓴 표기이므로 이는 적절하다.

20 정답 ②

정답해설

ⓛ의 앞에서는 황사의 이점에 대해서 언급했지만 ⓛ의 뒤에서는 황사가 해를 끼친다는 내용이 나오므로 ⓛ에는 역접의 접속어가 들어가야 한다. 따라서 '그러나' 또는 '하지만' 등의 접속어를 쓰는 것이 적절하다.

오답해설

① 제시된 글의 중심 내용은 황사가 본래 이점도 있었지만 인간이 환경을 파괴시키면서 심각하게 해를 끼치는 존재가 되었다는 것이다. '황사의 이동 경로의 다양성'은 글 전체의 흐름을 방해하므로 삭제하는 것이 적절하다.

③ '덕분이다'는 어떤 상황에 긍정적인 영향을 준 경우 사용되는 서술어이다. 환경 파괴로 인해 황사가 재앙의 주범이 되는 부정적인 결과가 발생했으므로 '때문이다'를 사용하는 것이 적절하다.

④ '독성 물질'은 서술어 '포함하고 있는'의 주체가 아니므로 '독성 물질을'로 고쳐 쓰는 것이 적절하다.

21

정답해설

일제 강점기의 암울한 현실 상황 속에서 박목월이 의지할 수 있는 것은 오직 자연뿐이었다. 그곳은 단순히 자연으로의 귀의라는 동양적 자연관으로서의 자연이라기보다는 인간다운 삶을 빼앗긴 그에게 '새로운 고향'의 의미를 갖는 자연이다. 그러므로 박목월에 의해 형상화된 자연의 모습은 인간과 자연의 대상들이 아무런 대립이나 갈등 없이 조화를 이루는 자연이다.

④ 감정의 절제는 맞는 지적이나 화자는 '산(=자연)'과 일정한 거리를 유지하려 하는 것이 아니라 조화를 이루는 삶을 동경하고 있다.

오답해설

① 화자는 순수하고도 탈속적인 세계인 '산(=자연)'을 지향하며, 자연 속에 안겨 평범하면서도 풍요로운 삶, 즉 인간다운 삶을 살고 싶은 순수한 모습이 나타나고 있다.

② '산이 날 에워싸고(A)', '살아라 한다(B)'의 통사 구조의 반복을 통해 자연 친화를 통한 초월적 삶이라는 주제를 강조하고 있다.

③ '살아라 한다'의 명령 화법으로 되어 있지만 이는 '산(=자연)'이 화자에게 권유하는 것이며 또한 시적 화자의 소망이다.

The 알아보기　박목월, 「산이 날 에워싸고」

- 갈래: 자유시, 서정시
- 성격: 초월적, 자연 친화적, 관조적
- 제재: 산에 에워싸인 배경
- 구성: 점층적('생계 → 생활감 → 정신의 달관'으로 점차 고양되어가는 단계)
  - 제1연: 자연 속의 삶 - '씨나 뿌리고', '밭이나 갈며' 사는 최소한의 생계 수단
  - 제2연: 자연 속의 야성적인 삶 - '들찔레처럼', '쑥대밭처럼' 사는 생활상
  - 제3연: 자연 속의 생명 - '그믐달처럼' 사는 달관의 경지
- 특징
  - '산'을 의인화하여 화자에게 말을 하는 것처럼 표현함
  - '산이 날 에워싸고 ~ 살아라 한다'를 반복하여 리듬감을 형성하고 주제를 강조함
  - 자연과의 동화가 점층적으로 진행됨
- 주제
  - 평화롭고 순수한 자연에 대한 동경
  - 자연 친화를 통한 초월적 삶

22

오답해설

① 온가지(×) → 온갖(○)

② 머루치(×) → 멸치(○)

③ 천정(×) → 천장(○)

23

정답해설

「만분가」는 조위가 조선 연산군 4년(1498)에 전남 순천으로 유배 가서 지은 우리나라 최초의 유배 가사이다.

오답해설

②·③·④ 신재효의 판소리 6마당: 「춘향가」, 「심청가」, 「수궁가」, 「흥부가」, 「적벽가」, 「변강쇠 타령」

24

정답해설

㉠ 나무가 분명히 굽어보이지만 실제로 굽지 않았다고 하였으므로 ㉠에 들어갈 한자어는 '어떤 사실의 앞뒤, 또는 두 사실이 이치상 어긋나서 서로 맞지 않음을 이르는 말'인 '矛盾(창 모, 방패 순)'이 적절하다.

㉡ 사물이나 사태의 보임새를 의미하는 한자어가 들어가야 하므로 '인간이 지각할 수 있는, 사물의 모양과 상태'를 뜻하는 말인 '現象(나타날 현, 코끼리 상)'이 적절하다.

㉢ 사물이나 사태의 참모습을 의미하는 한자어가 들어가야 하므로 '본디부터 가지고 있는 사물 자체의 성질이나 모습'을 뜻하는 '本質(근본 본, 바탕 질)'이 적절하다.

따라서 ㉠~㉢에 들어갈 낱말은 ② 矛盾 - 現象 - 本質이다.

오답해설

㉠ 葛藤(칡 갈, 등나무 등): 칡과 등나무가 서로 얽히는 것과 같이, 개인이나 집단 사이에 목표나 이해관계가 달라 서로 적대시하거나 충돌함 또는 그런 상태

㉡ 假象(거짓 가, 코끼리 상): 주관적으로는 실제 있는 것처럼 보이나 객관적으로는 존재하지 않는 거짓 현상

㉢ 根本(뿌리 근, 근본 본): 사물의 본질이나 본바탕

25

정답해설

조국이 위기에 처했을 때, 시인이 민족의 예언가가 되거나 민족혼을 불러일으키는 선구자적 위치에 놓일 수 있다는 것을 설명한 글이다. 따라서 글의 제목으로 가장 적절한 것은 '맡겨진 임무'를 뜻하는 '사명'이 포함된 ② '시인의 사명'이다.

제2과목: 전기공학

01	02	03	04	05	06	07	08	09	10
②	①	①	①	②	②	①	④	②	②
11	12	13	14	15	16	17	18	19	20
④	②	②	②	③	③	④	②	①	②
21	22	23	24	25					
②	①	④	③	①					

01

정답 ②

정답해설

전위가 높은 곳에서 낮은 곳으로 이동하였으므로 운동 에너지는 증가한다.

$W = qV = \dfrac{1}{2}mv^2$에서

$v = \sqrt{\dfrac{2qV}{m}} = \sqrt{\dfrac{2 \times 1\mathrm{C} \times 2\mathrm{V}}{1\mathrm{kg}}} = 2[\mathrm{m/s}]$

02

정답 ①

정답해설

Y결선에서 $I_l = I_p[\mathrm{A}]$, $V_l = \sqrt{3}\,V_p[\mathrm{V}]$

∴ 저항 $R = \dfrac{P}{3I_p^2} = \dfrac{4,000}{3 \times 20^2} \fallingdotseq 3.3[\Omega]$

03

정답 ①

정답해설

$k = \dfrac{M}{\sqrt{L_1 L_2}} = \dfrac{20}{\sqrt{40 \times 160}} = 0.25$

04

정답 ①

정답해설

RL(RC) 직렬회로의 해석

구분	과도($t=0$)	정상($t=\infty$)
$X_L=\omega L=2\pi fC$	개방	단락
$X_C=\dfrac{1}{\omega C}=\dfrac{1}{2\pi fC}$	단락	개방

- 초기 저항에 흐르는 전류 $i_1(0^+)=\dfrac{V}{R_1}$

- 초기 인덕턴스에 흐르는 전류 $i_2(0^+)=0$

05

정답 ②

정답해설

$I=\dfrac{E}{r+R}=\dfrac{12}{3+3}=2[\text{A}]$

$\therefore P=I^2R=2^2\times3=12[\text{W}]$

06

정답 ②

정답해설

2전력계법에서 3상 전력

$P=W_1+W_2=P_1+P_2=200+300=500[\text{W}]$

The 알아보기 **2전력계법**

2개의 단상전력계를 접속하여 3상 회로의 전력을 측정하는 방법이다.

- 유효전력: $P=W_1+W_2=\sqrt{3}VI\cos\theta$
- 무효전력: $P_r=\sqrt{3}(W_1+W_2)=\sqrt{3}VI\sin\theta$
- 피상전력: $P_a=P^2+P_r^2=2\sqrt{W_1^2+W_2^2-W_1W_2}$

07

정답 ①

정답해설

$I=\dfrac{E}{R}=\dfrac{88}{20+20}=2.2[\text{A}]$

08

정답 ④

정답해설

합성 저항 $R=R_1+R_2$, 전류 $I=\dfrac{V}{R_1+R_2}$

$\therefore R_1$ 양단의 전압 $V_1=I\times R_1=\dfrac{V}{R_1+R_2}\times R_1=\dfrac{R_1}{R_1+R_2}V$

09

정답 ②

정답해설

$I=\dfrac{V}{R_1+R_2}[\text{A}]$, $P=I^2R[\text{W}]$, $H=0.24I^2Rt[\text{cal}]$에서 R_2는 R_1보다 3배의 열을 발생시킨다.

10

정답 ②

정답해설

자속 밀도 $B=\mu H[\text{Wb/m}^2]$

$R[\text{m}]$만큼 떨어진 점의 자계의 세기 $H=\dfrac{I}{2\pi R}[\text{A/m}]$

$\therefore B=\mu H=\mu\times\dfrac{I}{2\pi R}=\dfrac{\mu I}{2\pi R}[\text{Wb/m}^2]$

11

정답 ④

정답해설

$I=\dfrac{V}{R}=\dfrac{50-10}{4+6}=4[\text{A}]$

실제 전류의 방향은 문제의 전류의 방향과 반대이다.

$\therefore I=-4[\text{A}]$

12

정답 ②

정답해설

인덕턴스 $L=0.05+0.4605\log_{10}\dfrac{D}{r}[\text{mH/km}]$에 따라

$L\propto D$, $L\propto\dfrac{1}{r}$

도체의 굵기는 동일하므로, 도체 간의 간격(선간거리)이 증가하면 인덕턴스도 증가한다.

13

정답 ②

정답해설

$n = \dfrac{20}{10^{-2}} = 2,000[\text{T/m}]$,

$H = nI = 2,000 \times 5 = 10,000 = 10^4[\text{AT/m}]$

14

정답 ②

정답해설

전선 1회선에 대한 작용 정전용량(단도체)

$C_w = C_s + 3C_m = 0.731 + 3 \times 0.123$

$\quad = 0.731 + 0.369 = 1.1[\mu\text{F}]$

The 알아보기 작용 정전용량(부분 정전용량)

• 단상 1회선인 경우: $C_w = C_s + 2C_m$

• 3상 1회선인 경우: $C_w = C_s + 3C_m$

• 3상 2회선인 경우: $C_w = C_s + 3(C_m + C_m')$

(여기서, C_s: 대지 정전용량, C_m: 선간 정전용량, C_m': 다른 회선 간의 정전용량)

15

정답 ③

정답해설

$Z = \sqrt{R^2 + X_c^2}$

$\quad = \sqrt{8^2 + 6^2} = 10[\Omega]$

$\therefore V = I \times Z = 10 \times 10 = 100[\text{V}]$

16

정답 ③

정답해설

$I = \dfrac{V_{ab}}{R_0 + R} = \dfrac{50}{5 + 15} = 2.5[\text{A}]$

The 알아보기 테브닝의 정리

일정한 저항과 전원으로 구성된 회로망에서 저항 $R[\Omega]$을 통과하는 전류 $I[\text{A}]$는 R을 제거하였을 때 a, b 단자 간에 나타나는 기전력을 E_0, 회로망의 전기 전력을 제거, 단락하고 a, b에서 본 회로망의 등가저항을 R_0라 하면 $I = \dfrac{E_0}{R_0 + R}[\text{A}]$이다.

17

정답 ④

정답해설

전압이 5[kV]에서 10[kV]로 2배 증가하였으므로

$\delta \propto \dfrac{1}{V^2}$에 의해 $\dfrac{1}{(2V)^2} = \dfrac{1}{4V^2} \rightarrow \dfrac{1}{4}$배로 감소한다.

18

정답 ②

정답해설

$H = \dfrac{NI}{2r} = \dfrac{1 \times 20}{2 \times 5 \times 10^{-2}} = 200[\text{AT/m}]$

19

정답 ①

정답해설

기전력이 3[V]가 되려면 1.5[V] 건전지 2개를 직렬 접속 $(2 \times 1.5 = 3[\text{V}])$하고, 전류 용량이 3[A]가 되려면 1.5[V] 건전지 3개를 병렬 접속 $(3 \times 1 = 3[\text{A}])$한다. 따라서, 건전지 2개를 직렬 연결한 3개 조를 병렬 연결하면 된다.

20

정답 ②

정답해설

Poisson의 방정식: $\nabla^2 V = -\dfrac{\rho}{\varepsilon}$

21

정답 ②

정답해설

계통의 리액턴스를 감소시켜야 한다.

- 송전선 안정도 향상 대책
  - 복도체(다도체) 채용
  - 리액턴스 감소
  - 병행 2회선 방식 이용
  - 고속도 재폐로 방식 채택 및 고속 차단기 설치
  - 중간 조상 방식 채용
- 발전기 안정도 향상 대책
  - 단락비는 크게, 전압변동률은 작게 하여 동기 리액턴스 감소
  - 속응여자방식 채용
  - 난조를 방지하기 위해 제동권선 설치
  - 조속기 감도 둔감

22 정답 ①

정답해설

- 핀치 효과: 전류가 통과하는 도체 내에 있어서 동방향으로 흐르는 전류 상호 간에 흡인력이 작용하여 액체도체(液體導體)가 중심으로 수축하는 현상이다.
- 전계 효과: 같은 극성은 반발하고 다른 극성은 끌어당기는 성질을 갖는 현상이다.
- 톰슨 효과: 1개의 금속도선의 각부에 온도차가 있을 때, 이것에 전류를 흘리면, 부분적으로 전자(電子)의 운동에너지가 다르기 때문에 온도가 변화하는 곳에서 줄열 이외의 열이 발생하거나 흡수가 일어나는 현상이다.

23 정답 ④

정답해설

전기는 전원, 변압기, 발전기, 송전선로, 전로, 부하 등 전력설비에 있는 각각의 임피던스(Impedance)에 의해 전압강하가 발생하는데 각 임피던스에 의한 전압강하에 대해 백분율의 비율로 나타낸 값을 %임피던스라고 한다. 계통의 각 부분을 흐르는 전류의 값이 같은 동일한 기준 전압에서는 전압강하의 크기에 따라 임피던스의 크기도 비례하여 변화한다. 이는 %임피던스법의 기초가 된다.

24 정답 ③

정답해설

부하 임피던스의 위상은 결선 형태와 관계없이 같다.

오답해설

① △결선에서는 상전압과 선간전압이 같다. Y결선에서는 선간전압이 상전압보다 $\sqrt{3}$배 크고, 위상이 30° 앞서므로 △결선의 상전압과 Y결선의 상전압을 비교하였을 때 △결선의 상전압이 $\sqrt{3}$배 크고, 위상이 30° 앞선다.

② Y결선에서는 상전류와 선전류의 크기가 같고, △결선에서는 선전류가 상전류보다 크기는 $\sqrt{3}$배 크고 위상은 30° 뒤진다.

④ △결선과 Y결선의 선전류의 위상은 같고, 상전류는 △결선이 30° 뒤진다.

25 정답 ①

정답해설

$$f(t) = u(t-a) - u(t-b)$$

$$\therefore F(s) = \frac{1}{s}e^{-as} - \frac{1}{s}e^{-bs} = \frac{1}{s}(e^{-as} - e^{-bs})$$

제3과목: 전기기기

01	02	03	04	05	06	07	08	09	10
②	②	④	①	③	①	①	③	②	②
11	12	13	14	15	16	17	18	19	20
①	②	②	④	②	③	①	④	①	②
21	22	23	24	25					
④	④	①	②	②					

01
정답 ②

정답해설

한 극당의 면적 $=\dfrac{\pi Dl}{p}$

$\therefore B_a=\dfrac{\varPhi}{\dfrac{D\pi l}{p}}=\dfrac{p\varPhi}{D\pi l}[\text{Wb/m}^2]$

02
정답 ②

정답해설

$E=\dfrac{pZ}{a}\varPhi\dfrac{N}{60}=\dfrac{10\times600}{10}\times0.01\times\dfrac{1,200}{60}=120[\text{V}]$

03
정답 ④

정답해설

이상적인 변압기의 투자율은 무한대이고 히스테리시스, 와전류 손실이 없다.

04
정답 ①

정답해설

$E_A-I_AR_A=E_B-I_BR_B$
두 발전기의 유기 기전력이 같으므로 $E_A=E_B$
$I_AR_A=I_BR_B$ ($I:135A \to 135=I_A+I_B$)
$(135-I_B)\times0.1=I_B\times0.2$
$\therefore I_A=90[\text{A}]$, $I_B=45[\text{A}]$

05
정답 ③

정답해설

단절권과 분포권은 집중권, 전절권에 비해 유기기전력이 감소한다는 단점이 있다.

06
정답 ①

정답해설

유기 기전력

$E=\dfrac{pZ}{a}\cdot\varPhi\cdot\dfrac{N}{60}=\dfrac{4\times400}{2}\times0.01\times\dfrac{600}{60}=80[\text{V}]$

07
정답 ①

정답해설

회전자속도 $N=(1-s)N_s=(1-s)\dfrac{120f}{P}$에서,

극수 $P=(1-s)\dfrac{120f}{N}=(1-0.04)\times\dfrac{120\times50}{1,200}=4.8[\text{극}]$

08
정답 ③

정답해설

$K_s=\sin\dfrac{\beta\pi}{2}=\sin\left(\dfrac{13}{15}\times\dfrac{\pi}{2}\right)=\sin\dfrac{13}{30}\pi$

09
정답 ②

정답해설

보극이 없는 직류 발전기는 정류를 양호하게 하기 위하여 브러시를 발전기의 회전방향으로 이동시킨다.

10
정답 ②

정답해설

$I=\dfrac{E_0}{Z}=\dfrac{\dfrac{V}{\sqrt{3}}}{x_s}=\dfrac{\dfrac{220}{\sqrt{3}}}{3}=42.3[\text{A}]$

11

정답 ①

정답해설

동기 발전기 전류의 위상이 기전력보다 $90°$ 늦을 때에는 자극축과 일치하는 감자작용이 발생한다. 증자 및 감자작용의 반작용 기자력은 전기자 자속이 계자의 자극축과 일치하기 때문에 직축반작용이라고도 불린다.

12

정답 ②

정답해설

$$Z_1 = a^2 Z_2$$

$$a^2 = \frac{Z_1}{Z_2}$$

$$\therefore a = \sqrt{\frac{Z_1}{Z_2}} = \sqrt{\frac{18,000}{20}} = 30$$

13

정답 ②

정답해설

단락 전류

$$I_{1s} = I_{1n} \frac{100}{\text{임피던스 강하}[\%]} = I_{1n} \frac{100}{5} = 20 I_{1n}$$

14

정답 ④

정답해설

선간전압이 상전압의 $\sqrt{3}$배가 된다.

> **The 알아보기** 전기자 권선을 Y결선으로 하는 이유
> - 중성점을 접지할 수 있어 이상전압이 방지된다.
> - Δ결선에 비해 절연이 용이하다.
> - 선간전압에 제3고조파가 나타나지 않는다.
> - 선간전압이 상전압보다 $\sqrt{3}$배 크다.
> - 코로나, 열화 등에 의한 영향이 작다.

15

정답 ②

정답해설

$$\varepsilon = \frac{V_{20} - V_{2n}}{V_{2n}} \times 100 = 2 \text{에서}$$

$$\varepsilon = \frac{a V_{20} - a V_{2n}}{a V_{2n}} \times 100 (\because V_{1n} = a V_{2n}, V_{10} = a V_{20})$$

$$= \left(\frac{V_{10}}{V_{1n}} - 1 \right) \times 100$$

$$\therefore V_{10} = a V_{2n} \left(\frac{\varepsilon}{100} + 1 \right) = 20 \times 115 \left(\frac{2}{100} + 1 \right) = 2,346 [\text{V}]$$

16

정답 ③

정답해설

$$\text{순환전류} = \frac{25(3+j2) - 25(2+j3)}{(2+j3) + (3+j2)} = \frac{5(1-j)}{1+j}$$

$$= -j5 = 5[\text{A}]$$

17

정답 ①

정답해설

전류가 급하게 변화하면 리액턴스 전압이 고압이 되므로 전압을 감소시키기 위해 리액턴스 전압을 감소시켜 정류시간을 증가시키는 것이다.

18

정답 ④

정답해설

$$P_i = m^2 P_c \text{에서}$$

$$m^2 = \frac{P_i}{P_c}$$

$$\therefore m = \sqrt{\frac{P_i}{P_c}} = \sqrt{\frac{120}{270}} = 0.667 \fallingdotseq 66.7[\%]$$

19

정답 ①

정답해설

서보 모터는 빈번한 시동, 정지, 역전 등의 가혹한 상태를 견뎌야 하므로 회전축의 관성이 작다. 따라서 정지 및 반전을 신속하게 할 수 있다.

20 정답 ②

정답해설

$P=\sqrt{3}VI$에서

$I=\dfrac{P}{\sqrt{3}V}=\dfrac{10,000}{\sqrt{3}\times200}\fallingdotseq29[\text{A}]$

21 정답 ④

정답해설

3상 유도전동기의 회전 방향 변경 방법[역상(역전) 제동]으로 전원 3선 중 임의의 2선의 접속을 바꾸어 제동한다(3선 중 2선을 바꾸면 회전 방향 변경됨).

- 운전 중에 2선의 접속 변경: 급정지(역회전 토크 발생)
- 정지 상태 중에 2선의 접속 변경: 역회전

22 정답 ④

정답해설

직류 직권 전동기

$E_{60}=V-IR=412-60\times0.2=400[\text{V}]$

$E_{40}=V-IR=208-40\times0.2=200[\text{V}]$

역기전력 $\dfrac{200[\text{V}]}{400[\text{V}]}=\dfrac{1}{2}$배, 자속 $\dfrac{40[\text{A}]}{60[\text{A}]}=\dfrac{2}{3}$배

$E=K\Phi N$, $N=\dfrac{E}{K\Phi}$ 즉, 회전수는 역기전력에 비례하고 자속에 반비례한다.

$\therefore N'=3,000\times\dfrac{1}{2}\times\dfrac{3}{2}=2,250[\text{rpm}]$

23 정답 ①

정답해설

단상 변압기 2대를 사용한 V결선의 용량은 변압기 1대의 용량에 $\sqrt{3}$을 곱한 것이다.

V결선 출력: $P_V=\sqrt{3}P=\sqrt{3}\times30=1.73\times30=51.9[\text{kVA}]$

24 정답 ②

정답해설

SCR은 일단 ON 상태가 되면 유지 전류 이상만 유지된다면 게이트 전류에 상관없이 항상 일정하게 흐른다.

25 정답 ②

정답해설

3상 서보전동기에 평형 2상 전압을 가하여 동작시킬 때 최대 토크가 발생하는 슬립의 범위는 일반적으로 $0.2<s<0.8$이다.

제2회 모의고사 정답 및 해설

01	02	03	04	05	06	07	08	09	10
③	②	④	④	③	③	①	③	②	④
11	12	13	14	15	16	17	18	19	20
①	①	①	①	③	①	③	④	③	③
21	22	23	24	25					
①	①	②	②	④					

01

정답 ③

정답해설

- 들른(○): '지나는 길에 잠깐 들어가 머무르다.'의 의미로 쓸 때에는 '들르다'로 표기하는 것이 적절하다.
- 거여요(○): '이다'의 어간 뒤에 '-에요', '-어요'가 붙은 '-이에요'와 '-이어요'는 받침이 없는 체언 뒤에 붙을 때는 '-예요', '-여요'로 줄어든다.

오답해설

① 치뤄야(×) → 치러야(○): '치르다'가 기본형이며, '치러, 치르니'와 같이 '_'가 탈락하는 규칙 활용을 한다. '치르-'와 '-어야'가 결합할 경우 '_'가 탈락하여 '치러야'로 써야 한다.

② 뒤쳐진(×) → 뒤처진(○): 문맥상 '어떤 수준이나 대열에 들지 못하고 뒤로 처지거나 남게 되다.'라는 뜻의 '뒤처지다'를 써야 하므로 '뒤처진'이 맞다. '뒤쳐지다'는 '물건이 뒤집혀서 젖혀지다.'를 뜻한다.

④ 잠궈(×) → 잠가(○): '잠그다'의 어간 '잠그-' 뒤에 어미 '-아'가 결합하면 '_'가 탈락하여 '잠가'로 활용되므로 '잠가'로 써야 한다.

02

정답 ②

정답해설

제시된 글에서 동조(同調)는 자신이 확실히 알지 못하는 일일 경우 또는 질서나 규범 같은 힘을 가지고 있는 어떤 집단의 압력으로 인해 나타난다고 하였다. 또한 '집단에게 소외될 가능성으로 인해 자신이 믿지 않거나 옳지 않다고 생각하는 문

제에 대해서도 동조의 입장을 취한다.'고 하였으므로, 글의 내용을 잘못 이해한 사람은 ② '수희'이다.

03

정답 ④

정답해설

㉠은 '조선이 독립국', ㉡은 '조선인이 자주민'이라는 의미이다. 따라서 ㉠과 ㉡에서 '-의'의 쓰임은 앞 체언이 뒤 체언이 나타내는 행동이나 작용의 주체임을 나타내는 것이다.

> **The 알아보기** 기미독립선언서
>
> 우리는 이에 우리 조선이 독립한 나라임과 조선 사람이 자주적인 민족임을 선언한다. 이로써 세계 만국에 알리어 인류 평등의 큰 도의를 분명히 하는 바이며, 이로써 자손만대에 깨우쳐 일러 민족의 독자적 생존의 정당한 권리를 영원히 누려 가지게 하는 바이다.

04

정답 ④

정답해설

〈보기〉에서 설명한 시의 표현 방법은 본래의 의도를 숨기고 반대되는 말로 표현하는 방법인 '반어법'이다.

④ 제시된 김소월의 「진달래꽃」에서는 임이 떠나가는 슬픈 상황에서 죽어도 눈물을 흘리지 않을 것이라는 반어법을 활용하여 임과의 이별로 인한 슬픔을 효과적으로 강조하고 있다.

오답해설

① 제시된 김영랑의 「돌담에 속삭이는 햇발같이」에서는 '같이'를 활용해 원관념을 보조 관념에 빗대어 표현하는 직유법을 사용하고 있다.

② 제시된 김춘수의 「꽃」에서는 의미 있는 존재를 '꽃'으로 표현해 상징법을 사용하고 있고, 움직일 수 없는 '꽃'이 나에게로 왔다고 표현하여 의인법을 사용하고 있다.

③ 제시된 김광섭의 「산」에서는 '법으로'를 반복해 반복법을 사용하고 있고, 무정물인 산이 '사람을 다스린다'라고 표현하여 의인법을 사용하고 있다.

반어법	본래 말하고자 하는 뜻과는 반대되는 말이나 상황으로 의미를 강조하는 수사법이다. • 언어적 반어법: 일반적인 반어법이다. 겉으로 드러나는 의미와 대립되는 의미를 강조하기 위하여 사용한다. • 상황적 반어법: 주로 서사 작품에서 많이 사용된다. 등장인물이 작중 상황과 어울리지 않는 행동을 하거나 사건의 진행과는 정반대의 결과가 나타난다. 이러한 과정에서 독자는 부조리나 모순 등을 더욱 강하게 느끼게 된다.
직유법	원관념과 보조 관념을 '~같이', '~처럼', '~양', '~듯' 등을 사용하여 직접적으로 연결하는 방법이다. 예 그는 여우처럼 교활하다. 예 내 누님같이 생긴 꽃이여

05 　정답 ③

정답해설
제시된 작품은 윤동주의 시 「별 헤는 밤」이다. 시에서의 '가을 속의 별'은 시인의 가슴 속의 추억, 사랑, 쓸쓸함, 동경과 시와 어머니 그리고 아름다운 모든 것을 표상한다. 따라서 ③ '별은 시적 화자가 지향하는 내적 세계를 나타낸다'고 할 수 있다.

오답해설
① 내면의 쓸쓸함을 드러낸 부분은 있으나 현실 비판적 내용은 없으며, '별'을 다 헤지 못하는 이유가 '아직 나의 청춘이 다하지 않는 까닭'이라고 본다면 미래에 대한 이야기를 하고 있다고 할 수 있다.
② 제시된 시에서는 특별한 청자가 드러나지 않았으며, 화자는 담담한 고백적 어조를 취하고 있다.
④ '별'은 현실 상황의 변화를 바라는 화자의 현실적 욕망을 상징하는 것이 아니라, 화자가 지향하는 것들을 상징하고 있다.

06 　정답 ③

정답해설
ⓒ 30년∨동안(○): 한글 맞춤법 제43항에 따르면 단위를 나타내는 명사 중 순서를 나타내는 경우나 숫자와 어울리어 쓰이는 경우에는 붙여 쓸 수 있다고 하였다. 따라서 '30년'

과 같이 아라비아 숫자 다음에 오는 단위 명사는 숫자와 붙여 쓸 수 있다. 또한 '어느 한때에서 다른 한때까지 시간의 길이'를 뜻하는 명사 '동안'은 앞말과 띄어 써야 한다.

오답해설
㉠ 창∨밖(×) → 창밖(○): '창밖'은 '창문의 밖'을 뜻하는 한 단어이므로 붙여 써야 한다.
㉡ 우단천(×) → 우단∨천(○): '우단 천'은 '거죽에 곱고 짧은 털이 촘촘히 돋게 짠 비단'을 뜻하는 명사 '우단'과 '실로 짠, 옷이나 이부자리 따위의 감이 되는 물건'을 뜻하는 명사 '천'의 각각의 단어로 이루어져 있으므로 띄어 써야 한다.
㉣ 일∨밖에(×) → 일밖에(○): '밖에'는 '그것 말고는', '그것 이외에는', '기꺼이 받아들이는', '피할 수 없는'의 뜻을 나타내는 보조사이므로 앞말과 붙여 써야 한다.

07 　정답 ①

정답해설
〈보기〉의 ㉠은 같은 대상을 가리키는 말이 언어에 따라 달리 발음되는 사례이고, ㉡은 소리는 같지만 의미가 다르게 사용되는 사례이다. ㉢은 시간이 흐름에 따라 의미의 변화가 일어난 사례이다. 이런 사례를 통해 확인할 수 있는 언어의 특성은 '언어의 자의성'이다. 언어의 자의성이란 언어 기호의 말소리(형식)와 의미(내용) 사이에는 필연적인 관계가 없다는 것이다.

오답해설
② 연속된 실체를 분절하여 표현한다는 것은 '언어의 분절성'에 해당하는 설명이다.
③ 기본적인 어순이 정해져 있음은 '언어의 법칙성(규칙성)'에 대한 설명이다.
④ 한정된 기호만으로 무수히 많은 문장을 만들어 사용한다는 것은 '언어의 개방성(창조성)'에 해당하는 설명이다.

08 　정답 ③

정답해설
'하물며'는 그도 그러한데 더욱이, 앞의 사실이 그러하다면 뒤의 사실은 말할 것도 없다는 뜻의 접속 부사로, '-느냐', '-랴' 등의 표현과 쓰는 것이 자연스럽다.

오답해설
① '여간'은 주로 부정의 의미를 나타내는 말과 함께 쓰여 그 상태가 보통으로 보아 넘길 만한 것임을 나타내는 부사이

다. 따라서 '뜰에 핀 꽃이 여간 탐스럽지 않았다'로 고치는
것이 적절하다.

② 과업 지시서 '교부'와 서술어 '교부하다'는 의미상 중복되
므로 앞의 '교부'를 삭제하는 것이 적절하다.

④ 무정 명사에는 '에'가 쓰이고, 유정 명사에는 '에게'가 쓰인
다. 일본은 무정 명사에 해당하므로 '일본에게'를 '일본에'
로 고쳐 쓰는 것이 적절하다.

09   정답 ②

정답해설
'어질병(--病), 총각무(總角-)'는 한자어 계열의 표준어이다.

오답해설
① '겸상(兼床)'은 한자어 계열의 표준어가 맞지만, '성냥'은
고유어 계열의 표준어이다.

③ '개다리소반(---小盤)'은 한자어 계열의 표준어가 맞지
만, '푼돈'은 고유어 계열의 표준어이다.

④ '칫솔(齒-)'은 한자어 계열의 표준어가 맞지만, '구들장'은
고유어 계열의 표준어이다.

10   정답 ④

정답해설
㉠ ㉠의 앞에서는 '역사의 연구'에 대한 일반적인 진술을 하
고 있으며, ㉠의 뒤에서는 '역사의 연구(역사학)'에 대한
부연 설명을 하고 있다. 따라서 ㉠에 들어갈 수 있는 접속
부사는 '즉' 또는 '다시 말해'이다.

㉡ ㉡의 뒤에 제시된 문장은 앞의 내용을 예를 들어서 보충하
고 있다. 따라서 ㉡에 들어갈 수 있는 접속 부사는 '가령'
이다.

㉢ ㉢의 뒤에 제시된 문장은 앞에서 언급했던 모든 내용을 정
리하고 있다. 따라서 ㉢에 들어갈 수 있는 접속 부사는 '요
컨대'이다.

11   정답 ①

정답해설
독도: Docdo(×) → Dokdo(○)

12   정답 ①

정답해설
㉠ 어른이면서 남성인 '아저씨'가 들어가는 것이 적절하다.

㉡ 어른 아니면서 남성인 '소년'이 들어가는 것이 적절하다.

㉢ 어른이면서 남성이 아닌 '아주머니'가 들어가는 것이 적절
하다.

㉣ 어른이 아니면서 남성도 아닌 '소녀'가 들어가는 것이 적
절하다.

13   정답 ①

정답해설
가난할수록 기와집 짓는다: 당장 먹을 것이나 입을 것이 넉
넉지 못한 가난한 살림일수록 기와집을 짓는다는 뜻으로, 실
상은 가난한 사람이 남에게 업신여김을 당하기 싫어서 허세
를 부리려는 심리를 비유적으로 이르는 말

오답해설
② 가난한 집 신주 굶듯: 가난한 집에서는 산 사람도 배를 곯
는 형편이므로 신주까지도 제사 음식을 제대로 받아 보지
못하게 된다는 뜻으로, 줄곧 굶기만 한다는 말

③ 가난한 집에 자식이 많다: 가난한 집은 먹고 살 걱정이 큰
데 자식까지 많다는 뜻으로, 이래저래 부담되는 것이 많
음을 이르는 말

④ 가난한 집 제사 돌아오듯: 살아가기도 어려운 가난한 집
에 제삿날이 자꾸 돌아와서 그것을 치르느라 매우 어려움
을 겪는다는 뜻으로, 힘든 일이 자주 닥쳐옴을 비유적으
로 이르는 말

14   정답 ①

오답해설
② 이순(耳順): 예순 살

③ 미수(米壽): 여든여덟 살

④ 백수(白壽): 아흔아홉 살

정답해설

(가) 고려 시대 문충이 지은 가요인 「오관산곡(五冠山曲)」이
다. 문충의 홀어머니에 대한 효성이 잘 드러난 작품이다.

(나) 작자 미상의 「정석가(鄭石歌)」로, 임에 대한 영원한 사랑
이 드러나 있다.

(다) 조식의 시조로, 임금님의 승하를 애도하는 내용이다.

(라) 조선 초기에 지어진 작자 미상의 악장 「감군은」이다. '바
다보다 깊은 임금님의 은혜'가 나타나 있는 송축가이며
향악의 곡명이기도 하다.

(마) 이항복의 평시조로, 연군(戀君)과 자신의 억울함을 호소
하는 내용이 나타나 있다.

(바) 서경덕의 시조로, 임을 기다리는 마음이 나타나 있다.

③ '볕뉘'와 '덕퇵'은 둘 다 임금님의 은혜를 의미한다.

The 알아보기

(가) 문충, 「오관산곡」
- 형식 및 갈래: 한시(7언 절구), 서정시
- 특성
  - 불가능한 상황의 설정을 통한 역설적 표현이 두드러짐
  - 어머니가 오래 살기를 바라는 간절한 마음과 결코 헤어
    지지 않겠다는 의지를 노래함
- 구성
  - 기 · 승: 나무로 만든 닭을 벽 위에 올려 놓음 – 실현 불
    가능한 상황 설정
  - 전 · 결: 그 닭이 울면 그제서야 어머니와 헤어짐 – 실현
    불가능한 상황의 설정으로 어머니에 대한 영원한 사랑을
    기원함
- 주제: 어머니에 대한 지극한 효심

(다) 조식, 「三冬(삼동)에 뵈옷 입고」
- 갈래: 단형 시조, 평시조, 서정시, 연군가(戀君歌)
- 성격: 애도적, 유교적
- 소재: 베옷, 볕뉘, 해(임금)
- 제재: 중종(中宗)의 승하
- 주제: 임금의 승하를 애도함
- 출전: 「청구영언」, 「해동가요」, 「화원악보」
- 구성
  - 초장[기(起)]: 은사(隱士)의 청빈한 생활(베옷 → 벼슬하
    지 않은 은사)
  - 중장[승(承)]: 왕의 은혜를 조금도 받지 않음(구름 낀 볕
    뉘 → 임금의 조그만 은총, 낮은 벼슬)

  - 종장[결(結)]: 중종의 승하를 슬퍼함(서산에 해지다 → 중
    종의 승하)

(라) 작자 미상, 「감군은」
- 갈래: 악장
- 성격: 송축가(頌祝歌)
- 표현: 과장적, 교술적, 예찬적
- 특징
  - 각 장마다 똑같은 내용의 후렴구가 붙어 있어 고려 속요
    와 비슷한 형식을 갖추고 있음
  - 자연과의 비교를 활용해 임의 덕과 은혜를 강조 – 반복
    법, 과장법, 설의법 등을 통해 주제 강화
- 제재: 임금님의 은덕
- 주제: 임금님의 은덕과 송축
- 출전: 「악장가사」

(마) 이항복, 「철령 높은 봉에」
- 작자: 이항복(李恒福: 1556~1618)
- 갈래: 평시조, 단시조, 연군가(戀君歌)
- 소재: 구름, 원루(冤淚), 님
- 제재: 구름, 비
- 발상 동기: 자신의 정의(正義)를 끝까지 관철하겠다는 의지
  에서 지음
- 성격: 풍유적(諷諭的), 비탄적(悲歎的), 우의적(寓意的), 호
  소적
- 표현: 감정이입, 의인법(擬人法)
- 핵심어: 원루(冤淚)
- 주제: 억울한 심정 호소 / 귀양길에서의 정한(情恨)
- 출전: 「청구영언」, 「해동가요」, 「가곡원류」, 「고금가곡」

(바) 서경덕, 「ᄆᆞᆷ이 어린 後(후)ㅣ니」
- 연대: 조선 중종
- 해설: 마음이 어리석으니 하는 일마다 모두 어리석다. / 겹
  겹이 구름 낀 산중이니 임이 올 리 없건만, / 떨어지는 잎이
  부는 바람 소리에도 행여나 임이 아닌가 착각했노라.
- 성격: 감성적, 낭만적
- 표현: 도치법, 과장법
- 주제: 임을 기다리는 마음, 연모(戀慕)의 정
- 출전: 「청구영언」

16 정답 ①

정답해설

(가) 「오관산곡」과 (나) 「정석가」에 역설적 표현이 사용되었다. 두 작품은 모두 실현 불가능한 것을 가능한 것으로 설정하는 역설적 표현 기법을 사용하여 간절한 소망을 드러내고 있다.

> **The 알아보기** (나) 작자 미상, 「정석가」
> • 갈래: 고려 가요, 고려 속요, 장가(長歌)
> • 성격: 서정적, 민요적
> • 형식: 전 6연, 3음보
> • 특징
> – 과장법, 역설법, 반어법 사용
> – 각 연에 반복되는 구절을 통해 화자의 감정을 강조함
> – 대부분의 고려 속요가 이별이나 향락적 삶을 노래하는 반면, 이 작품은 임에 대한 사랑을 노래함
> – 불가능한 상황을 역설적으로 표현하여 영원한 사랑을 노래함
> – 반어법, 과장법 등 다양한 표현과 기발한 발상이 돋보임
> • 내용: 태평성대를 구가하고 남녀 간의 사랑이 무한함을 표현한 노래
> • 주제: 임에 대한 영원한 사랑, 태평성대(太平聖代)의 기원

17 정답 ③

정답해설

주체가 제3의 대상에게 동작이나 행동을 하도록 시키는 사동 표현은 ③이다.

오답해설

① 철수가 자의로 옷을 입은 것이므로 주동 표현이 쓰였다.

② · ④ 주체의 행위가 타의에 의한 것이므로 피동 표현이 쓰였다.

18 정답 ④

정답해설

3연과 4연은 극한적 상황과 그에 대한 화자의 대응(초극 의지)이 드러나 있다. 따라서 화자의 심화된 내적 갈등을 단계적으로 보여 주고 있는 것이 아니다.

오답해설

① 1연과 2연은 화자의 현실적 한계 상황을 단계적으로 제시하고 있다.

② 1연은 북방이라는 수평적 한계가, 2연은 고원이라는 수직적 한계가 드러난다. 즉, 극한적 상황이 중첩되어 나타나고 있다.

③ 1, 2연의 중첩된 상황으로 인해 3연에서는 절박한 상황에 처해 있음을 드러내고 있다.

19 정답 ③

정답해설

묘사의 방식으로 내용을 전개하고 있는 것은 ③이다. 묘사란 어떤 사물에 대해 그림을 그리듯이 생생하게 표현하는 방식이다.

오답해설

① 비교와 대조의 방식으로 내용을 전개하고 있으며 지구와 화성의 공통점과 차이점에 대해 서술하고 있다.

② 유추의 방식으로 내용을 전개하고 있다. 유추란 같은 종류의 것 또는 비슷한 것에 기초하여 다른 사물을 미루어 추측하는 방법이다.

④ 정의와 예시의 방식으로 내용을 전개하고 있다. '제로섬이란 ~' 부분에서 용어의 정의를 밝히고 있으며 그 뒤에 운동 경기를 예로 들어 설명하였다.

20 정답 ③

정답해설

㉠과 ㉣은 안은문장에서 목적어로 쓰이는 명사절이고, ㉡과 ㉢은 안은문장에서 부사어로 쓰이는 명사절이다.

㉠ '비가 오기'는 목적격 조사와 결합하여 안은문장에서 목적어로 쓰인다.

㉡ '집에 가기'는 부사격 조사 '에'와 결합하여 안은문장에서 부사어로 쓰인다.

㉢ '그는 1년 후에 돌아오기'는 부사격 조사 '로'와 결합하여 안은문장에서 부사어로 쓰인다.

㉣ '어린 아이들은 병원에 가기'는 안은문장에서 목적어로 쓰인다. 이때 목적격 조사는 생략되기도 한다.

21 정답 ①

정답해설

구름, 무덤(묻-＋-엄), 빛나다(빛-＋나-＋-다)로 분석할 수 있다.

오답해설

② 지우개(파생어), 헛웃음(파생어), 덮밥(합성어)

③ 맑다(단일어), 고무신(합성어), 선생님(파생어)

④ 웃음(파생어), 곁눈(합성어), 시나브로(단일어)

22 　　　　　　　　　　　　　　정답 ①

정답해설

'종성부용초성'이란 초성의 글자가 종성에도 사용되는 표기법으로, 밑줄 친 단어들 중에서는 ① '곶'이 그 예이다.

> **The 알아보기** 「용비어천가」 제2장
>
> • 갈래: 악장
> • 주제: 조선 왕조의 번성과 무궁한 발전 기원
> • 특징
> 　- 15세기 중세 국어 연구의 귀중한 자료
> 　- 2절 4구의 대구 형식을 취함
> • 현대어 풀이
> 　뿌리가 깊은 나무는 바람에 흔들리지 아니하므로, 꽃이 좋고 열매가 많이 열리니
> 　샘이 깊은 물은 가뭄에 그치지 아니하므로, 내가 이루어져 바다에 가나니

23 　　　　　　　　　　　　　　정답 ②

정답해설

㉠의 앞 문장에서 '인간의 활동과 대립에 통일이 있듯이, 자연의 내부에서도 대립과 통일은 존재한다.'라고 했고, ㉠ 다음 문장에서는 '인간의 역사와 자연사의 변증법적 지양과 일여(一如)한 합일을 지향했다.'라고 했으므로 ㉠ 안에 들어갈 문장은 인간사와 자연사를 대립적 관계로 보면 안 된다는 ②의 내용이 적절하다.

오답해설

① 제시된 글에서는 인간과 자연의 경쟁 관계에 관한 내용이 제시되지 않았으므로 이는 논점에서 벗어난 진술이다.

③ 제시된 글에서는 인간의 역사와 자연의 역사를 구분하지 않아야 한다고 주장하고 있으므로 자연이 인간의 역사에 흡수된다는 내용은 적절하지 않다.

④ 제시된 글에서는 인간사를 연구하는 일과 자연사를 연구하는 일에 관한 내용이 제시되지 않았으므로 이는 논점에서 벗어난 진술이다.

24 　　　　　　　　　　　　　　정답 ②

정답해설

물에 젖어서 부피가 커진다는 의미를 지닌 동사는 '붇다'로, '불어, 불으니, 붇는'의 형태로 활용한다. 한편, '붓다'는 액체나 가루 따위를 다른 곳에 담는다는 의미의 동사이다.

25 　　　　　　　　　　　　　　정답 ④

정답해설

4문단의 '코흐를 비롯한 과학자들은 한센병, 임질, 장티푸스, 결핵 등의 질병 뒤에 도사리고 있는 세균들을 속속 발견했다. 이러한 발견을 견인한 것은 새로운 도구였다.'를 통해 코흐는 새로운 도구의 도움을 받아 질병을 유발하는 미생물들을 발견하였음을 확인할 수 있다. 따라서 새로운 도구의 개발 이전에 미생물들을 발견했다는 ④의 내용은 적절하지 않다.

오답해설

① 4문단에서 탄저병이 연구된 뒤 20년에 걸쳐 코흐를 비롯한 과학자들은 한센병, 임질, 장티푸스, 결핵 등의 질병 뒤에 도사리고 있는 세균들을 속속 발견했고, 순수한 미생물을 배양하는 방법이 개발되었으며, 새로운 염색제가 등장하여 세균의 발견과 확인을 도왔다고 하였다. 따라서 세균은 미생물의 일종이라는 내용은 적절하다.

② 5문단에서는 '세균을 확인하자 과학자들은 거두절미하고 세균을 제거하는 작업에 착수했다.', '그(조지프 리스터)는 자신의 스태프들에게 손과 의료 장비와 수술실을 화학적으로 소독하라고 지시함으로써 수많은 환자들을 극심한 감염으로부터 구해냈다.'라고 하였다. 따라서 세균을 화학적인 방법으로 제거할 수 있다는 것은 적절한 내용이다.

③ 1~3문단에 따르면 1762년 마르쿠스 플렌치즈가 미생물이 체내에서 증식함으로써 질병을 일으키고 이는 공기를 통해 전염될 수 있다고 주장하였지만 증거가 없어 무시되었으나, 19세기 중반 루이 파스퇴르와 로베르트 코흐가 각각 미생물이 질병을 일으킨다는 배종설을 입증하면서 미생물과 질병의 연관성에 대한 인식이 변화하기 시작했다고 하였다. 따라서 미생물과 질병의 연관성에 대한 인식이 통시적으로 변화해 왔다는 것은 적절한 내용이다.

제2과목: 전기공학

01	02	03	04	05	06	07	08	09	10
②	②	②	①	②	①	②	④	④	②
11	12	13	14	15	16	17	18	19	20
③	②	④	③	④	④	③	①	③	②
21	22	23	24	25					
③	②	④	①	③					

01

정답 ②

정답해설

전위차는 1[C]의 전하를 옮기는 데 필요한 일이므로

$$V = \frac{W}{q} = \frac{1}{2} = 0.5[\text{V}]$$

02

정답 ②

정답해설

저항에 흐르는 전류 $I = \dfrac{V}{R_1 + R_2} = \dfrac{6}{1+2} = 2[\text{A}]$

$\therefore \ V_{AB} = IR_1 = 2[\text{A}] \times 1[\Omega] = 2[\text{V}]$

03

정답 ②

정답해설

$$P = I^2 R = \frac{V^2}{R}[\text{W}]$$

소비전력은 저항에 반비례한다. 따라서 저항을 2배로 하면 소비전력은 $\dfrac{1}{2}$배가 된다.

04

정답 ①

정답해설

대칭 n상 Y결선(성형결선)

선간전압과 상전압 간의 위상차 $\theta = \dfrac{\pi}{2}\left(1 - \dfrac{2}{n}\right)$ 만큼 앞선다.

05

정답 ②

정답해설

$Q_c = 3\omega C E^2$

$= 3 \times 2\pi \times 50 \times \dfrac{1}{5\pi} \times 10^{-6} \times 20,000^2 \times 10^{-3} = 24[\text{kVA}]$

06

정답 ①

정답해설

전달 함수의 제어요소

- 비례요소의 전달 함수: K
- 미분요소의 전달 함수: Ks
- 적분요소의 전달 함수: $\dfrac{K}{s}$
- 1차 지연요소의 전달 함수: $\dfrac{K}{1+Ts}$
- 2차 지연요소의 전달 함수: $\dfrac{Kw_n^2}{s^2 + 2\delta w_n s + w_n^2}$
- 부동작 시간요소의 전달 함수: $Ke^{-\tau s}$

07

정답 ②

정답해설

코일의 자체 인덕턴스

$$L = \frac{N\Phi}{I} = \frac{200 \times 0.025}{5} = 1[\text{H}]$$

08

정답 ④

정답해설

자기 차폐는 어떤 물체를 투자율이 큰 자성체로 감싸면 내부의 자계는 외부보다 매우 작아져서 외부 자계의 영향을 거의 받지 않는 현상이다.

09 정답 ④

정답해설

- Δ충전용량 $Q_\Delta = 6\pi f C V^2$
  (여기서, V: 상전압＝선간전압)
- Y충전용량 $Q_Y = 2\pi f C V^2$ (여기서, V: 선간전압)

이 둘을 정리하면, $Q_\Delta = 6\pi f C V^2 = 3 \times 2\pi f C V^2 = 3Q_Y$

$\therefore Q_Y = \dfrac{1}{3} Q_\Delta$

※ $\Delta \rightarrow$ Y 변환 시 콘덴서 용량, 임피던스, 저항, 선전류, 소비전력은 $\dfrac{1}{3}$이 된다.

10 정답 ②

정답해설

$R = 10^4[\Omega]$, $P = 10^4[\text{W}]$이고, $P = I^2 RW$에서

$I = \sqrt{\dfrac{P}{R}} = \sqrt{\dfrac{10^4}{10^4}} = 1[\text{A}]$

11 정답 ③

오답해설

패러데이 법칙에 대한 설명이다. 쿨롱의 법칙은 두 전하 (Q_1, Q_2) 또는 두 물체 사이에 작용하는 전기력은 전하의 크기에 비례하고 두 전사 사이의 거리(r)의 제곱에 반비례한다.

12 정답 ②

정답해설

변전소의 수는 늘리고, 배전거리를 줄여 리액턴스를 감소시킴으로써 전압강하를 방지한다.

13 정답 ④

정답해설

$H = \dfrac{I}{2\pi r}$에서

$I = 2\pi r H = 2 \times \pi \times 0.8 \times 20 = 32\pi[\text{A}]$

14 정답 ③

정답해설

- $V = \dfrac{3}{2+3} \times 20 = 12[\text{V}]$

- $R = 1.8 + \dfrac{2 \times 3}{2+3} = 3[\Omega]$

15 정답 ④

정답해설

v_1은 기본파이고 v_2는 제3고조파이므로 위상 관계는 의미가 없다. 반드시 주파수가 같은 파에서만 위상 관계가 존재한다.

16 정답 ④

정답해설

$W = \dfrac{CV^2}{2} = \dfrac{1}{2} \times 4 \times 10^{-6} \times 2^2 = 8[\mu\text{J}]$

17 정답 ③

정답해설

전류를 측정하려면 전류계를 부하에 직렬로 접속하고, 전압을 측정하려면 전압계를 부하에 병렬로 접속하여야 한다.

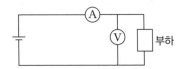

18 정답 ①

정답해설

단위 체적당 자기에너지

$W = \dfrac{1}{2} \mu H^2 = \dfrac{1}{2} \mu \times 15^2 = 90[\text{J/m}^3]$

$\therefore$ 투자율 $\mu = 0.8[\text{H/m}]$

19

정답 ③

정답해설

$$\frac{E_2}{E_1} = \frac{n_1 + n_2}{n_1}$$

$$E_2 = E_1\left(1 + \frac{n_2}{n_1}\right) \quad (\text{권수비 } a = \frac{e_1}{e_2} = \frac{I_2}{I_1} = \frac{N_1}{N_2}\text{이므로})$$

$$E_2 = E_1\left(1 + \frac{e_2}{e_1}\right) = E_1 + \frac{e_2}{e_1}E_1$$

20

정답 ②

정답해설

2차 측에 흐르는 전류 $I_2 = \frac{V_2}{R_2} = \frac{300}{10} = 30[\text{A}]$

$a = \frac{V_1}{V_2} = \frac{6,000}{300} = 20, \ a = \frac{I_2}{I_1}$

$\therefore I_1 = \frac{I_2}{a} = \frac{30}{20} = 1.5[\text{A}]$

21

정답 ③

정답해설

옴의 법칙 $I = \frac{V}{R}$에서 $I_1 = \frac{V}{R}$이고 전류가 20[%] 증가하면

$R_2 = \frac{V}{I_2} = \frac{V}{1.2I_1} = 0.83[\text{R}]$이 된다.

22

정답 ②

정답해설

- 고조파 발생: 고조파는 부하 측에서 발생되어 전원 측으로 흐른다.
- 고조파 제거 방법
  - 변압기를 Δ결선하여 제3고조파를 순환한다.
  - 1차 측에 능동형 필터를 설치한다.
  - 리액터를 사용하여 제5고조파를 억제한다.
  - 고조파 전용 변압기를 사용한다.

23

정답 ④

정답해설

- 구의 표면적 $= 4\pi r^2[\text{m}^2]$

- 전류 $=$ 전류밀도 $\times$ 단면적 $= \frac{2a_r}{r} \times \frac{4\pi r^2}{a_r} = 8\pi \times 5 \times 10^{-2}$

  $= 0.4\pi[\text{A}]$

24

정답 ①

정답해설

- 자속이 같은 방향이면 $L_1 = L_{c1} + L_{c2} + 2M(L_1 > L_2)$
- 자속이 반대 방향이면 $L_2 = L_{c1} + L_{c2} - 2M(L_1 > L_2)$

$L_1 - L_2 = 4|M| \rightarrow \therefore |M| = \frac{L_1 - L_2}{4} = \frac{75 - 25}{4} = 12.5[\text{mH}]$

25

정답 ③

정답해설

자기 인덕턴스

$$L = N\frac{\phi}{I} = \frac{\mu SN^2}{l} = \frac{\mu SN^2}{2\pi r}[\text{H}]$$

따라서 자기 인덕턴스는 투자율·단면적·권선수의 제곱에 비례하고, 자로의 길이·반지름에 반비례한다($L \propto \mu, \ S, \ N^2, \ \frac{1}{l} \cdot \frac{1}{r}$).

제3과목: 전기기기

01	02	03	04	05	06	07	08	09	10
③	①	③	③	②	③	④	②	④	③
11	12	13	14	15	16	17	18	19	20
④	④	④	②	②	③	②	②	②	②
21	22	23	24	25					
①	③	③	②	①					

01
정답 ③

정답해설

$E = K\Phi N$

$E' = K\Phi \dfrac{1}{2} N$

$E = E'$ 이어야 하므로

$K\Phi N = K\Phi \dfrac{1}{2} N$

따라서 Φ가 2배가 되어야 한다.

02
정답 ①

정답해설

$P = VI$ 식에서, $I = \dfrac{P}{V} = \dfrac{4,000}{100} = 40[\text{A}]$

$V = IR$ 식에서, $R = \dfrac{V}{I} = \dfrac{100}{40} = 2.5[\Omega]$

$E = V + I_a R_a = 100 + 40 \times 0.15 = 106[\text{V}]$

$E' = E \times \dfrac{1,200}{1,500} = 106 \times 0.8 = 84.8[\text{V}]$

$V' = E' - I_a' R_a \left(I_a' = \dfrac{E'}{R_a + R} = \dfrac{84.8}{0.15 + 2.5} = 32[\text{A}] \right)$

$V' = 84.8 - 32 \times 0.15 = 80[\text{V}]$

03
정답 ③

정답해설

3상 유도전동기의 효율

$\eta = \dfrac{\text{출력}}{\text{입력}} \times 100[\%] = \dfrac{P \times 10^3}{\sqrt{3} V_n I_1 \cos\theta} \times 100[\%]$

04
정답 ④

정답해설

$K = \dfrac{I_s}{I_n} = \dfrac{I_{fn}}{I_{fs}} = \dfrac{200}{150} = \dfrac{4}{3}$

05
정답 ②

정답해설

회전 변류기의 직류 측 전압 조정 방법

- 직렬 리액턴스에 의한 방법
- 유도전압 조정기에 의한 방법
- 동기 승압기에 의한 방법
- 부하 시 전압 조정 변압기에 의한 방법

06
정답 ③

정답해설

$P = E_0 I_s \cos\dfrac{\delta_s}{2}$

$= E_0 \dfrac{E_s}{2Z_s} \cos\dfrac{\delta_s}{2} = \dfrac{E_0^2}{2Z_s} \sin\delta_s$

07
정답 ④

정답해설

$K_d = \dfrac{\sin\dfrac{\pi}{2m}}{q\sin\dfrac{\pi}{2mq}} = \dfrac{\sin\left(\dfrac{\pi}{2 \times 3}\right)}{4 \times \sin\left(\dfrac{\pi}{2 \times 3 \times 4}\right)} \fallingdotseq 0.958$

08
정답 ②

정답해설

$[\%]$리액턴스 강하 $= \dfrac{I_{1n} x}{V_{1n}} \times 100 \left(\because I_{1n} = \dfrac{10 \times 10^3}{2,000} = 5[\text{A}] \right)$

$= \dfrac{5 \times 7}{2,000} \times 100 = 1.75[\%]$

09

정답해설

단상 반파 정류 회로의 직류전류

$$I_d = \frac{E_d}{R} = \frac{\frac{\sqrt{2}E}{\pi}}{R} = \frac{\sqrt{2}}{\pi} \frac{E}{R} = \frac{\sqrt{2}}{\pi} I[\text{A}]$$

10
정답 ③

정답해설

$$a_1 = \frac{\frac{V_1}{\sqrt{3}}}{V_2}, \ a_2 = \frac{V_1}{\frac{V_2}{\sqrt{3}}}$$

$$\frac{a_2}{a_1} = \frac{\frac{V_1}{\frac{V_2}{\sqrt{3}}}}{\frac{\frac{V_1}{\sqrt{3}}}{V_2}} = 3$$

$$\therefore a_2 = 3a_1 = 3 \times 30 = 90$$

11
정답 ④

정답해설

$$\text{와류손} = P_e \times \left(\frac{V'}{V}\right)^2 = 720 \times \left(\frac{2,750}{3,300}\right)^2 \fallingdotseq 500[\text{W}]$$

12
정답 ④

정답해설

기동 시 전류는 대부분 외부 도체로 흐르고 내부의 도체에는 거의 흐르지 않는다.

13
정답 ④

정답해설

단권변압기는 1차 측과 2차 측에 공통된 권선부분을 가지고 있으며 절연되어 있지 않다.

14
정답 ②

정답해설

감자기자력

$$AT_d = \frac{2\alpha}{\pi} \cdot \frac{ZI_a}{2aP}$$

(여기서, α는 브러시 이동각을 나타내므로)

$$\therefore AT_d = \frac{2\theta}{\pi} \cdot \frac{ZI_a}{2aP} = \frac{2\theta}{\pi} K$$

15
정답 ②

정답해설

$LI = N\phi$에서

$$\text{전류} \ I = \frac{N\phi}{L} = \frac{1 \times 0.3}{30 \times 10^{-3}} = 10[\text{A}]$$

$$\therefore \text{에너지} \ W = \frac{1}{2}LI^2 = \frac{1}{2} \times 30 \times 10^{-3} \times 10^2 = 1.5[\text{J}]$$

16
정답 ③

정답해설

$$P = EI = 160 \times 50 = 8,000[\text{VA}] = 8[\text{kVA}]$$

17
정답 ②

정답해설

$$E_s = \frac{1}{\sqrt{2}} \times \frac{p}{a} \times Zn\Phi_m \sin\theta$$

$$= \frac{1}{\sqrt{2}} \times \frac{2}{1} \times 200 \times 20 \times 0.14 \times \sin 30°$$

$$= \frac{560}{1.4} = 400[\text{V}]$$

18
정답 ②

정답해설

$$PIV = \pi V = 200\pi[\text{V}]$$

19

정답해설

회전력

$T = nBIl_1 l_2 \cos\theta = 300 \times 0.6 \times 1 \times 8\pi \times 10^{-4} \times \cos 0°$

$= 0.144\pi = 0.144 \times 3.14 = 0.45[\text{N} \cdot \text{m}]$

20

정답해설

전동기가 안정적으로 운전하려면 기동 시 전동기의 발생 토크가 부하의 반향토크보다 커야 토크가 일정해진다.

오답해설

③ 불안정 운전의 조건식이다.

21

정답해설

3상 변압기 용량 $P = 3P_1$ (P_1: 단상 변압기 용량)

$P\cos\theta = P'[\text{kW}]$에서, $P = \dfrac{3,000}{\cos\theta}[\text{kVA}]$

$P_1 = \dfrac{P'/\cos\theta}{3} = \dfrac{3,000/0.8}{3} = \dfrac{3,750}{3} = 1,250[\text{kVA}]$

22

정답해설

- 분권 직류 발전기

  $E = V + I_a R_a = 280 + I_a \times 0.08 = 300[\text{V}]$

  $I_a = 250$

- 단자전압

  $V = I_f R_f = I_f \times 80 = 280[\text{V}]$

  $I_f = 3.5$

∴ 부하전류 $I = I_a - I_f = 250 - 3.5 = 246.5[\text{A}]$

23

정답해설

직권 전동기에서 자기포화를 무시한 경우

토크 $T = \dfrac{Pz}{2\pi a}\phi I_a = kI_a^2[\text{N/m}]$

$T \propto I_a^2$이므로,

$T[\text{kg/m}] : T'[\text{kg/m}] = I_a^2 : I_a'^2$

$T' = \left(\dfrac{I_a'}{I_a}\right)^2 \times T[\text{kg/m}]$

$= \left(\dfrac{90}{30}\right)^2 \times 210 = 1,890[\text{kg/m}]$

24

정답해설

2중 중권의 병렬회로 수

$a = mp = 2 \times 4 = 8$

The 알아보기

- 중권에서 병렬회로 수

  단중중권 $a = p$, 다중중권 $a = mp$

- 파권에서 병렬회로 수

  단중파권 $a = 2$, 다중파권 $a = 2m$

25

정답해설

입력 $P = V_1 I_1 \cos\theta_1$

여기서, 전등부하 역률=1, 1차 전류 $I_1 = \dfrac{I_2}{a} = \dfrac{10}{50} = \dfrac{1}{5}[\text{A}]$

∴ $P = 3,300 \times \dfrac{1}{5} \times 1 = 660[\text{W}] = 0.66[\text{kW}]$

26 군무원 FINAL 실전 봉투모의고사

제3회 모의고사 정답 및 해설

01	02	03	04	05	06	07	08	09	10
③	③	②	④	④	③	②	③	②	②
11	12	13	14	15	16	17	18	19	20
②	③	③	②	②	①	③	④	④	①
21	22	23	24	25					
③	④	②	④	③					

01
정답 ③

정답해설

'주말(朱抹: 붉을 주, 지울 말)'은 '붉은 먹을 묻힌 붓으로 글자 따위를 지우다.'라는 뜻으로, 붉은 선으로 '표시'하는 것이 아니라 '지우'는 행위이다.

오답해설

① • 개임(改任: 고칠 개, 맡길 임): 다른 사람으로 바꾸어 임명함
   • 교체(交替: 사귈 교, 바꿀 체): 사람이나 사물을 다른 사람이나 사물로 대신함
   • 임명(任命: 맡길 임, 목숨 명): 일정한 지위나 임무를 남에게 맡김
② • 계리(計理: 셀 계, 다스릴 리): 계산하여 정리함
   • 회계(會計: 모일 회, 셀 계): 나가고 들어오는 돈을 따져서 셈을 함 / 개인이나 기업 따위의 경제 활동 상황을 일정한 계산 방법으로 기록하고 정보화함
④ • 게기(揭記: 걸 게, 기록할 기): 기록하여 내어 붙이거나 걸어 두어서 여러 사람이 보게 함
   • 기재(記載: 기록할 기, 실을 재): 문서 따위에 기록하여 올림

02
정답 ③

정답해설

'갖은'은 골고루 다 갖춘, 여러 가지의 등의 의미로 사용되는 관형사이다.

오답해설

① '바로'는 거짓이나 꾸밈없이 있는 그대로라는 의미로 사용되는 부사이다.
② '혼자'는 다른 사람과 어울리거나 함께 있지 아니하고 동떨어져서라는 의미로 사용되는 부사이다.
④ '그리고'는 단어, 구, 절, 문장 따위를 병렬적으로 연결할 때 쓰는 접속 부사이다.

03
정답 ②

정답해설

제시된 글은 언어와 사고가 서로 깊은 관계를 맺고 상호 작용을 한다는 점을 설명하고 있다. 하지만 ②와 같이 어떤 사물의 개념이 머릿속에서 맴도는데도 그 명칭을 떠올리지 못하는 것은 언어와 사고가 상호작용을 하는 사례로 보기 어렵다.

오답해설

① '산', '물', '보행 신호의 녹색등'의 실제 색은 다르지만 모두 '파랗다'라고 표현하는 것은 색에 대해 범주화된 사고가 언어로 나타난다는 것을 의미한다. 따라서 언어와 사고가 상호작용을 하는 사례로 볼 수 있다.
③ 우리나라는 수박을 '박'의 일종으로 인식하여 '수박'이라고 부르지만, 어떤 나라는 '멜론(melon)'과 유사한 것으로 인식하여 'watermelon'이라고 부른다. 이는 인간의 사고가 언어에 반영된다는 것을 보여주는 사례이다.
④ 쌀을 주식으로 삼는 우리나라 문화권에서 '쌀'과 관련된 단어가 구체화되어 '모', '벼', '쌀', '밥' 등으로 다양하게 표현되고 있다는 것은 사회와 문화가 언어의 분화 · 발전에 영향을 준다는 것을 의미한다. 따라서 언어와 사고가 상호작용을 하는 사례로 볼 수 있다.

The 알아보기 언어와 사고

- 언어 우위설: 사고 과정 없이도 언어는 존재할 수 있지만, 언어 없이는 사고가 불가능하다.
  - 예 뜻도 모르는 팝송을 따라 부른다.
- 사고 우위설: 언어 없이도 사고가 가능하지만, 표현하기 어려울 뿐이다.
  - 예 영화를 보고 너무 좋았는데, 왜 좋았는지 말로 표현하지는 못한다.
- 상호 의존설: 언어와 사고는 서로 깊은 관계를 맺고 있으며, 서로에게 영향을 준다. 언어 없이는 사고가 불완전하고, 사고 없이는 언어를 생각할 수 없다.

04
정답 ④

정답해설
'치르+어 → 치러'는 '으' 탈락 현상이므로 규칙 활용이다. 참고로, 'ㄹ' 탈락과 '으' 탈락은 규칙 활용에 해당한다.

오답해설
① 'ㅅ' 불규칙 활용에 해당한다.
② 'ㄷ' 불규칙 활용에 해당한다.
③ '르' 불규칙 활용에 해당한다.

The 알아보기 용언의 활용

⊙ 규칙 활용: 모습이 바뀌지 않거나, 바뀌어도 일반적인 음운 규칙으로 설명할 수 있는 것
- 모음 조화: '-아/-어'의 교체
- 축약: 보+아 → 봐
- 탈락
  - -'ㄹ' 탈락: 울+는 → 우는, 울+오 → 우오
  - -'으' 탈락: 쓰+어 → 써, 치르+어 → 치러

⊙ 불규칙 활용: 용언이 활용할 때 어간이나 어미의 기본 형태가 달라지는데, 이를 일정한 규칙으로 설명할 수 없는 활용을 말함
- 어간이 바뀌는 경우

구분	조건	용례	규칙 활용
'ㅅ' 불규칙	'ㅅ'이 모음 어미 앞에서 탈락	잇+어 → 이어, 짓+어 → 지어, 낫+아 → 나아	벗어, 씻어
'ㄷ' 불규칙	'ㄷ'이 모음 어미 앞에서 'ㄹ'로 변함	듣+어 → 들어, 겯[步]+어 → 걸어, 묻[問]+어 → 물어, 깨닫다, 싣다	묻어, 얻어
'ㅂ' 불규칙	'ㅂ'이 모음 어미 앞에서 '오/우'로 변함	눕+어 → 누워, 줍+어 → 주워, 돕+아 → 도와, 덥+어 → 더워	잡아, 뽑아
'르' 불규칙	'르'가 모음 어미 앞에서 'ㄹㄹ' 형태로 변함	흐르+어 → 흘러, 이르+어 → 일러, 빠르+아 → 빨라	따라, 치러
'우' 불규칙	'우'가 모음 어미 앞에서 탈락	퍼(푸+어)	주어, 누어

- 어미가 바뀌는 경우

구분	조건	용례	규칙 활용
'여' 불규칙	'하-' 뒤에 오는 어미 '-아/-어'가 '-여'로 변함	공부하+어 → 공부하여, '하다'와 '-하다'가 붙는 모든 용언	파+아 → 파
'러' 불규칙	어간이 '르'로 끝나는 일부 용언에서 어미 '-어'가 '러'로 변함	이르[至]+어 → 이르러, 누르[黃]+어 → 누르러, 푸르+어 → 푸르러	치르+어 → 치러

- 어간과 어미가 모두 바뀌는 경우

구분	조건	용례	규칙 활용
'ㅎ' 불규칙	'ㅎ'으로 끝나는 어간에 '-아/-어'가 오면 어간의 일부인 'ㅎ'이 없어지고 어미도 변함	파랗+아 → 파래, 퍼렇+어 → 퍼레, 하얗+아서 → 하얘서, 허옇+어서 → 허예서	좋+아서 → 좋아서

05
정답 ④

정답해설
'발(을) 끊다'는 오가지 않거나 관계를 끊는 것을 의미하는 표현이므로 문맥상 적절하지 않다. 아이가 돌아오지 않아 매우 안타까워하거나 다급해하는 표현으로는 '발(을) 구르다'가 적절하다.

오답해설
① 발(을) 디딜 틈이 없다: 복작거리어 혼잡스럽다.
② 발(이) 묶이다: 몸을 움직일 수 없거나 활동할 수 없는 형편이 되다.
③ 발(을) 빼다: 어떤 일에서 관계를 완전히 끊고 물러나다.

06

정답해설

제시된 작품은 김기택의 「우주인」이다. 화자는 '허공', '없다는 것은', '모른다', '보고 싶다', '삐뚤삐뚤', '발자국' 등의 시어 반복을 통해 무기력한 삶에서 벗어나고자 하는 화자의 소망과 의지를 강조하고 있다.

오답해설

① 화자는 '~고 싶다'를 반복하며 미래에 대한 희망을 찾고 있다. 과거로 돌아가고 싶다는 소망은 나타나지 않는다.

② 시적 화자의 옛 경험에 대한 사실적인 묘사는 찾아볼 수 없다.

④ 현실의 고난이 허구적 상상을 통해 드러나고 있지만, 극복하는 모습은 나타나지 않는다.

07

정답 ②

정답해설

(가)는 모두 5개의 발화와 1개의 담화로 이루어져 있다. 담화는 둘 이상의 발화나 문장이 연속되어 이루어지는 말의 단위를 가리킨다.

오답해설

③ 마지막 A의 발화를 통해 버스 정류장에서 나눈 대화임을 알 수 있다.

④ (가)의 A와 B 사이의 대화에서 사회·문화적 맥락은 간접적으로 작용했겠지만 그것이 뚜렷하게 드러나 있다고 보기는 어렵다.

08

정답 ③

정답해설

제시된 대화의 맥락은 추석 명절을 맞아 일어나는 일들에 대한 것이다. 그중 밑줄 친 ㉠ '해마다 가셨지?'라는 발화는 B의 할머니가 매년 임진각에 간 것을 물어보는 것인데, 이 발화의 역사적 맥락을 파악하기 위해서는 임진각이 어떤 공간인지를 알아야 한다. 임진각은 군사 분계선에서 7km 남쪽에 있는 1972년에 세워진 관광지로 분단의 아픔을 상징하는 공간이다. 따라서 B의 할머니가 임진각에 해마다 갔다는 발화를 통해 할머니가 한국 전쟁 때 월남한 실향민이시며 명절마다 갈 수 없는 고향에 대한 그리움을 임진각에 가서 대신 달래시는 것임을 추측해 볼 수 있다. 이러한 내용은 우리나라 근현대사에 대한 지식이 없으면 이해하기 힘든 발화이다.

09

정답 ②

정답해설

'지민이가 감기에 걸렸다.'를 능동 표현으로 바꿀 경우 '감기가 지민이를 걸다.'라는 비문이 된다. '감기'가 주체가 될 수 없으므로 능동 표현으로 바꿀 수 없다.

오답해설

① '그 문제가 어떤 수학자에 의해 풀렸다.'를 능동 표현으로 바꿀 경우 '어떤 수학자가 그 문제를 풀었다.'라는 문장이 성립한다.

③ '딸이 아버지에게 안겼다.'를 능동 표현으로 바꿀 경우 '아버지가 딸을 안았다.'라는 문장이 성립한다.

④ '그 수필은 많은 사람들에게 읽혔다.'를 능동 표현으로 바꿀 경우 '많은 사람들이 그 수필을 읽었다.'라는 문장이 성립한다.

10

정답 ②

정답해설

현재진행형이란 현재 움직임이 계속되고 있음을 나타내는 동사 시제의 형태이다. '고르다[3]'은 동사가 아닌 형용사이므로 현재진행형으로 나타낼 수 없다.

11

정답 ②

정답해설

제시문에 따르면 언어 표현은 자연시간의 순서를 따른다. 그런데 ② '문 닫고 들어와라.'는 안으로 들어온 후에 문을 닫으라는 의미이므로 논리적으로 시간의 순서에 맞지 않는다.

오답해설

①·③ 각각 꽃이 펴야 질 수 있고, 수입이 들어와야 지출을 할 수 있으므로 제시문의 설명에 부합한다.

④ '머리끝부터 발끝' 역시 위쪽이 앞서고 아래쪽이 나중에 온다는 어순 병렬의 원리에 부합한다.

12 정답 ③

정답해설

제시된 글은 '위기'라는 단어의 의미를 파악하고, 위기에 어떻게 대응하느냐에 따라 결과가 달라진다고 보았다. 위기 상황에서 위축되지 않고 사리에 맞는 해결 방안을 찾기 위해 노력하고, 위기를 통해 새로운 기회를 모색해야 함을 강조하고 있다.

13 정답 ③

정답해설

국어의 로마자 표기는 국어의 표준 발음법에 따라 적는 것을 원칙(로마자 표기법 제1항)으로 한다. ③ 마천령은 [마철령]으로 소리 나므로 'Macheollyeong'으로 표기하는 것이 적절하다.

오답해설

① Gapyeong-goon(×) → Gapyeong-gun(○): 가평군은 'Gapyeong-goon'이 아닌 'Gapyeong-gun'으로 표기한다. '도, 시, 군, 구, 읍, 면, 리, 동'의 행정 구역 단위와 '가'는 각각 'do, si, gun, gu, eup, myeon, ri, dong, ga'로 적고, 그 앞에는 붙임표(-)를 넣는다(로마자 표기법 제5항).

② Galmaibong(×) → Galmaebong(○): 갈매봉은 'Galmaibong'이 아닌 'Galmaebong'으로 표기한다. 로마자 표기법에서 단모음 'ㅐ'는 'ae'로 표기한다.

④ Baeknyeongdo(×) → Baengnyeongdo(○): 백령도는 [뱅녕도]로 소리 나므로 자음 사이에서 동화 작용이 일어나는 경우 그 결과에 따라 표기한다는 규정(로마자 표기법 제1항)에 따라 'Baengnyeongdo'로 표기한다.

14 정답 ②

정답해설

'상이(相異)'는 '서로 다르다'라는 의미를 가진다.

오답해설

① '상관(相關)'은 '서로 관련 있다'라는 의미를 가진다.

③ '상응(相應)'은 '서로 응하다'라는 의미를 가진다.

④ '상충(相衝)'은 '서로 충돌하다'라는 의미를 가진다.

15 정답 ②

정답해설

무빙워크(moving walk): 안전길(×) → 자동길(○)

16 정답 ①

정답해설

친구 따라 강남 간다: 자기는 하고 싶지 아니하나 남에게 끌려서 덩달아 하게 됨을 이르는 말

오답해설

② 대항해도 도저히 이길 수 없는 경우를 비유적으로 이르는 말

③ 어느 곳에서나 그 자리에 없다고 남을 흉보아서는 안 된다는 말. 다른 사람에 관한 이야기를 하는데 공교롭게 그 사람이 나타나는 경우를 이르는 말

④ 주관하는 사람 없이 여러 사람이 자기주장만 내세우면 일이 제대로 되기 어려움을 비유적으로 이르는 말

17 정답 ③

정답해설

• 문맥의 제일 처음에 올 수 있는 내용은 (나)와 (다)이다. (가)는 접속 부사 '그러나', (라)는 접속 부사 '하지만', (마)는 앞의 내용에 대한 원인을 밝히는 '~ 때문이다'가 있으므로 다른 문장의 뒤에 연결되어야 한다.

• (마)는 '불만과 불행에 사로잡히기 때문'이라고 하였으므로 그 앞부분에는 그 원인인 '만족할 때까지는 행복해지지 못한다.'는 내용이 와야 한다. 따라서 (다) – (마)의 순서가 되어야 한다.

• (라)는 (마)의 내용에 대한 반론을 제시하며 '차원 높은 행복'이라는 새로운 화제를 제시하고 있으므로 (마) – (라)의 순서가 되어야 한다.

• (가)와 (나)는 '소유에서 오는 행복'이라는 공통 화제를 가지고 있으므로 인접해 있어야 하며, 접속 부사를 고려할 때 (나) – (가)의 순서가 적절하다.

따라서 문맥에 따른 배열로 가장 적절한 것은 ③ '(다) – (마) – (라) – (나) – (가)'이다.

18
정답 ④

정답해설

시적 화자는 달에게 말을 건네는 방식을 통해 근심과 소망 등 자신의 정서를 전달하고 있다.

오답해설

① 후렴구가 반복적으로 사용되었지만 특별한 뜻이 없이 운율을 맞추기 위한 것이므로 후렴구가 주제 의식을 부각한다고 볼 수 없다.

② 제시된 작품에서 반어적 의미를 가진 표현은 찾아볼 수 없다.

③ 성찰적 어조로 볼 수 없으며 엄숙한 분위기가 조성된 것도 아니다.

> **The 알아보기 작자 미상, 「정읍사(井邑詞)」**
> • 갈래: 고대 가요, 서정시
> • 성격: 서정적, 애상적, 기원적
> • 제재: 남편에 대한 염려
> • 주제: 남편의 안전을 바라는 여인의 간절한 마음
> • 특징: 후렴구 사용
> • 의의
>   – 현전하는 유일한 백제 노래
>   – 한글로 기록되어 전하는 가요 중 가장 오래된 작품
>   – 시조 형식의 기원인 작품
> • 연대: 백제 시대로 추정
> • 출전: 『악학궤범(樂學軌範)』
> • 함께 읽으면 좋은 작품: 김소월, 「초혼」
>   「초혼」은 초혼이라는 전통 의식을 통해 사랑하는 사람을 잃은 슬픔을 노래한 김소월의 작품이다. 이 작품에서 임과의 이별 상황에 마주한 화자가 임을 애타게 기다리며 만나고자 하는 소망의 극한이 '돌'로 응축되어 나타나는데, 이는 「정읍사」의 화자가 임을 기다리다가 돌이 되고야 말았다는 망부석 모티프와 연결된다.

19
정답 ④

정답해설

'노피곰'이 상승 이미지를 환기하는 것은 맞지만, 달이 초월적 세계에 대한 화자의 동경을 표상한다고 볼 수는 없다. '노피곰'은 '높이높이'라는 뜻으로 이 시어에는 달이 멀리 또는 밝게 비추어 남편의 안전이 지켜지기를 바라는 화자의 소망이 투영되어 있다.

오답해설

① 화자의 시적 진술이 달이 뜨는 시간에 이루어지고 있음을 알려준다.

② 대상에 대한 화자의 근심과 걱정을 완화해 주는 존재이다.

③ 높임의 호격 조사 '하'로 볼 때 존경의 의미를 함축하고 있음을 알 수 있다.

20
정답 ①

정답해설

이 작품은 섬진강이 흐르는 호남 지방의 자연과 그곳에서 살아가는 사람들을 제재로 하여 섬진강의 끈질긴 생명력을 부드러우면서도 단호한 어조로 표현하였다. 반어적인 어조를 활용하여 현실을 풍자한 부분은 찾을 수 없다.

오답해설

② '실핏줄 같은', '쌀밥 같은', '숯불 같은'처럼 직유를 활용하여 섬진강과 소박한 민중의 모습을 인상적으로 드러내고 있다.

③ '영산강으로 가는 물줄기를 불러 뼈 으스러지게 그리워 얼싸안고', '지리산 뭉툭한 허리를 감고 돌아가는'과 같은 의인화를 통해 섬진강의 강한 생명력을 표현하고 있다.

④ 섬진강의 마르지 않는 속성을 통해 '민중의 건강한 삶과 끈질긴 생명력'이라는 주제 의식을 강화하고 있다.

> **The 알아보기 김용택, 「섬진강 1」**
> • 갈래: 자유시, 서정시
> • 주제: 민중의 소박하고 건강한 삶과 끈질긴 생명력
> • 특징
>   – 의인법, 반복법, 설의법을 통해 주제를 강조
>   – 명령 투의 어조가 나타남

21
정답 ③

정답해설

'부패'라는 단어에 담긴 서로 다른 의미로 인해 ③은 논리적 오류가 발생하였다.

오답해설

① 삼단 논법

② 결합의 오류

④ 분해의 오류

22
정답 ④

정답해설

시적 화자는 '그리웠던 순간들을 호명하며' 따뜻하고 행복했던 지난 때를 그리워하고 있으며, 톱밥 난로에 톱밥을 던지는 행위를 '한 줌의 눈물을 불빛 속에 던져 주었다'라고 표현하여 현재의 고단한 삶에 대한 정서를 화자의 행위에 투영하고 있다.

오답해설

① '유리창마다 / 톱밥난로가 지펴지고'는 대합실 유리창에 난로의 불빛이 비치는 것을 묘사한 것으로, 여러 개의 난로가 지펴진 대합실의 상황을 비유적으로 표현했다는 설명은 적절하지 않다.

② '청색'과 '불빛'의 대조적 색채 이미지가 나타나지만, 이를 통해 막차를 기다리는 사람들의 고단한 삶을 드러낼 뿐 겨울 풍경의 서정적 정취를 강조한 것은 아니다.

③ '오래 앓은 기침 소리'와 '쓴 약 같은 입술담배 연기'를 통해 힘겨운 삶의 모습을 드러내고는 있으나, 이것이 비관적 심리를 드러낸다고 할 수 없다. 또한 담배를 피우는 행위를 무례하다고 보는 것은 작자의 의도와 거리가 멀다.

The 알아보기 곽재구, 「사평역에서」

- 갈래: 자유시, 서정시
- 성격: 회고적, 애상적, 묘사적
- 주제: 가난하고 소외된 사람들의 삶의 애환
- 특징
  - 간이역 대합실을 장면화하여 묘사적으로 제시함
  - 감각적 이미지로 서정적이고 쓸쓸한 분위기를 연출함
  - 반복적 변주로 시상을 전개함

23
정답 ②

정답해설

'집단으로 모인 사람들이 자신들의 감성을 침묵하게 하고 지성만을 행사하는 가운데 그들 중 한 개인에게 그들의 모든 주의가 집중되도록 할 때 희극이 발생한다고 보았다.'를 통해 희극이 관객의 감성이 집단적으로 표출된 결과라는 설명이 적절하지 않음을 알 수 있다. '관객은 이러한 결함을 지닌 인물을 통하여 스스로 자기 우월성을 인식하고 즐거워질 수 있게 된다.'에서 희극은 관객 개개인이 결함을 지닌 인물에 비하여 자기 우월성을 인식함으로써 발생한다는 사실을 확인할 수 있다.

오답해설

① '희극의 발생 조건에 대하여 베르그송은 집단, 지성, 한 개인의 존재 등을 꼽았다.'를 통해 적절한 내용임을 확인할 수 있다.

③ '한 인물이 우리에게 희극적으로 보이는 것은 우리 자신과 비교해서 그 인물이 육체의 활동에는 많은 힘을 소비하면서 정신의 활동에는 힘을 쓰지 않는 경우이다.'라는 프로이트의 말을 통해 적절한 내용임을 확인할 수 있다.

④ '웃음을 유발하는 단순한 형태의 직접적인 장치는 대상의 신체적인 결함이나 성격적인 결함을 들 수 있다.'를 통해 적절한 내용임을 확인할 수 있다.

24
정답 ④

정답해설

제시문은 '문학이 구축하는 세계는 실제 생활과는 다르다.'는 것을 건축가가 집을 짓는 과정에 빗대어 표현하였다. 즉, 유추의 설명 방식이 사용된 것으로, 유추는 생소한 개념이나 복잡한 주제를 친숙한 개념 또는 단순한 주제와 비교하여 설명하는 방식이다.

④ '목적을 지닌 인생은 의미 있다.'는 것을 목적을 갖고 뛰어야 완주가 가능한 마라톤에 빗대어 설명하고 있다.

오답해설

① 국어 단어를 일정한 기준에 따라 종류별로 묶어서 설명하는 방법인 분류의 방식이 사용되었다.

② 르네상스 시대 화가들과 인상주의 화가들의 공통점을 비교해서 설명하고 있다.

③ 둘 이상의 대상, 즉 남자와 여자의 차이점을 밝히는 설명 방법인 대조의 방식이 사용되었다. 또한, 남녀의 관심사를 열거하고 있다.

25
정답 ③

정답해설

3·1 운동과 관련된 제시문으로, 문맥상 〈보기〉의 내용은 (다)의 뒤에 들어가야 한다. 〈보기〉에서는 학자들이 3·1 운동에 관해 부단한 연구를 했고, 각 분야에 걸쳐 수많은 저작을 내놓고 있다고 했다. 그 다음 (라)에서는 언론 분야에 대한 예가 나오고 있다.

01	02	03	04	05	06	07	08	09	10
④	②	②	②	④	②	③	①	④	②
11	12	13	14	15	16	17	18	19	20
③	④	③	④	③	①	①	①	③	④
21	22	23	24	25					
④	①	③	②	③					

01 정답 ④

정답해설

$$f(t)=\lim_{t\to\infty}f(t)=\lim_{s\to0}sF(s)=\lim_{s\to0}s\frac{4(s+6)}{s(s^2+2s+8)}=3$$

02 정답 ②

정답해설

고조파의 소비전력은 같은 고조파 전력을 구해 합한다.

$$P=\frac{20}{\sqrt{2}}\times\frac{30}{\sqrt{2}}+\frac{30}{\sqrt{2}}\times\frac{20}{\sqrt{2}}=600[\text{W}]$$

03 정답 ②

정답해설

$$\text{불평형률}=\frac{\text{역상 전압}}{\text{정상 전압}}\times100=\frac{500}{800}\times100=62.5[\%]$$

04 정답 ②

정답해설

$$W=P\cdot t=VIt=100\times10\times3=3,000[\text{Wh}]$$

05 정답 ④

정답해설

직렬로 접속된 저항 3개의 합성저항: $R=R_1+R_2+R_3$

> **The 알아보기**
>
> - 어느 회로에 저항 3개가 병렬로 접속되어 있을 때의 합성
>   저항: $\dfrac{1}{R}=\dfrac{1}{R_1}+\dfrac{1}{R_2}+\dfrac{1}{R_3}$
> - 콘덴서의 경우는 저항과 반대이다.
>   - 어느 회로에 저항 3개가 직렬로 접속되어 있을 때:
> $$\frac{1}{C}=\frac{1}{C_1}+\frac{1}{C_2}+\frac{1}{C_3}$$
>   - 어느 회로에 저항 3개가 병렬로 접속되어 있을 때:
> $$C=C_1+C_2+C_3$$

06 정답 ②

정답해설

과도현상

RC 직렬회로에서 V_0로 충전된 콘덴서를 방전시킬 경우 $t=RC$에서의 콘덴서 단자전압은 $0.368V_0$이다.

$$V_C=V_0e^{-\frac{1}{RC}t}=V_0e^{-\frac{1}{RC}RC}=e^{-1}V_0\fallingdotseq0.368V_0$$

07 정답 ③

정답해설

- 자속의 변화율 $=\dfrac{0.1}{0.2}=0.5[\text{Wb/s}]$

- 유도 기전력 $v=N\dfrac{\Delta\Phi}{\Delta t}=300\times0.5=150[\text{V}]$

08 정답 ①

정답해설

합성 저항 $R=1.8+\dfrac{2\times3}{2+3}=1.8+\dfrac{6}{5}=3[\Omega]$,

전 전류 $I=\dfrac{6}{R}=\dfrac{6}{3}=2[\text{A}]$

전류의 분배 법칙에 따라

$$I_1=I\frac{R_2}{R_1+R_2}=2\times\frac{3}{2+3}=2\times\frac{3}{5}=1.2[\text{A}]$$

09

정답해설

충전용량 $Q=\omega CV^2$에서 전압을 3배로 하면,

$Q'=\omega CV^2=\omega C(3V)^2=\omega C9V^2$

즉, 충전용량은 9배가 된다.

10

정답 ②

정답해설

누설 전류

$$I=\frac{V}{R}=\frac{V}{\dfrac{\varepsilon\rho}{C}}=\frac{CV}{\varepsilon\rho}=\frac{30\times10^{-6}\times500}{8.854\times10^{-12}\times2.2\times10^{11}}$$

$$\fallingdotseq 7.7\times10^{-3}[\text{A}]=7.7[\text{mA}]$$

11

정답 ③

정답해설

처음의 원형 도체판의 반지름을 a_1, 양 극판의 거리 d인 콘덴서의 극판 거리를 $3d$로 조정했을 때의 도체판 반지름을 a_2라 하면, 정전용량은 일정하므로

$$C=\frac{\varepsilon\pi a_1^{~2}}{d}=\frac{\varepsilon\pi a_2^{~2}}{3d}$$

$$a_1^{~2}=\frac{1}{3}a_2^{~2},\ a_2^{~2}=3a_1^{~2}$$

$$\therefore\ a_2=\sqrt{3}a_1$$

12

정답 ④

정답해설

- $wL=2\pi fl$, $Z=R+jwL$, $I=\dfrac{V}{Z}$ 공식에 따라 주파수가 증가하면 임피던스는 증가하고 전류는 감소한다.

- $e_L=L\dfrac{di}{dt}=jwLI[\text{V}]$ 공식에 따라 인덕터에 걸리는 전압은 주파수에 비례하므로 주파수가 증가하면 인덕터에 걸리는 전압도 증가한다.

13

정답 ③

정답해설

$$e^{j\frac{2}{3}\pi}=\cos\frac{2\pi}{3}+j\sin\frac{2\pi}{3}$$

$$=\cos120°+j\sin120°$$

$$=\cos(90+30)°+j\sin(90+30)°$$

$$=-\frac{1}{2}+j\frac{\sqrt{3}}{2}$$

14

정답 ④

정답해설

송전 계통의 안정도 향상 대책

- 리액턴스를 감소시킨다.
- 중간 조상방식을 이용한다.
- 복도체(다도체) 방식을 채용한다.
- 병행 2회선 방식을 이용한다.
- 고속도 재폐로 방식을 채택한다.
- 고속 차단기를 설치한다.

> **The 알아보기** 발전기의 안정도 향상 대책
> - 단락비는 크게, 전압 변동률은 작게 하여 동기 리액턴스를 감소시킨다.
> - 속응여자방식을 채용한다.
> - 제동권선을 설치하여 난조를 방지한다.
> - 조속기의 감도를 둔감하게 한다.

15

정답 ③

정답해설

$$\frac{Z_{01}}{Z_{02}}=\frac{\sqrt{\dfrac{\text{AB}}{\text{CD}}}}{\sqrt{\dfrac{\text{BD}}{\text{AC}}}}=\frac{\text{A}}{\text{D}}$$

$$Z_{01}=Z_{02}\times\frac{\text{A}}{\text{D}}=\frac{18}{20}\times\frac{16}{3}=4.8[\Omega]$$

16

정답 ①

정답해설

패러데이의 전자 유도 법칙(Faraday's Law of Electromagnetic Induction)에 의하여 유도 기전력의 크기는 코일을 지나는 자속의 매초 변화량과 코일의 권수에 비례한다.

34 군무원 FINAL 실전 봉투모의고사

17
정답 ①

정답해설

시상수 $T=CR[\sec]$에서

$T=10\times10^{-6}\times100\times10^{3}=1[\sec]$

18
정답 ①

정답해설

2단자 임피던스

$Z(s)=\dfrac{2s+3}{s}=2+\dfrac{3}{s}=2+\dfrac{1}{\dfrac{1}{3}s}$ (RC 직렬회로)

19
정답 ③

정답해설

도선에 유기되는 기전력

$v=Blu\sin\theta=\dfrac{\varPhi}{A}lu\sin\theta[\mathrm{V}]$

여기서, A, l, v를 각각 단위 단면, 길이, 속도라 하고, 도체의 운동 방향이 자기장의 방향과 직각이라면, $v=\varPhi$가 된다.

$\therefore P=vi=\varPhi i=5\times10=50[\mathrm{J}]$

20
정답 ④

정답해설

무한장 솔레노이드 자계의 세기는 자계의 방향에 영향을 끼치지 않는다.

무한장 솔레노이드

- 철심 내부의 자계

$H=\dfrac{NI}{l}=n_0I[\mathrm{AT/m}^2]$

(n_0: 단위 길이당 코일 회수)

- 철심 외부의 자계는 0이다.

21
정답 ④

정답해설

일반적으로 전압－전류특성에 의하여 회로의 형태를 알 수 있으며, 특히 다이오드와 트랜지스터는 비선형적으로 해석할 수 있다.

22
정답 ①

정답해설

Y결선에서 $I_l=I_p[\mathrm{A}]$, $V_l=\sqrt{3}V_p[\mathrm{V}]$이므로,

저항 $R=\dfrac{P}{3I_p^2}=\dfrac{6,000}{3\times20^2}=5[\Omega]$

23
정답 ③

정답해설

$V_1=100\%$, $V_3=80\%$, $V_5=60\%$

왜형률$=\dfrac{\text{전 고조파의 실횻값}}{\text{기본파의 실횻값}}=\dfrac{\sqrt{80^2+60^2}}{100}=1$

24
정답 ②

정답해설

② 접지 도구체의 영상전하는 2개이다.

오답해설

① 원통상 도선의 영상전류는 반대 방향이고 땅속 $h[\mathrm{m}]$인 곳에 나란히 흐른다.

③ 무한 평면의 경계면의 영상전하는 $-Q[\mathrm{C}]$이다.

④ 절연 도체구의 영상전하는 1개이다.

25
정답 ③

정답해설

$I=\dfrac{V}{Z}=\dfrac{45\angle0°}{(2+j6)+(4-j3)}=\dfrac{45}{6+j3}=\dfrac{45}{3(2+j)}=\dfrac{15}{2+j}$

$=\dfrac{15(2-j)}{(2+j)(2-j)}=\dfrac{15(2-j)}{5}=3(2-j)[\mathrm{A}]$

01	02	03	04	05	06	07	08	09	10
①	②	②	②	③	③	②	③	③	④
11	12	13	14	15	16	17	18	19	20
③	③	④	④	③	③	②	①	①	②
21	22	23	24	25					
④	②	③	④	①					

01
정답 ①

정답해설

$$E=\frac{pZ}{a}\Phi\frac{N}{60}=\frac{4\times152}{4}\times0.035\times\frac{1,200}{60}≒106[\text{V}]$$

02
정답 ②

정답해설

토크는 2차 입력에 비례하고 동기속도에 반비례한다.

03
정답 ②

정답해설

$$P=1.026NT=1.026\times1,000\times1=1,026[\text{W}]≒1[\text{kW}]$$

04
정답 ②

정답해설

$$N_0=\frac{V-I_aR_a}{K\Phi}=\frac{525-50\times0.5}{K\Phi}=1,500[\text{rpm}]이므로$$

$$K\Phi=\frac{1}{3}$$

$$\therefore N_1=\frac{V'-I_aR_a}{K\Phi}=\frac{400-50\times0.5}{\frac{1}{3}}=1,125[\text{rpm}]$$

05
정답 ③

정답해설

2차 저항에 의한 기동은 권선형 유도전동기에 적용되는 방법으로 농형 유도전동기는 2차에 권선이 없다. 따라서 2차 저항에 의한 기동 방법을 적용할 수 없다.

06
정답 ③

정답해설

동기 주파수 변환기

• 주파수가 다른 2개의 송전 계통을 서로 연결하는 장치로, 동기 발전기와 동기 전동기를 연결하여 조합한다. 교류 전력을 임의의 주파수에서 다른 주파수로 변환하는 장치이며, 계통의 역률 개선에 도움을 준다.

• 동기속도 $N_s=\frac{120f}{p}[\text{rpm}]$에서 $f\propto p$이므로,

$$f_1:f_2=p_1:p_2,\ f_1\,p_2=f_2\,p_1\qquad\therefore\frac{f_1}{f_2}=\frac{p_1}{p_2}$$

07
정답 ②

정답해설

$$E=V-I_aR_a=110-100\times0.1=100[\text{V}]$$

유도 기전력 $E=\frac{PZ}{a}\phi\frac{N}{60}[\text{V}]$에서,

$$N=\frac{aE\times60}{PZ\phi}=\frac{4\times100\times60}{4\times50\times0.05}=2,400[\text{rpm}]$$

$$E'=V'-I_a'R_a=112-20\times0.1-110[\text{V}]$$

$$N_0=\frac{110}{100}\times2,400=2,640[\text{rpm}]$$

$$\therefore 속도 변동률=\frac{N_0-N}{N}\times100[\%]$$

$$=\frac{2,640-2,400}{2,400}\times100=10[\%]$$

08
정답 ③

정답해설

정류 곡선

• ⓐ곡선(직선 정류): 가장 이상적인 정류이다.

• ⓑ곡선(부족 정류): 정류 말기에 브러시 뒤쪽(후단부)에서 전류가 급격히 변화하므로 단락되는 코일의 인덕턴스에 의하여 큰 전압이 발생하고 불꽃이 발생된다.

- ⓒ곡선(과정류): 정류 초기에 브러시 앞쪽(전단부)에서 전류가 지나치게 급히 변화되어 높은 전압이 발생하고 불꽃이 발생한다.
- ⓓ곡선(사이파 정류, 정현 정류): 전류가 정현파로 표시되는 것으로 양호한 정류 곡선이다(보극이 적당한 경우). 전류가 완만하므로 브러시 전단과 후단의 불꽃 발생은 방지할 수 있다.

09 정답 ③

정답해설

V 결선 시의 출력 $P=\sqrt{3}K$

$K=\dfrac{P}{\sqrt{3}}$이므로

Δ 결선 시의 출력 $3K=3\times\dfrac{P}{\sqrt{3}}=\sqrt{3}P$

10 정답 ④

정답해설

부하 용량 $=\dfrac{V_h}{V_h-V_l}\times$ 자기 용량

$=\dfrac{3,300}{3,300-3,000}\times10=110$

역률이 80%이므로

부하 전력 $P=110\times0.8=88[\text{kW}]$

11 정답 ③

정답해설

$\dfrac{1}{m}=\sqrt{\dfrac{P_i}{P_c}}$, $\dfrac{P_i}{P_c}=\left(\dfrac{1}{m}\right)^2$, $\dfrac{P_i}{P_c}=\left(\dfrac{3}{4}\right)^2$

$\therefore \dfrac{P_i}{P_c}=\dfrac{9}{16}$

12 정답 ③

정답해설

슬립 계산식

- 정방향 회전자계에 대한 슬립

$S=\dfrac{n_0-n}{n_0}[\text{pu}]$

- 역방향 회전자계에 대한 슬립

$S=\dfrac{n_0-(-n)}{n_0}=\dfrac{n_0+n}{n_0}[\text{pu}]$

13 정답 ④

정답해설

사이리스터 정류기(SCR)

SCR은 3단자 단방향 사이리스터 종류 중 하나이다. 역으로 오는 것을 저지하는 스위칭 On, Off의 기능과 위상각 제어 가능을 한다.

14 정답 ④

정답해설

변압기 유도기전력 $E=4.44fN\phi_m$

$\phi_m=\dfrac{E}{4.44fN}=\dfrac{666}{4.44\times50\times50}=0.06[\text{Wb}]$

15 정답 ③

정답해설

- 무부하 시험으로 구할 수 있는 것: 철손, 여자 전류, 여자 임피던스, 여자 어드미턴스
- 단락 시험으로 구할 수 있는 것: 임피던스 와트(동손), 전압 변동률, 임피던스 전압, 단락전류

16 정답 ③

정답해설

직류 분권 전동기의 기동 시 계자 저항기(FR)는 최소의 위치 '0'으로 해둔다. 계자저항이 최소로 되어야 계자전류가 증가하고 기동토크가 상승한다(계자전류는 큰 것이 좋다).

17 정답 ②

정답해설

(전파) $E_d=\dfrac{\sqrt{2}V}{\pi}(1+\cos a)$

(반파) $E_d=\dfrac{\sqrt{2}V_1}{2\pi}(1+\cos a)$

18 정답 ①

정답해설

동기속도 $N_S = \dfrac{120f}{P}$[rpm]에서,

주파수 $f = \dfrac{N_S P}{120} = \dfrac{800 \times 6}{120} = 40$[Hz]

19 정답 ①

정답해설

$V_2 = V_1\left(1 + \dfrac{e_2}{e_1}\right) = 440\left(1 + \dfrac{44}{440}\right) = 484$[V]

20 정답 ②

정답해설

자속이 변하면 철심에는 교번 단락 전류가 통과함으로써 와류손이 발생하게 되는데, 이것을 방지하기 위하여 철심을 상호 절연한 규소 강판을 성층하여 사용한다.

21 정답 ④

정답해설

비열은 공기의 약 14배이고 열전도율은 약 6~7배이다.

The 알아보기 수소냉각방식의 장단점

- 장점
  - 공기냉각방식에 비해 풍손이 약 1/10으로 감소된다.
  - 열전도율이 크다(냉각효과가 우수)
  - 코로나손이 작다.
  - 공기냉각방식에 비해 출력이 증가한다.
  - 운전 중의 소음이 작다(밀폐구조).
  - 비열은 공기의 약 14배이고 열전도율은 약 6~7배이다.
- 단점
  - 열전도율이 크기 때문에 냉각수가 다량 필요하다.
  - 수소가스의 순도를 85[%] 이상 유지하여야 한다.
  - 공기와 혼입 시 폭발 우려가 있다.

---

22 정답 ②

정답해설

출력 $P = 40$[kVA] $= \sqrt{3}\, V_{2n} \times I_{2n}$

정격전류 $I_{2n} = \dfrac{40 \times 10^3[\text{VA}]}{\sqrt{3} \times 200} ≒ 115.5$[A]

$\therefore$ 단락전류 $I_{2s} = \dfrac{100}{\%Z} \times I_{2n} = \dfrac{100}{4} \times 115.5 ≒ 2{,}887$[A]

23 정답 ③

정답해설

직류 발전기의 무부하 시 전기자 유기 기전력

$E = V + (R_a + R_b)I_f$

$I_f = \dfrac{V}{R_f} = \dfrac{400}{80} = 5$[A]

$E = V + (R_a + R_b)I_f = 400 + (0.8 + 0.6) \times 5 = 407$[V]

24 정답 ④

정답해설

계자권선 저항

$R_f = \dfrac{V}{I_f} - R = \dfrac{220}{2} - 10 = 100$[Ω]

25 정답 ①

정답해설

동기기에서 회전계자형을 쓰는 이유

- 전기자권선은 고전압에 유리하다(Y결선).
- 절연이 용이하다.
- 전기자권선은 고전압에 결선이 복잡하며 대용량인 경우 전류도 커지고 3상 결선 시 인출선은 4개이다.
- 계자권선에 저압 직류회로로 소요동력이 적다(인출도선 2개).
- 기계적으로 튼튼하다.

제4회 모의고사 정답 및 해설

제1과목: 국어

01	02	03	04	05	06	07	08	09	10
②	④	②	③	④	①	①	②	③	④

11	12	13	14	15	16	17	18	19	20
②	④	②	③	③	③	②	③	④	①

21	22	23	24	25					
③	②	④	②	①					

01　　　　　정답 ②

정답해설

집에서 손님을 보낼 때 하는 인사말은 '안녕히 가십시오.'인데, 특별한 경우 손윗사람에게는 '살펴 가십시오.'도 가능하다. 간혹 '안녕히 돌아가십시오.'라고 쓰는 경우가 있는데 '돌아가다'라는 말이 '죽는다'는 의미나 '빙 돌아서 간다'는 뜻을 나타내는 경우가 있어 되도록 쓰지 않는 것이 좋다.

오답해설

① '좋은 아침!'은 외국어를 직역한 말이므로 이에 대한 전통적인 인사말인 '안녕하십니까?'를 쓰는 것이 좋다.
③ 윗사람의 생일을 축하하는 말로는 '내내 건강하시기 바랍니다.'나 '더욱 강녕하시기 바랍니다.'가 적절하다. 이 밖에 '건강하십시오.'는 바람직하지 않다. '건강하다'는 형용사이므로 명령문을 만들 수 없을뿐더러 어른에게 하는 인사말로 명령형의 문장은 될 수 있으면 피해야 하기 때문이다.
④ 손님이 들어오면 우선 인사를 하고 나서 무엇을 도와 드릴지 여쭈어보는 것이 적절하다.

02　　　　　정답 ④

정답해설

'식이요법이 알코올 중독에 이르게 한다.'는 연쇄반응은 서로 인과관계가 없으므로 ④는 '잘못된 인과관계의 오류'를 범하고 있다.

오답해설

①·②·③ '미끄러운 경사면의 오류'를 범하고 있다. 미끄러운 경사면의 오류란 미끄럼틀을 한 번 타기 시작하면 끝까지 미끄러져 내려갈 수밖에 없듯이 연쇄반응이 이어지면서 잘못된 결론에 도달하게 되는 오류를 뜻한다. 그런데 그 연쇄반응 사이에는 서로 인과성이 있어서 처음의 시작과 결론만 보면 논리적으로 말이 되지 않지만 이어지는 연쇄반응끼리는 서로 관련된다.

> **The 알아보기　미끄러운 경사면의 오류(Fallacy of slippery slope)**
>
> 일명 '도미노의 오류'로, 미끄럼틀을 한 번 타기 시작하면 끝까지 미끄러져 내려간다는 점에서 '연쇄반응 효과의 오류'라고 할 수 있다.
>
> 예 인터넷 실명제를 시행해서는 안 된다. 인터넷 실명제를 시행하게 되면 개인은 자신의 사적인 면을 인터넷에 노출하기를 꺼리게 될 것이고, 인터넷을 통해 자유롭게 개성을 표현하는 일이 극도로 줄어들게 될 것이다. 그렇게 되면 머지않아 우리나라 문화 예술계는 창의성과 상상력을 잃게 될 것이다.

03　　　　　정답 ②

정답해설

㉠ 의존 명사 '때'는 앞말(관형어) '알아볼'과 띄어 써야 하며, 조사 '까지'는 앞말과 붙여 써야 한다.
㉢ 단위성 의존 명사 '채'는 수 관형사 '한'과 띄어 써야 한다.

오답해설

㉡ 관형어 다음의 '만큼'은 의존 명사이므로 띄어 써야 하지만, 체언 다음의 '만큼'은 조사이므로 붙여 쓴다.
㉣ 체언 다음의 '입니다'는 서술격 조사이므로 반드시 붙여 써야 한다.

04 정답 ③

정답해설
'멀찌가니'는 사이가 꽤 떨어지게라는 의미로, '멀찌가니'의 복수 표준어는 '멀찌감찌'가 아닌 '멀찌감치'이다.

05 정답 ④

정답해설
④는 서술어가 '피었다' 하나만 나타나고 있다. 이와 같이 홑문장은 서술어가 한 번만 나타나야 한다.

오답해설
① 겹문장(명사절을 안은문장)
② 겹문장(명사절을 안은문장)
③ 겹문장(대등하게 이어진 문장)

06 정답 ①

정답해설
①은 다의 관계, ②·③·④는 동음이의 관계이다.
① • 가다⁵: 금, 줄, 주름살, 흠집 따위가 생기다.
  • 가다¹: 지금 있는 곳에서 어떠한 목적을 가지고 다른 곳으로 옮기다.

오답해설
② • 철: 규칙적으로 되풀이되는 자연 현상에 따라서 일 년을 구분한 것
  • 철: 사리를 분별할 수 있는 힘
③ • 타다: 불씨나 높은 열로 불이 붙어 번지거나 불꽃이 일어나다.
  • 타다: 도로, 줄, 산, 나무, 바위 따위를 밟고 오르거나 그것을 따라 지나가다.
④ • 묻다: 물건을 흙이나 다른 물건 속에 넣어 보이지 않게 쌓아 덮다.
  • 묻다: 가루, 풀, 물 따위가 그보다 큰 다른 물체에 들러붙거나 흔적이 남게 되다.

07 정답 ①

정답해설
(가)는 시간의 흐름에 따라 어휘의 의미가 변화하는 양상을 보여주므로 '언어의 역사성'과 관련이 있다. 언어의 규칙성이란 언어를 사용하기 위해서는 여러 가지 규칙(문법, 규범)이 필요함을 의미한다.

오답해설
② (나)는 사회적 약속을 어기고 대상을 마음대로 다른 기호로 표현하면 사회 구성원들 간에 의사소통이 되지 않는다는 것이므로 '언어의 사회성'의 예로 볼 수 있다.
③ (다)는 문장의 구조에 대한 이해를 바탕으로 한정된 어휘로 서로 다른 문장을 생성하는 예이므로 '언어의 창조성'과 관련이 있다.
④ (라)는 언어에 따라 같은 의미에 대한 기호가 자의적으로 결합되는 사례로 '언어의 자의성'에 해당된다.

08 정답 ②

정답해설
㉠ • 주체 높임 표현: 아버지께서(조사), '-시-'(높임 선어말 어미)
  • 객체 높임 표현: 모시고(객체를 높이는 특수 어휘)
㉡ • 상대 높임 표현: 하셨습니다('하십시오체'의 종결 어미)
  • 주체 높임 표현: 어머니께서(조사), '-시-'(높임 선어말 어미)
  • 객체 높임 표현: 아주머니께(조사), 드리다(객체를 높이는 특수 어휘)
㉢ • 상대 높임 표현: 바랍니다('하십시오체'의 종결 어미)
  • 주체 높임 표현: 주민 여러분께서는(조사), '-시-'(높임 선어말 어미)

09 정답 ③

정답해설
㉠ 비전(○): 'vision'은 '비젼'이 아닌, '비전'이 옳은 표기이다.
㉡ 카디건(○): 'cardigan'은 '가디건'이 아닌, '카디건'이 옳은 표기이다.
㉣ 옐로(○): 'yellow'는 '옐로우'가 아닌, '옐로'가 옳은 표기이다.

오답해설
㉢ 콘테이너(×) → 컨테이너(○): 'container'는 '컨테이너'로 표기한다.
㉤ 롭스터(×) → 랍스터/로브스터(○): 'lobster'는 '로브스터'로 표기하며, 2015년 12월 개정에 따라 '랍스터'도 복수 표기로 인정되었다.

10
정답 ④

정답해설

비나리: 남의 환심을 사려고 아첨하는 것을 의미하는 말이다.

11
정답 ②

정답해설

홑이불: [홑니불]('ㄴ' 첨가) → [혼니불](음절의 끝소리 규칙) → [혼니불](자음 동화 – 비음화)

12
정답 ④

정답해설

제시된 작품에서 '나'는 '그'의 연주에 대해 '규칙 없고 되지 않은 한낱 소음', 야성·힘·귀기를 느낄 수 없는 '감정의 재' 등으로 표현하였다. 반면 이와 대비되는 나의 연주는 '빈곤, 주림, 야성적 힘, 기괴한 감금당한 감정'으로 표현하였다. 따라서 '나의 연주'와 대비되어 '감정의 재'로 묘사된 그의 연주를 가장 잘 표현한 것은 ④ '기괴한 감정이 느껴지지 않는 연주'이다.

오답해설

① '기교'와 관련된 내용은 본문에 드러나 있지 않다.
② 그의 연주가 '규칙 없고 되지 않은 소음에 지나지 못하였습니다.'라고 하였으나, 이것은 악보와 일치하지 않은 연주이기 때문이 아니라 감정이 느껴지지 않기 때문이다.
③ 연주를 이해할 수 없다는 내용은 드러나 있지 않다.

13
정답 ④

정답해설

제시문은 동물들이 자연적으로 치유하는 방법에 대해 선천적으로 알고 있는 예를 열거하고 있다.

14
정답 ③

정답해설

ⓒ은 '올벼논과 텃밭이 여드레 동안 갈 만한 큰 땅(조선 팔도)이 되었도다.'로 해석할 수 있다. 이는 조선의 땅이 기름지고 넓어짐을 비유한 말이지 '외침으로 인해 피폐해진 현실'을 의미하는 것이 아니다.

오답해설

① ㉠은 '한 어버이(태조 이성계를 비유)가 살림을 시작하였을 때'로 해석할 수 있다. 이는 태조 이성계가 조선 왕조를 창업한 사실과 관련지을 수 있다.
② ㉡은 '풀을 베고 터를 닦아 큰 집(조선 건국)을 지어 내고'로 해석할 수 있다. 이는 나라의 기초를 닦은 조선 왕조의 모습과 관련지을 수 있다.
④ ㉢은 '마음을 다투는 듯 우두머리를 시기하는 듯'으로 해석할 수 있다. 이는 신하들이 서로 다투고 시기하는 상황과 관련지을 수 있다.

15   정답 ③

정답해설

ⓒ 학교 마당에들 모여 소주에 오징어를 찢다: 막막한 농촌의 현실에 가슴 답답해하며 학교 마당에 모여 소주를 마시며 울분을 토하는 모습일 뿐, 어려움을 극복한 농민들의 흥겨움과는 아무 관련이 없다.

오답해설

① ㉠ '못난 놈들'은 서글픔이 깔린 친근감과 동료애를 느끼게 하는 표현이고, '서로 얼굴만 봐도 흥겹다'는 시적 화자의 농민에 대한 진한 애정과 비극적 인식으로 '농민들이 서로에게 느끼는 유대감'을 보여 주고 있다.

② ㉡ 농민들의 여러 가지 어려움을 제유적으로 표현하고 있다.

④ ㉢ 현실의 울적한 이야기를 들으면 그들은 자포자기하고 싶기도 하지만 파장 무렵의 장에서 이것저것 집안에 필요한 것들을 산 후 무거운 발걸음으로 다시 집으로 향할 수밖에 없는 농촌 현실의 불구성을 시적으로 형상화한 부분이다. '절뚝이는 파장'은 실제로 술에 취해 비틀거리는 걸음걸이를 나타내면서, 삶의 무게와 어려움에 절뚝이는 모습을 동시에 담은 중의적 표현으로도 볼 수 있다.

16   정답 ③

정답해설

근거(3문단): "움직도르래를 이용하여 물체를 들어 올리면 줄의 길이는 물체가 움직여야 하는 높이의 두 배가 필요하게 된다."와 ③의 '움직도르래로 물체를 들어 올릴 수 있는 높이는 줄의 길이에 영향을 받는다.'는 내용이 일치함을 알 수 있다.

오답해설

① 근거(2문단): "고정도르래를 사용할 때는 줄의 한쪽에 물체를 걸고 다른 쪽 줄을 잡아 당겨 물체를 원하는 높이까지 움직인다."와 ①의 '고정도르래는 도르래 축에 물체를 직접 매달아 사용한다.'는 내용이 일치하지 않는다.

② 근거: 1문단에서 "그렇다면 두 도르래의 차이는 어떤 것이 있을까?"하고 물음을 제시한 다음 2문단과 3문단은 각각 고정도르래와 움직도르래의 '원리와 특징'의 차이점만

을 제시하고 있을 뿐 ②의 '움직도르래와 고정도르래를 함
께 사용해야 물체의 무게가 분산된다.'라는 내용은 제시문
에 나와 있지 않다.

④ 근거(2문단): "고정도르래는 ~ 직접 들어 올리는 것과 비
교해 힘의 이득은 없으며 단지 고정도르래 때문에 줄을
당기는 힘의 방향만 바뀐다."와 ④의 '고정도르래는 줄을
당기는 힘의 방향과 물체에 작용하는 힘의 방향이 일치한
다.'는 내용이 일치하지 않는다.

17
정답 ②

정답해설

1문단의 "그렇다면 두 도르래의 차이는 어떤 것이 있을까?"
라는 물음에 대해 2문단과 3문단은 각각 고정도르래와 움직
도르래의 차이점을 중심으로 원리와 특징을 설명하고 있다.

오답해설

① 고정도르래와 움직도르래의 원리와 특징의 차이점을 설명
하여 개념 이해를 돕고 있을 뿐 구체적 사례(예시)는 사용
되지 않았다.

③ 고정도르래와 움직도르래의 인과 관계에 초점을 맞춘 설
명은 찾아볼 수 없다.

④ 특정 기술이 발달한 과정의 순서는 찾아볼 수 없다.

18
정답 ③

정답해설

• (다)에서 '제임스 러브록'이라는 인물에 대해 처음 소개하
고 있으므로 (다)가 가장 첫 번째 순서임을 알 수 있다.

• (다)의 마지막 문장에서 제임스 러브록이 말한 '사이보그'
를 (가)가 이어 받아 제임스 러브록이 말하는 '사이보그'의
의미를 설명하고 있다.

• (나)에서 제임스 러브록의 말을 인용하며 사이보그에 대한
설명을 구체화하고 있다.

• 이를 바탕으로 마지막으로 (라)에서 지구 멸망 시 사이보그
의 행동을 예측하며 글을 마무리하고 있다.

따라서 ③ '(다) - (가) - (나) - (라)'의 순서가 적절하다.

19
정답 ④

정답해설

④는 예의가 없는 후배들에 대하여 말하고 있으므로 '젊은 후
학들을 두려워할 만하다는 뜻으로, 후진들이 선배들보다 젊
고 기력이 좋아, 학문을 닦음에 따라 큰 인물이 될 수 있으므
로 가히 두렵다는 말'인 後生可畏(후생가외)보다는 '눈 아래
에 사람이 없다는 뜻으로, 방자하고 교만하여 다른 사람을
업신여김을 이르는 말'인 眼下無人(안하무인)을 쓰는 것이 문
맥상 적절하다.

• 後生可畏: 뒤 후, 날 생, 옳을 가, 두려워할 외
• 眼下無人: 눈 안, 아래 하, 없을 무, 사람 인

오답해설

① 口蜜腹劍(구밀복검): 입에는 꿀이 있고 배 속에는 칼이 있
다는 뜻으로, 말로는 친한 듯하나 속으로는 해칠 생각이
있음을 이르는 말

 • 口蜜腹劍: 입 구, 꿀 밀, 배 복, 칼 검

② 一敗塗地(일패도지): 싸움에 한 번 패하여 간과 뇌가 땅바
닥에 으깨어진다는 뜻으로, 여지없이 패하여 다시 일어날
수 없게 되는 지경에 이름을 이르는 말

 • 一敗塗地: 하나 일, 패할 패, 진흙 도, 땅 지

③ 首鼠兩端(수서양단): 구멍에서 머리를 내밀고 나갈까 말
까 망설이는 쥐라는 뜻으로, 머뭇거리며 진퇴나 거취를
정하지 못하는 상태를 이르는 말

 • 首鼠兩端: 머리 수, 쥐 서, 두 양, 바를 단

20

정답 ①

정답해설

「베틀 노래」는 베 짜기의 고달픔을 덜어 주면서도 가족들에 대한 애정을 드러내고 있는 강원도 통천 지방의 구전 민요이자 노동요이다. 노동 현실에 대한 한과 비판은 나타나지 않는다.

오답해설

② • 대구법: 기심 매러 갈 적에는 갈뽕을 따 가지고 / 기심 매고 올 적에는 올뽕을 따 가지고
   • 직유법: 배꽃같이 바래워서 참외같이 올 짓고 / 외씨같은 보선 지어 오빠님께 드리고

③ 4 · 4조, 4음보의 민요적 운율과 '갈뽕', '올뽕'의 언어유희로 리듬감을 형성하고 있다.

④ '강릉 가서 날아다가 서울 가서 매어다가 / 하늘에다 베틀 놓고 구름 속에 이매 걸어'의 과장된 표현으로 화자의 상상력을 드러내고 있다.

The 알아보기 「베틀 노래」

• 갈래: 민요, 노동요
• 제재: 베 짜기
• 특징
  – 4 · 4조, 4음보의 운율을 가짐
  – 대구법, 직유법, 반복법, 언어유희, 과장법 등 다양한 표현 기법을 사용
  – 뽕잎을 따서 옷을 짓기까지의 과정을 추보식으로 전개
• 주제
  – 베 짜는 여인의 흥과 멋
  – 베를 짜는 과정과 가족에 대한 사랑
• 해제
  부녀자들이 베틀에서 베를 짜면서 그 고달픔을 덜기 위해 부른 노동요로 4 · 4조, 4음보의 연속체로 되어 있다. 또한 강원도 통천 지방의 민요로, 그 내용은 뽕을 따서 누에를 치는 것으로부터 시작하여 누에고치에서 실을 뽑아 비단을 짜서 가족들의 옷을 지어 주는 데까지의 전 과정을 서사시적으로 노래하고 있다.

21

정답 ③

정답해설

대화의 맥락을 살펴보면 ⓒ과 ⓒ이 동일한 과자로 지희가 맛있다고 말한 과자이다. ㉠은 서은이가 샀던 과자로 서은이가 맛이 없다고 말한 과자이고, ㉣은 서은이가 아직 안 먹어본 과자이다.

22

정답 ②

정답해설

불경기와 호경기가 반복적으로 순환되는 사업의 경우 안정적으로 경제성을 창출하기 위해 '비관련' 분야의 다각화를 해야 함을 추론할 수 있으므로 ㉠에는 '비관련'이 들어가야 한다. 또한 다각화 전략을 활용하면 경기가 불안정할 때에도 자금 순환의 안정성을 확보할 수 있으므로 ㉡에는 '확보'가 들어가야 한다.

23

정답 ④

정답해설

4문단의 '새로운 인력을 채용하여 교육시키는 데 많은 시간과 비용이 들어감을 고려하면, 다각화된 기업은 신규 기업에 비해 훨씬 우월한 위치에서 경쟁할 수 있다.'를 통해 신규 기업은 새로운 인력을 채용하고 교육하는 것에 부담이 있음을 확인할 수 있으므로 ④가 적절하다.

오답해설

① 4문단의 '또한 다각화된 기업은 기업 내부 시장을 활용함으로써 새로운 가치를 창출할 수 있다. 여러 사업부에서 나오는 자금을 통합하여 활용할 수 있는 내부 자본시장을 갖추었을 뿐 아니라'를 통해 다각화된 기업은 여러 사업부에서 나오는 자금을 통합하여 활용할 수 있음을 확인할 수 있으므로 이는 적절하지 않다.

② 3문단의 '범위의 경제성이란 하나의 기업이 동시에 복수의 사업 활동을 하는 것이, 복수의 기업이 단일의 사업 활동을 하는 것보다 총비용이 적고 효율적이라는 이론이다.'를 통해 한 기업이 제품A, 제품B를 모두 생산하는 것이 서로 다른 두 기업이 각각 제품A, 제품B를 생산하는 것보다 효과적임을 확인할 수 있으므로 이는 적절하지 않다.

③ 2문단의 '리처드 러멜트는 미국의 다각화 기업을 구분하며, 관련 사업에서 70% 이상의 매출을 올리는 기업을 관련 다각화 기업, 70% 미만의 매출을 올리는 기업을 비관

런 다각화 기업으로 명명했다.'를 통해 리처드 러멜트에 의하면 관련 사업에서 70% 이상의 매출을 올리는 기업이 관련 다각화 기업임을 확인할 수 있으므로 이는 적절하지 않다.

24
정답 ②

정답해설

㉠에 들어갈 단어를 유추하기 위해서는 ㉠이 포함된 단락의 핵심 내용인 '포드사의 자동차 결함 수리에 대한 비용편익분석' 내용을 파악해야 한다. 차의 결함으로 배상해야 할 금액과 차의 결함을 수리하는 데 드는 비용을 따져서 이 비용 중에서 '편익'이 있는 쪽을 선택하는 것이다. 따라서 ㉠에 들어갈 어구로 가장 적절한 것은 ② '수리의 편익'이다.

25
정답 ①

정답해설

제시된 글은 '비용편익분석'에 대한 개념을 '필립 모리스 담배 문제'와 '포드사의 자동차 결함' 등 구체적 사례를 들어 설명하고, 문제점을 제기하는 방식으로 논지를 전개하고 있다.

오답해설

② 비교와 대조의 방식은 본문에서 파악할 수 없다.

③ 공리주의의 효용을 바탕으로 글이 전개되고 있지만, '공리주의'가 설득력을 높이는 근거로 이용되고 있지는 않다.

④ 문제점은 제시되었지만, 그에 대한 대안 및 대안의 타당성은 파악할 수 없다.

제2과목: 전기공학

01	02	03	04	05	06	07	08	09	10
①	③	④	③	②	①	③	②	③	②
11	12	13	14	15	16	17	18	19	20
①	④	④	②	③	③	④	②	①	①
21	22	23	24	25					
③	③	②	②	①					

01
정답 ①

정답해설

$(+)$ 전하가 받는 힘의 방향, 즉 전기장의 방향은 전기장 쪽으로 향하는 전기력선의 접선 방향이다.

02
정답 ③

정답해설

$F = BIl\sin\theta = 1 \times 3 \times 2 \times \sin 90° = 6[N]$

03
정답 ④

정답해설

$H = I^2 Rt[J] = 10^2 \times 5 \times 1 \times 60 = 30,000[J]$

04
정답 ③

정답해설

$$P = V \cdot I = I^2 \cdot R = \frac{V^2}{R}[W]$$

$$\therefore R = \frac{V^2}{P} = \frac{(100)^2}{200} = 50[\Omega]$$

05
정답 ②

정답해설

- 합성 저항 $R = R_1 + R_2 = 10 + 40 = 50[\Omega]$
- 실횻값 $I = \dfrac{V}{R} = \dfrac{100}{50} = 2[A]$
- 각속도 $\omega = 2\pi f = 2 \times 3.14 \times 60 = 377$
- $\therefore$ 순시 전류값 $I = 2\sqrt{2}\sin 377t[A]$

06
정답 ①

환상코일에서의 인덕턴스

$L = \dfrac{N^2}{R} = \dfrac{\mu S N^2}{l}$[H]에 따라 인덕턴스는 권수비의 제곱에 비례하고, 단면적에 비례하며, 길이에 반비례한다.

따라서 권수를 2배 하면 인덕턴스는 4배가 된다. 이때 인덕턴스를 일정하게 유지하려면 단면적을 $\dfrac{1}{4}$로 해야 한다.

07
정답 ③

정답해설

$$v = -N\frac{\Delta\Phi}{\Delta t} = -100 \times \frac{2}{10 \times 10^{-3}} = -20,000[\text{V}]$$

08
정답 ②

정답해설

$$V_0 = \frac{1}{3}(V_a + V_b + V_c) = \frac{1}{3}(5 + 4 - j5 + 6 + j5) = 5[\text{V}]$$

09
정답 ③

정답해설

직접 접지(유효접지방식)

- 1선 지락 고장 시 건전상 전압 상승이 거의 없다(대지전압의 1.3배 이하).
- 계통에 대해 절연 레벨을 낮출 수 있다.
- 지락 전류가 크므로 보호계전기 동작이 확실하다.
- 큰 전류를 차단하므로 차단기 등의 수명이 짧다.
- 1선 지락 고장 시 인접 통신선에 대한 유도 장해가 크다.
- 절연 수준을 높여야 한다.
- 과도 안정도가 나쁘다.
- 통신 유도 장해가 최대가 된다.

10
정답 ②

정답해설

전지의 용량은 10[Ah]이며, 6개를 직렬로 접속하면 전압은 높아지지만 전류는 일정하므로 전지의 용량은 같다.

11
정답 ①

정답해설

$F(s) = \dfrac{2}{(s+1)(s+3)} = \dfrac{K_1}{s+1} + \dfrac{K_2}{s+3}$에서

$K_1 = \lim\limits_{s \to -1} \dfrac{2}{s+3} = 1$, $K_2 = \lim\limits_{s \to -3} \dfrac{2}{s+1} = -1$

$\dfrac{K_1}{s+1} + \dfrac{K_2}{s+3} = \dfrac{1}{s+1} - \dfrac{1}{s+3}$에서

$\therefore \mathcal{L}^{-1}\left[\dfrac{1}{s+1} - \dfrac{1}{s+3}\right] = e^{-t} - 3^{-3t}$

12
정답 ④

정답해설

$$F = 9 \times 10^9 \times \frac{Q_1 Q_2}{\varepsilon_s r^2}$$

$$= 9 \times 10^9 \times \frac{10^{-5} \times 10^{-6}}{1 \times 1^2} = 9 \times 10^{-2}[\text{N}]$$

13
정답 ④

정답해설

히스테리시스 곡선의 면적은 히스테리시스 손실에 해당한다. 히스테리시스 곡선의 면적이 클수록 손실은 커지고, 곡선의 면적이 작을수록 손실은 작아진다.

14
정답 ②

정답해설

$R(s) \cdot G(s) = C(s)$

$\therefore G(s) = \dfrac{C(s)}{R(s)} = \dfrac{\frac{1}{s+2}}{1} = \dfrac{1}{s+2}$

15
정답 ③

정답해설

코일의 인덕턴스 $L = \dfrac{N\Phi}{I} = \dfrac{2 \times 10^3 \times 6 \times 10^{-2}}{10} = 12[\text{H}]$

$\therefore T = \dfrac{L}{R} = \dfrac{12}{12} = 1[\text{sec}]$

16
정답 ③

정답해설

$\omega t = \dfrac{\pi}{6}$를 대입하여 순시값을 구하면

$v = \sqrt{2}\,V\sin\dfrac{\pi}{6} = \sqrt{2}\,V \times \dfrac{1}{2} = \dfrac{\sqrt{2}}{2}V\,[\mathrm{V}]$

순시전압이 $100\sqrt{2}\,[\mathrm{V}]$이므로 이를 대입하면

$100\sqrt{2} = \dfrac{\sqrt{2}}{2}V\,[\mathrm{V}]$

$\therefore$ 실효전압 $V = 100\sqrt{2} \times \dfrac{2}{\sqrt{2}} = 200\,[\mathrm{V}]$

17
정답 ④

정답해설

히스테리시스손에 관한 설명으로 히스테리시스손은 최대 자속 밀도의 1.6승에 비례하고 주파수에 비례한다.

18
정답 ②

정답해설

- RC 병렬회로의 위상차(위상각): $\theta = \tan^{-1}\omega CR$
- RC 직렬회로의 위상차(위상각): $\theta = \tan^{-1}\dfrac{1}{\omega CR}$

19
정답 ①

정답해설

양성자는 ($+$) 극성을 띠고, 전자는 ($-$) 극성을 띤다.

20
정답 ①

정답해설

회로의 내부 저항과 부하저항이 동일할 때 최대 전력이 걸린다.

$\therefore$ 최대 전력을 공급받기 위한 부하 저항 $R_L = R_0 = \dfrac{r}{M}\,[\Omega]$

21
정답 ③

정답해설

$RC = 30 \times 10^3 \times 3 \times 10^{-6} = 9 \times 10^{-2}\,[\mathrm{sec}]$

22
정답 ③

정답해설

$\dfrac{I}{2\pi a} = \dfrac{1.5I}{2\pi b}$

$\therefore \dfrac{a}{b} = \dfrac{1}{1.5} = \dfrac{2}{3}$

23
정답 ②

정답해설

$LI = N\phi$에서 $L = \dfrac{N\phi}{I}$이므로

자계 에너지$[\mathrm{J}] = \dfrac{1}{2}LI^2 = \dfrac{1}{2}\left(\dfrac{N\phi}{I}\right)I^2 = \dfrac{1}{2}N\phi I$

24
정답 ②

정답해설

4단자(π형 회로 A, B, C, D 정수)

A	B	C	D
$1 + \dfrac{Z_3}{Z_2}$	Z_3	$\dfrac{Z_1 + Z_2 + Z_3}{Z_1 Z_2}$	$1 + \dfrac{Z_3}{Z_1}$

25
정답 ①

정답해설

$e = N\dfrac{d\Phi}{dt} = -L\dfrac{dI}{dt}$에서 $I = \dfrac{N\Phi}{L}$

원형코일 자계의 세기 $H_N = \dfrac{NI}{2a} = \dfrac{N^2\Phi}{2aL}$에서 $H_N \propto N^2$이므로

$\therefore \dfrac{H_M}{H_N} = \left(\dfrac{M}{N}\right)^2$

01	02	03	04	05	06	07	08	09	10
④	②	④	④	④	①	②	③	①	②
11	12	13	14	15	16	17	18	19	20
④	③	②	③	③	②	①	①	②	②
21	22	23	24	25					
④	③	③	③	④					

01
정답 ④

정답해설

$$AT_d = \frac{I_aZ}{2ap} \times \frac{2\alpha}{\pi} = \frac{200 \times 500}{2 \times 2 \times 4} \times \frac{2 \times 20}{180} \fallingdotseq 1,388[\text{AT}]$$

> **The 알아보기**
> - 감자 기자력 $= \frac{I_aZ}{2ap} \cdot \frac{2\alpha}{\pi}$
> - 교차 기자력 $= \frac{I_aZ}{2ap} \cdot \frac{\beta}{\pi}$

02
정답 ②

정답해설

1차 측 권선 수 : 2차 측 권선 수 $= 200 : 800 \rightarrow$ 전압비 $= \frac{1}{4}$

따라서 2차 측 권선은 $800[\text{V}]$

부하에 소비되는 전력

$P = VI\cos\theta = 800 \times 2 \times 0.4 = 640[\text{W}]$

03
정답 ④

정답해설

브러시리스 전동기는 영구자석 계자를 회전기로, 전기자권선을 고정자로 한다.

04
정답 ④

정답해설

$$\eta = \frac{출력}{출력 + 손실} \times 100 = 80$$

$$\frac{10}{10 + 손실} \times 100 = 80$$

$\therefore$ 손실 $= 2.5[\text{kW}]$

05
정답 ④

정답해설

$$I_c = \frac{E_c}{2Z_s} = \frac{300}{2 \times 3} = 50[\text{A}]$$

06
정답 ①

정답해설

무부하손(고정손): 부하가 변하여도 바뀌지 않는 고정손실
- 철손: 히스테리시스손, 와류손
- 기계손: 풍손, 베어링 마찰손, 브러시 마찰손

> **The 알아보기**
> 부하손(가변손): 부하가 변할 때 같이 바뀌는 변하는 손실
> - 동손: 전기자 저항손, 계자 저항손, 브러시손
> - 표류부하손: 전기자 반작용, 누설자속

07
정답 ②

정답해설

직류 전동기의 역기전력

$E = V - I_ar_a = 130 - 5 \times 1 = 125[\text{V}]$

> **The 알아보기 직류 전동기의 역기전력 공식**
> - 타여자 전동기
> $E = E - I_aR_a[\text{V}]\ (I_a = I)$
> - 분권 전동기
> $E = V - I_aR_a[\text{V}]\ (I_a = I - I_f)$
> - 직권 전동기
> $E = V - I_aR_a[\text{V}]\ (I_a = I - I_s)$

08

정답해설

단중 중권의 병렬회로 수는 극수와 같지만, 단중 파권의 병렬 회로 수는 극수와 관련 없이 항상 2개이다.

09
정답 ①

정답해설

동기 전동기의 단점에 해당한다. 동기 전동기는 직류 여자기가 필요하며, 기동 토크가 작다.

> **The 알아보기** 동기 전동(조상)기
> - 전력 계통의 전압 및 역률을 조절하는 설비로 정속도 전동기이며, 속도 조정이 불가능하다.
> - 효율 및 역률이 가장 좋다.
> - 진상, 지상 전류를 연속해서 공급할 수 있다.
> - 기동이 어렵고, 구조가 복잡하다.
> - 최대 출력 부하각(δ)는 45°이다.

10
정답 ②

정답해설

1차 전력 $= 10,000(0.8+j0.6)-j6,000 = 8,000[\text{kVA}]$

1차 전류 $= \dfrac{8,000}{100} = 80[\text{A}]$

11
정답 ④

정답해설

$\dfrac{\text{자기 용량}}{\text{부하 용량}} = \dfrac{V_h - V_l}{V_h}$

$\therefore$ 자기 용량 $=$ 부하 용량 $\times \dfrac{V_h - V_l}{V_h}$

$\qquad = 6 \times \dfrac{120-100}{120} = 1[\text{kVA}]$

12
정답 ③

정답해설

원동기의 입력 $= \dfrac{\text{동기발전기의 입력}}{\text{효율}}$

동기발전기의 입력 $= \dfrac{\text{용량}\times\text{역률}}{\text{효율}} = \dfrac{200\times0.85}{0.5} = 340[\text{kW}]$

$\therefore$ 원동기의 입력 $= \dfrac{340}{0.85} = 400[\text{kW}]$

13
정답 ②

정답해설

전압제어
- 광범위한 속도 제어가 가능하다.
- 정토크 제어이다.
- SCR과 조합하여 사용하는 방식이다.

14
정답 ③

정답해설

$\%Z = \dfrac{\text{임피던스}}{\text{정격 임피던스}} \times 100 = \dfrac{PZ}{10V^2}$

15
정답 ③

정답해설

$s' = s \times \left(\dfrac{V}{V'}\right)^2 = 0.16 \times \left(\dfrac{220}{200}\right)^2 \times 100 \approx 19.3[\%]$

16
정답 ②

정답해설

$\tau = 0.975 \times \dfrac{P}{N_s}$

$N_s = \dfrac{120f}{p} = \dfrac{120\times60}{4} = 1,800$

$\eta = 0.9$일 때 토크를 τ'라 하면

$\therefore \tau' = 0.975 \times \dfrac{100\times10^3}{1,800} \times 0.9 = 48.75[\text{kg}\cdot\text{m}]$

17 정답 ①

정답해설

Δ 결선의 $I = \dfrac{\sqrt{3}V}{Z}$, Y 결선의 $I = \dfrac{V}{\sqrt{3}Z}$

$\dfrac{\text{Y 결선의 } I}{\Delta \text{ 결선의 } I} = \dfrac{\frac{V}{\sqrt{3}Z}}{\frac{\sqrt{3}V}{Z}} = \dfrac{1}{3}$

18 정답 ①

정답해설

$\eta_2 = (1-s) \times 100 = (1-0.06) \times 100 = 94[\%]$

19 정답 ②

정답해설

$R = \dfrac{NI}{\phi} = \dfrac{l}{\mu A}[\text{AT/wb}]$ 공식에 따라 일정한 기자력에 대해 자속이 감소하면 자기저항은 증가한다.

20 정답 ②

정답해설

$I_l = \sqrt{3}I_p$, $V_l = V_p$(고전압)이어서 절연의 문제가 발생한다.

오답해설

① 비접지 방식으로, 이상전압 및 지락사고 시 보호가 곤란하다.

③ 1대가 고장이 발생하더라도 V결선으로 급전이 가능하다. 또한 지속운전 및 증설이 쉽다.

④ 변압기 외부에 제3고조파에 의한 순환전류가 발생하지 않아 통신 장애가 발생하지 않는다.

21 정답 ④

정답해설

단상 전파 정류회로는 반파 정류회로 2개를 병렬로 접속시킨 것으로, 브리지 회로가 있다.

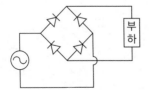

22 정답 ③

정답해설

$\dfrac{1}{m} = \sqrt{\dfrac{P_i}{P_c}}$, $\dfrac{P_i}{P_c} = \left(\dfrac{1}{m}\right)^2$

$\dfrac{P_i}{P_c} = 0.8^2$, $\dfrac{P_i}{P_c} = \left(\dfrac{4}{5}\right)^2$, $\dfrac{P_i}{P_c} = \dfrac{16}{25}$

구하는 값이 역수이므로, $\therefore \dfrac{P_c}{P_i} = \dfrac{25}{16}$

23 정답 ③

정답해설

동기 발전기의 회전자 주변 속도

$v \geq \pi D \dfrac{N_s}{60}[\text{rpm}] = \pi D n_s[\text{rps}]$에서

회전자의 최대 직경 $D \leq \dfrac{v}{\pi n}$

$D \leq \dfrac{200}{\pi \times 30}$ $\therefore D \leq 2.1[\text{m}]$

24 정답 ③

정답해설

- 3상 유도전동기는 2차 저항의 크기를 변화시키면 최대토크 T_m은 항상 일정하나, 슬립점이 2차 회로의 저항에 비례하여 이동한다.
- 단상유도전동기는 2차 저항의 크기를 변화시키면, 최대토크를 발생하는 슬립점뿐만 아니라 최대토크의 크기도 변한다.

25 정답 ④

정답해설

- 2차 입력의 값

$P_0 = (1-s)P_2$

$\therefore P_2 = \dfrac{10}{1-0.05} = 10.526[\text{kW}]$

- 2차 동손

$P_c = sP_2 = 0.05 \times 10.526 = 0.5263[\text{kW}]$

제5회 모의고사 정답 및 해설

01	02	03	04	05	06	07	08	09	10
①	①	④	③	④	③	④	②	①	②
11	12	13	14	15	16	17	18	19	20
④	②	④	②	④	②	④	③	②	①
21	22	23	24	25					
①	①	③	③	②					

01
정답 ①

정답해설

'노기(怒氣)'의 '노(怒)'는 본음이 '성낼 노'이다. 두음 법칙은 첫 음에 한자음 '니, 녀, 뇨, 뉴' 등이 오지 못하는 것이므로 노기(怒氣)와는 상관없다. 참고로, '희로애락(喜怒哀樂)'의 '로'는 음을 부드럽게 발음하기 위해 변한 '활음조(滑音調)'일 뿐이다.

오답해설

② 論: 말할 론(논)

③ 泥: 진흙 니(이)

④ 略: 간략할 략(약)

02
정답 ①

정답해설

'동격 관형절'은 안긴문장 그 자체가 뒤에 오는 체언과 동일한 의미를 갖는 것으로 안긴문장 내 성분의 생략이 불가능하다. '관계 관형절'은 안긴문장 안에서 쓰인 주어, 목적어, 부사어와 같은 문장 성분 중 하나와 안긴문장 뒤에 와서 수식을 받는 체언이 일치할 때 그 성분을 생략한 관형절을 말한다.

① '급히 학교로 돌아오라는'은 성분의 생략이 없이 체언 '연락'과 같은 의미를 지니는 '동격 관형절'이다. 또한 '긴 관형절'은 항상 '동격 관형절'이라는 것에 주의한다.

오답해설

② '충무공이 (거북선을) 만든'은 목적어가 생략된 관계 관형절이다.

③ '사람이 (그 섬에) 살지 않는'은 부사어가 생략된 관계 관형절이다.

④ '수양버들이 (돌각담에) 서 있는'은 부사어가 생략된 관계 관형절이다.

03
정답 ④

정답해설

'ㆁ(옛이응)'은 아음의 이체자이다. 후음의 기본자는 'ㅇ', 가획자는 'ㆆ, ㅎ'이다.

오답해설

① 아음의 기본자는 'ㄱ', 가획자는 'ㅋ', 이체자는 'ㆁ(옛이응)'이다.

② 설음의 기본자는 'ㄴ', 가획자는 'ㄷ, ㅌ', 이체자는 'ㄹ'이다.

③ 치음의 기본자는 'ㅅ', 가획자는 'ㅈ, ㅊ', 이체자는 'ㅿ'이다.

04
정답 ③

정답해설

'모색(摸索)'은 일이나 사건 따위를 해결할 수 있는 방법이나 실마리를 찾는 것을 의미하므로 적절하게 사용되었다.

• 탐색(探索): 드러나지 않은 사물이나 현상 따위를 찾아내거나 밝히기 위하여 살피어 찾음

05
정답 ④

정답해설

㉣에 쓰인 '풀다'는 '사람을 동원하다.'라는 뜻이다. 따라서 '금지되거나 제한된 것을 할 수 있도록 터놓다.'라는 뜻을 가진 '풀다'의 예문으로 적절하지 않으며, ㉣에 들어갈 수 있는 적절한 예문으로는 '구금을 풀다.'가 있다.

오답해설

① ㉠에 쓰인 '풀다'는 '모르거나 복잡한 문제 따위를 알아내거나 해결하다.'라는 뜻으로, ㉠에 들어가기에 적절한 예문이다.

② ㉡에 쓰인 '풀다'는 '어려운 것을 알기 쉽게 바꾸다.'라는 뜻으로, ㉡에 들어가기에 적절한 예문이다.

③ ㉢에 쓰인 '풀다'는 '긴장된 상태를 부드럽게 하다.'라는 뜻으로, ㉢에 들어가기에 적절한 예문이다.

- 묶이거나 감기거나 얽히거나 합쳐진 것 따위를 그렇지 아니한 상태로 되게 하다.
  예 보따리를 풀다.
- 생각이나 이야기 따위를 말하다.
  예 생각을 풀어 나가다.
- 일어난 감정 따위를 누그러뜨리다.
  예 노여움을 풀다.
- 마음에 맺혀 있는 것을 해결하여 없애거나 품고 있는 것을 이루다.
  예 회포를 풀다.
- 모르거나 복잡한 문제 따위를 알아내거나 해결하다.
  예 궁금증을 풀다.
- 금지되거나 제한된 것을 할 수 있도록 터놓다.
  예 통금을 풀다.
- 가축이나 사람 따위를 우리나 틀에 가두지 아니하다.
  예 미국에서는 원칙적으로 개는 풀어서 기르지 못하게 되어 있다.
- 피로나 독기 따위를 없어지게 하다.
  예 노독을 풀다.
- 사람을 동원하다.
  예 사람을 풀어 수소문을 하다.
- 콧물을 밖으로 나오게 하다.
  예 코를 풀다.

06
정답 ③

정답해설

물건이나 일의 내용을 가리지 아니하는 뜻을 나타내는 조사와 어미는 '(-)든지'로 적고, 지난 일을 나타내는 어미는 '-더라, -던'으로 적는다.

07
정답 ④

오답해설

① 남편의 형은 '아주버님'으로 불러야 한다.
② '말씀이 있겠습니다.' 또는 '말씀이 있으시겠습니다.'로 바꿔 써야 한다.
③ '품절'의 주체는 사물인 '상품'이므로 높여서 말할 수 없다. 따라서 '품절입니다'로 고치는 것이 적절하다.

08
정답 ②

정답해설

ⓒ 나는 젊어 있고 임은 오직 나를 사랑하시니

- 갈래: 가사
- 주제: 연군의 정, 임금을 그리는 마음
- 특징
  - 정철의 「속미인곡」과 더불어 가사 문학의 절정을 이룬 작품
  - 우리말 구사의 극치를 보여준 작품
  - 비유법, 변화법을 비롯하여 연정을 심화시키는 점층적 표현이 사용됨
- 현대어 풀이
  이 몸 만드실 때 임을 좇아서 만드시니, 한평생 인연임을 하늘이 모를 일이던가? 나는 젊어 있고 임은 오직 나를 사랑하시니 이 마음과 이 사랑 견줄 데가 전혀 없다. 평생에 원하건대 (임과) 함께 살아가고자 하였더니, 늙어서야 무슨 일로 외따로 두고 그리워하는가. 엊그제까지는 임을 모시고 광한전에 오르고는 했는데, 그 사이에 어찌하여 속세에 내려오게 되니 떠나올 적에 빗은 머리가 헝클어진 지 삼 년이구나. 연지분 있지만 누구를 위하여 곱게 단장할까? 마음에 맺힌 시름이 겹겹이 쌓여 있어 짓는 것은 한숨이고, 떨어지는 것은 눈물이구나. 인생은 유한한데 근심도 끝이 없다. 무정한 세월은 물 흐르듯 하는구나. 덥고 시원함이 때를 알아 가는 듯 다시 오니, 듣거니 보거니 느낄 일이 많기도 많구나.

09

정답 ①

정답해설

제시된 글에서 우리 대표팀은 더 강도 높은 훈련을 이어가며 경기력 향상에 매진하였다고 하였으므로 이러한 상황에 어울리는 한자성어는 '달리는 말에 채찍질한다는 뜻으로, 잘하는 사람을 더욱 장려함을 이르는 말'을 뜻하는 走馬加鞭(주마가편)이다.

- 走馬加鞭: 달릴 주, 말 마, 더할 가, 채찍 편

오답해설

② 走馬看山(주마간산): 말을 타고 달리며 산천을 구경한다는 뜻으로, 자세히 살피지 아니하고 대충대충 보고 지나감을 이르는 말

- 走馬看山: 달릴 주, 말 마, 볼 간, 뫼 산

③ 切齒腐心(절치부심): 몹시 분하여 이를 갈며 속을 썩임

- 切齒腐心: 끊을 절, 이 치, 썩을 부, 마음 심

④ 見蚊拔劍(견문발검): 모기를 보고 칼을 뺀다는 뜻으로, 사소한 일에 크게 성내어 덤빔을 이르는 말

- 見蚊拔劍: 볼 견, 모기 문, 뺄 발, 칼 검

10

정답 ②

정답해설

파놉티콘이란 교도관이 다수의 죄수를 감시하는 시스템으로, 이는 권력자에 의한 정보 독점 아래 다수가 통제되는 구조이다. 따라서 ⓒ에는 그대로 '다수'가 들어가는 것이 적절하다.

오답해설

① ㉠의 앞부분에서는 교도관은 죄수들을 바라볼 수 있지만, 죄수들은 교도관을 바라볼 수 없는 구조인 파놉티콘에 대해 제시하였다. 따라서 죄수들은 교도관이 실제로 없어도 그 사실을 알 수 없으므로 ㉠을 '없을'로 고치는 것이 적절하다.

③ ㉢의 뒷부분에서는 인터넷에서 권력자에 대한 비판을 신변 노출 없이 자유롭게 표현할 수 있게 되었다고 제시하였다. 이는 인터넷에서는 어떤 행위를 한 사람이 누구인지 드러나지 않는다는 것이므로 ㉢을 '익명성'으로 고치는 것이 적절하다.

④ ㉣의 앞부분에서는 인터넷에서 권력자에 대한 비판을 신변 노출 없이 자유롭게 표현할 수 있게 되었다고 제시하였고, ㉣의 뒷부분에서는 네티즌의 활동으로 권력자들을 감시하는 전환이 일어났다고 제시하였다. 따라서 다수가 자유롭게 정보를 수용하고 생산할 수 있기 때문에 권력자

를 감시하게 된 것이므로 ㉣을 '누구나가'로 고치는 것이 적절하다.

11

정답 ④

정답해설

제시문은 현재의 사건을 진행하면서 '언젠가는', '어저께'와 같이 과거의 사건을 끌어들이고 있다. 이와 같은 사건 구성을 역순행적 구성이라 한다('과거 → 현재'로 시간의 흐름에 따라 사건을 구성하는 방식은 순행적 구성 또는 순차적 구성이라 함).

오답해설

②와 같은 방식을 삽화식 구성이라고 하고, ③과 같은 방식을 액자식 구성이라 한다. 제시문에서는 이러한 구성 방식을 찾아볼 수 없다.

The 알아보기 김유정, 「봄봄」

- 갈래: 단편 소설, 농촌 소설, 순수 소설
- 시점: 1인칭 주인공 시점
- 배경
  - 시간: 1930년대 봄
  - 공간: 강원도 산골의 농촌 마을
- 주제: 교활한 장인과 우직한 데릴사위 간의 갈등
- 해제: 「봄봄」은 혼인을 핑계로 일만 시키는 교활한 장인과 그런 장인에게 반발하면서도 끝내 이용당하는 순박하고 어수룩한 머슴 '나'의 갈등을 재미있게 그려 내고 있다. 일제 강점하의 궁핍한 농촌 생활을 배경으로 하면서도 토속적인 어휘를 사용하여 농촌의 모습을 해학적으로 묘사하고 있으며, 농촌의 문제성을 노출시키면서도 그것을 능동적으로 그리기보다는 웃음으로 치환시켰다.
- 제목의 의미: '봄봄'은 '봄'을 두 번 강조한 제목으로, 봄날 만물이 생장하듯이 '나'와 점순이의 사랑도 성장함을 드러내려는 작가의 의도를 반영하고 있다.

12
정답 ②

정답해설
작품 내적 요소인 사건의 전달 방식에 초점을 맞추어 감상한 것으로 ②는 절대주의적 관점에 해당한다.

오답해설
① 반영론적 관점에 해당한다.
③ 효용론적 관점에 해당한다.
④ 표현론적 관점에 해당한다.

13
정답 ④

정답해설
제시된 작품은 임을 간절하게 기다리는 심정을 원망의 어조로 표현한 사설시조이다. 따라서 '간절히 기다리다'라는 뜻의 ④ '눈이 빠지다'가 화자의 심정으로 적절하다.

오답해설
① '눈이 가다'는 '눈길을 사로잡다'는 뜻의 관용어이다.
② '눈이 맞다'는 '서로 마음이 통하다'는 뜻의 관용어이다.
③ '눈이 뒤집히다'는 '이성을 잃다'는 뜻의 관용어이다.

The 알아보기 작자 미상, 「어이 못 오던다」

- 갈래: 사설시조
- 성격: 과장적, 해학적
- 표현: 열거법, 연쇄법, 과장법
- 제재: 오지 않는 임
- 주제: 임에 대한 원망과 그리움
- 특징
  - 연쇄법을 활용하여 시상을 전개함
  - 기발한 상상력을 통해 해학적 효과를 얻고 있음
- 해제: 자신을 찾아오지 않는 임에 대한 그리움과 원망의 심정을 과장과 해학을 통해 표현하고 있다.
- 현대어 풀이
  어이 못 오는가 무슨 일로 못 오는가.
  너 오는 길 위에 무쇠로 성을 쌓고 성 안에 담을 쌓고 담 안에는 집을 짓고 집 안에는 뒤주 놓고 뒤주 안에 궤를 놓고 궤 안에 너를 결박하여 놓고 쌍배목과 외걸새에 용거북 자물쇠로 깊숙이 잠갔더냐 네 어이 그리 안 오던가.
  한 달이 서른 날이거늘 날 보러 올 하루가 없으랴.

14
정답 ②

정답해설
윤수의 이야기에 대한 민재의 반응인 '나도 그런 적이 있어.'를 보았을 때, 민재는 자신의 경험을 들어 윤수가 스스로 해결점을 찾도록 도와주고 있다. 이는 공감적 듣기의 적극적인 들어주기에 해당한다.

오답해설
① 민재는 윤수의 짝꿍과 연관이 없는 제삼자로, 이야기를 듣는 역할을 수행하고 있다. 따라서 민재가 상대의 입장을 고려해 용서함으로써 갈등을 해결한다는 설명은 적절하지 않다.
③ 민재는 이전에 겪은 자신의 경험을 이야기하여 윤수에게 도움을 주려고 할 뿐, 윤수를 비판하면서 스스로의 장점을 부각하고 있지는 않다.
④ 민재는 '왜? 무슨 일이 있었어?' 등의 말을 하며 윤수의 말을 경청하고 있지만, 윤수의 말에 대한 타당성을 평가하고 있지는 않다.

15
정답 ④

정답해설
(라)에서는 화성을 변화시키는 '테라포밍'의 계획을 구체적으로 설명하고 있을 뿐, 개별적인 사실로부터 일반적인 명제를 이끌어 내는 귀납의 방법을 사용하고 있지는 않다.

오답해설
① (가)에서는 화성의 특성을 설명하고 인간이 살 수 있도록 변화시키는 것을 말하는 '테라포밍'에 대해 제시하고 있다.
② (나)에서는 영화 「레드 플래닛」을 예로 들어 '테라포밍'에 대해 구체적으로 설명하고 있다.
③ (다)에서는 '영화가 아닌 현실에서 화성을 변화시키는 일이 가능할까?'라고 질문을 던지며 '테라포밍'을 현실화할 수 있는 방법을 제시하고 있다.

16 정답 ②

정답해설

(나)에서 '이끼가 번식해 화성 표면을 덮으면 그들이 배출하는 산소가 모여 궁극적으로는 인간이 호흡할 수 있는 대기층이 형성되기 때문이다.'라고 언급한 부분을 통해 '테라포밍' 계획의 핵심이 되는 마지막 작업은 인간이 화성에서 살 수 있도록 공기를 공급하는 대기층을 만들어 주는 일임을 확인할 수 있다.

오답해설

① (라)에서 '극관은 점점 녹게 될 것이다. 그러나 이런 방법을 택하더라도 인간이 직접 호흡하며 돌아다니게 될 때까지는 최소 몇백 년의 시간이 걸릴 것이다.'라고 언급한 부분을 통해 화성의 극관을 녹이는 일은 '테라포밍' 계획의 최종적인 작업이 아님을 확인할 수 있다.

③ (다)에서 '극관에 검은 물질을 덮어 햇빛을 잘 흡수하게 만든 후 온도가 상승하면 극관이 자연스럽게 녹을 수 있도록 하는 방법인 것이다.'라고 언급한 부분을 통해 화성의 온도를 상승시키는 일은 극관을 녹이기 위한 과정임을 확인할 수 있다. 따라서 이 작업은 '테라포밍' 계획이 되는 최종 작업이라 할 수는 없다.

④ (다)에서 '극관에 검은 물질을 덮어 햇빛을 잘 흡수하게 만든 후 온도가 상승하면 극관이 자연스럽게 녹을 수 있도록 하는 방법인 것이다.'라고 언급한 부분을 통해 극관을 검은 물질로 덮는 일은 햇빛을 잘 흡수하게 만들기 위한 과정임을 확인할 수 있다. 따라서 이 작업은 '테라포밍' 계획의 핵심이 되는 최종 작업이라 할 수는 없다.

17 정답 ④

정답해설

제시된 글에는 상대방이 충분히 그 의미를 파악할 수 있다고 판단될 때 간접 발화를 전략적으로 사용함으로써 의사소통을 원활하게 하기도 한다는 내용만 언급되었을 뿐 간접 발화와 직접 발화 중 어느 것이 화자의 의도를 더 잘 전달하는지에 대한 내용은 나와 있지 않다.

18 정답 ③

정답해설

대구에 계신 할아버지와의 대화를 통해 지역 간 사용 어휘의 차이, 어머니와의 대화를 통해 세대 간 사용 어휘의 차이로 인해 생기는 불편함에 대해 서술하고 있긴 하지만, ③ '성별에 따라 사용하는 어휘가 달라지기도 한다.'라는 내용은 〈보기〉에 없다.

오답해설

① "어머니께서는 '문상'이 무엇이냐고 물으셨고 나는 '문화상품권'을 줄여서 사용하는 말이라고 말씀드렸다."라는 부분과 "학교에서 친구들과 이야기할 때 흔히 사용하는 '컴싸'나 '훈남', '생파' 같은 단어들을 부모님과 대화할 때는 설명을 해드려야 해서 불편할 때가 많다."는 내용을 통해 어휘는 세대에 따라 달라지기도 한다는 것을 알 수 있다.

② '할아버지께서 나에게 심부름을 시키셨는데 사투리가 섞여 있어서 잘 알아들을 수가 없었다.'라는 부분을 통해 어휘가 지역에 따라 달라지기도 한다는 것을 알 수 있다.

④ "학교에서 친구들과 이야기할 때 흔히 사용하는 '컴싸'나 '훈남', '생파' 같은 단어들을 부모님과 대화할 때는 설명을 해드려야 해서 불편할 때가 많다."라는 부분을 통해 청소년들이 은어나 유행어를 많이 쓴다는 것을 알 수 있다.

19 정답 ②

정답해설

앞뒤가 대등한 내용이면 문장 구조를 일치시켜 쓰도록 한다. '중국 음식의 모방이나 정통 중국 음식을 본뜨거나 하여'라는 문장을 풀어 보면, '중국 음식의 모방을 본뜨거나, 정통 중국 음식을 본뜨거나'로 되어서 서술어 호응이 이루어지지 않는다. 따라서 ② '중국 음식을 모방하거나, 정통 중국 음식을 본뜨거나 하여'로 바꿔야 한다.

20 정답 ①

정답해설

㉠에는 겉으로는 모순되어 보이나 진리를 내포하는 표현, 즉 역설의 수법이 사용되었다. ①에는 은유적 표현이 쓰였다.

오답해설

② · ③ · ④ 역설법이 나타난다.

- 갈래: 자유시, 서정시
- 성격: 의지적, 상징적
- 제재: 소외된 이웃들의 슬픔
- 주제: 이기적인 삶에 대한 반성 및 더불어 살아가는 삶의 가치 추구
- 특징
  - 상대방에게 말을 건네는 방식으로 시상을 전개함
  - 어미 '–겠다'의 반복을 통해 운율감을 형성하고 화자의 의지적인 자세를 효과적으로 나타냄

21 정답 ①

정답해설

제시된 글에서는 1960년대 이후 중앙아메리카 숲의 25% 이상이 벌채되었다는 것, 1970년대 말에 전체 농토의 2/3가 축산 단지로 점유되었다는 것, 그리고 1987년 이후 멕시코에서 1,497만 3,900ha의 열대 우림이 파괴되었다는 것 등의 통계 수치를 제시하고 있다. 통계 수치를 제시하는 것은 문제 상황의 심각성을 구체적으로 보여주고, 근거의 신뢰성을 높여서 타당성을 높이는 역할을 한다.

22 정답 ①

정답해설

15세기 국어에서 현대 국어로 오는 과정에서 모음들이 연쇄적으로 조음 위치의 변화를 겪는 현상은 발견되지 않았다.

오답해설

② 국어 단모음의 개수가 15세기에는 7개, 19세기 초에는 8개, 현재는 10개이므로, 단모음의 개수가 점차 늘어났다는 설명은 적절하다.
③ 15세기 국어의 단모음이었던 'ㆍ'가 현대 국어로 오면서 소멸되었으므로 모음 중에서 음소 자체가 소멸된 것이 있다는 설명은 적절하다.
④ 15세기 국어의 이중모음이었던 'ㅐ, ㅔ, ㅚ, ㅟ'가 현대 국어로 오면서 단모음으로 변화했으므로 일부 이중모음의 단모음화가 발견된다는 설명은 적절하다.

23 정답 ③

정답해설

㉠ 부엌+일 → [부억닐]: 음절의 끝소리 규칙, 'ㄴ' 첨가 → [부엉닐]: 비음화
㉡ 콧+날 → [콛날]: 음절의 끝소리 규칙 → [콘날]: 비음화
㉢ 앉+고 → [안꼬]: 자음군 단순화, 된소리되기
㉣ 훑+는 → [훌른]: 자음군 단순화, 유음화
③ '앓+고 → [알코]'는 자음 축약(ㅎ+ㄱ → ㅋ)이 일어났지만 ㉢에서는 자음군 단순화와 된소리되기가 나타난다.

오답해설

① '맞+불 → [맏뿔]'에는 음절의 끝소리 규칙과 된소리되기가 나타나므로, 음절 끝에 오는 자음이 제한되는 음운 변동이 일어난다는 설명은 적절하다. ㉠~㉣ 중 음절의 끝소리 규칙이 나타나는 것은 ㉠, ㉡이다.
② '있+니 → [인니]'에는 음절의 끝소리 규칙과 비음화 현상이 나타난다. 인접하는 자음과 조음 방법이 같아지는 음운 변동 현상은 자음 동화 현상으로, 비음화(㉠, ㉡)와 유음화(㉣)가 있다.
④ '몫+도 → [목또]'에는 자음군 단순화와 된소리되기 현상이 나타난다. 음절 끝에 둘 이상의 자음이 오지 못하기 때문에 나타나는 자음군 단순화 현상이 나타나는 것은 ㉢, ㉣이다.

24 정답 ③

정답해설

'넉넉하다'는 크기나 수량 따위가 기준에 차고도 남음이 있다는 뜻이고, '푼푼하다'는 모자람이 없이 넉넉하다는 의미로, 이 두 단어의 의미 관계는 '유의 관계'이다. ③의 '괭이잠'은 깊이 들지 못하고 자주 깨면서 자는 잠을 의미하고, '노루잠'은 깊이 들지 못하고 자꾸 놀라 깨는 잠을 의미하며, 이 두 단어의 의미 관계는 '유의 관계'이다.

오답해설

①·②·④는 '반의 관계'이다.

25

정답해설

②의 '대응'은 '유추의 근거 영역의 요소들과 대상 영역의 요소들을 연결하는 단계'로 '워싱턴'과 '링컨'을 연결하고, 숫자 '1'과 미지항 x를 연결하는 과정이 이에 해당한다고 했으므로 미국의 몇 번째 대통령인지 정보가 없는 사람이라면 정보를 연결하는 과정인 '대응'의 단계까지는 성공하겠지만, 자신이 찾아낸 규칙을 대상 영역에 적용하는 '적용'의 단계에서 미지항 x의 값에 16을 적용할 수가 없어 실패할 것이다.

오답해설

① '추리'는 '앞의 두 항이 어떠한 연관성을 갖는지 규칙을 찾는 과정'이므로 '워싱턴'이 미국의 대통령이 아니라 미국의 도시 이름이라는 정보만 갖고 있는 사람이라면 미국의 초대 대통령인 '워싱턴'과 숫자 '1'로부터 연관성을 찾아낼 수 없으므로 '추리'의 단계에서 실패할 것이라는 이해는 적절하다.

③ '적용'은 '자신이 찾아낸 규칙을 대상 영역에 적용하는 과정'이므로 미국 역대 대통령의 순서에 대한 정보가 있는 사람이라면, '적용' 단계에서 '16'을 선택하겠지만, 조지 워싱턴이 1달러 지폐의 인물이고 아브라함 링컨이 5달러 지폐의 인물이라는 미국의 화폐에 대한 정보만 갖고 있는 사람이라면 '적용'의 단계에서 '5'를 선택할 것이라는 이해는 적절하다.

④ '정당화'는 '비교의 결과 더 적합하다고 생각되는 답을 선택하는 과정'이므로 'x'에 들어갈 수 있는 답으로 '5'와 '16'을 찾아낸 사람이라면, 'x는 순서를 나타낸다'라는 새로운 기준을 제시했을 때 '정당화'의 단계에서 링컨이 미국의 열여섯 번째 대통령임을 생각하여 '16'을 선택할 것이다. 따라서 '정당화' 단계에서 '16'을 선택할 것이라는 이해는 적절하다.

제2과목: 전기공학

01	02	03	04	05	06	07	08	09	10
②	④	②	①	①	②	①	④	④	②
11	12	13	14	15	16	17	18	19	20
②	①	④	①	④	①	③	①	②	③
21	22	23	24	25					
②	③	①	④	④					

01

정답해설

- 전력손실 $P_L = I^2 R_L = \left(\dfrac{V_0}{R_0 + R_L}\right)^2 \times R_L$

$$= \left(\dfrac{V_0}{R_0 + 3R_0}\right)^2 \times 3R_0$$

$$= \left(\dfrac{V_0}{4R_0}\right)^2 \times 3R_0 = \dfrac{3V_0^2}{16R_0}$$

- 최대전력 $P_{\max} = \dfrac{V_0^2}{4R_0}$

$$\therefore \frac{P_L}{P_{\max}} = \frac{\dfrac{3V_0^2}{16R_0}}{\dfrac{V_0^2}{4R_0}} = \frac{12}{16} = 0.75[배]$$

02

정답해설

$$I_0 = \frac{1}{3}(I_a + I_b + I_c) = \frac{1}{3}(20+j5-30-j7-5+j20)$$

$$= -5 + j6[\text{A}]$$

03

정답해설

옴의 법칙에서 $R = \dfrac{V}{I}[\Omega]$이고, $V = 50[\text{V}]$, $I = 2[\text{A}]$이다.

$$\therefore R = \frac{50}{2} = 25[\Omega]$$

제5회 모의고사 정답 및 해설 **57**

04

오답해설

② $Z_0 = \sqrt{\dfrac{Z}{Y}} = \sqrt{\dfrac{R+jwL}{G+jwC}} = \sqrt{\dfrac{L}{C}}$

③ $v = \dfrac{w}{\beta} = \dfrac{w}{w\sqrt{LC}} = \dfrac{1}{\sqrt{LC}}$

④ $\gamma = \sqrt{(R+jwL)(G+jwL)} = \sqrt{jwL \times jwC} = \alpha + j\beta$

05

정답해설

표피 두께(침투 깊이)

$\delta = \dfrac{1}{\sqrt{\pi f k \mu}}$[mm] 공식에 따라 표피효과는 주파수가 높을수록 침투 깊이가 얇아진다.

06

정답해설

$W = \dfrac{1}{2}LI^2 = \dfrac{1}{2} \times 0.1 \times 5^2 = 1.25[\text{J}]$

07

정답해설

전류 $I = \dfrac{E}{R}$이므로, 전류(I)와 저항(R)은 반비례 관계가 성립한다.

스위치(S)를 닫았을 때의 전류(I)가 닫기 전 전류의 2배가 흐른다는 말은 스위치를 닫은 후에 저항이 $\dfrac{1}{2}$로 감소되었다는 말과 같은 의미이다.

• 스위치를 닫기 전의 저항: $R = 6 + 4 = 10[\Omega]$

• 스위치를 닫은 후의 저항: $R_X = \dfrac{10}{2} = 5[\Omega]$

스위치를 닫은 후의 저항 R_X 값은

$5 = \dfrac{6R_X}{6+R_X} + 4$, $1 = \dfrac{6R_X}{6+R_X}$, $6 + R_X = 6R_X$, $5R_X = 6$

$\therefore R_X = \dfrac{6}{5} = 1.2[\Omega]$

08

정답해설

$I = \dfrac{E}{R}$에서 전압의 3배가 되어 흐르는 전류를 1.5배로 하려면 저항값은 2배로 해야 한다.

09

정답해설

$W = Pt = I^2 R t[\text{J}]$에서 $W = 4 \times 2 \times 0.8 = 6.4[\text{kWh}]$

10

정답해설

RL 직렬회로

$V = V_R + jV_L = 100 + j173 = 200\angle60°$: V와 V_R의 위상차

V와 V_L의 위상차 $\theta = 90° - 60° = 30°$

L에 걸리는 전압 $v_L = 173\sqrt{2}\sin(\omega t + 30°)[\text{V}]$

11

정답해설

$e = Blv\sin\theta$에서 $v = \dfrac{e}{Bl\sin\theta} = \dfrac{3.6}{2 \times 0.3} = 6[\text{m/s}]$

12

정답해설

$C_{ac} = C_3 + \dfrac{1}{\dfrac{1}{C_1} + \dfrac{1}{C_2}} = C_3 + \dfrac{C_1 \cdot C_2}{C_1 + C_2}[\text{F}]$

13

오답해설

① $I_a = I_0 + I_1 + I_2$

② $I_c = I_0 + aI_1 + a^2 I_2$

③ $I_0 = \dfrac{1}{3}(I_0 + I_1 + I_2)$

14

정답 ①

정답해설

같은 극성의 전기력선은 서로 반발한다.

> **The 알아보기   전기력선의 성질**
>
> - 전기력선은 서로 교차하지 않는다(서로 만나거나 끊어지지 않는다).
> - 전기력선은 등전위면(표면)과 수직으로 교차한다.
> - 전기력선의 밀도는 그 점에서의 전계(전장)의 세기와 같다.
> - 전기력선은 정전하(+)에서 부전하(−) 쪽으로 흐른다.
> - 전기력선의 방향은 그 점의 전계(전장)의 방향과 같다.
> - 도체의 내부에는 전기력선이 존재하지 않는다.
> - 전기력선의 총 수$=\dfrac{Q}{\varepsilon}$개

15

정답 ④

정답해설

키르히호프의 전류법칙(KCL)에 따라 임의의 점에서 유입되는 전류의 합과 유출되는 전류의 합은 같으므로,

$i_1+i_4=i_2+i_3+i_5$

$\therefore i_2=i_1+i_4-i_3-i_5=12+4-5-3=8[\text{A}]$

16

정답 ①

정답해설

$V_C=E\left(1-e^{-\frac{1}{RC}t}\right)$

$t=0$을 대입하면, $V_C=E\left(1-e^{-\frac{1}{RC}t}\right)=E(1-e^0)=0[\text{V}]$

17

정답 ③

정답해설

전지 9개를 3개씩 직렬 연결하고 다시 3조를 병렬로 연결하였으므로,

$I=\dfrac{V}{R_0}=\dfrac{V}{r+R}=\dfrac{5\times3}{(0.4\times3)\times\dfrac{1}{3}+1.6}=7.5[\text{A}]$

> **The 알아보기   전지의 연결**
>
> 전압 $V[\text{V}]$, 내부저항 $r[\Omega]$인 전지 n개가 있다면,
> - 직렬 연결일 때
>   - 전체 전압$=nV[\text{V}]$
>   - 전체 저항$=nr[\Omega]$
> - 병렬 연결일 때
>   - 전체 전압$=V[\text{V}]$ ($\rightarrow$ 전압의 세기의 변화가 없다)
>   - 전체 저항$=\dfrac{r}{n}[\Omega]$

18

정답 ①

정답해설

$Z=\dfrac{1}{\sqrt{\left(\dfrac{1}{R}\right)^2+\left(\dfrac{1}{\omega L}\right)^2}}=\dfrac{1}{\sqrt{\left(\dfrac{1}{4}\right)^2+\left(\dfrac{1}{3}\right)^2}}$

$=\dfrac{1}{\sqrt{\dfrac{4^2+3^2}{4^2\times3^2}}}=\dfrac{4\times3}{\sqrt{4^2+3^2}}=\dfrac{12}{5}=2.4[\Omega]$

19

정답 ②

정답해설

- 직류일 때 주파수 $f=0$이므로 $s=j\omega=j2\omega f=0$이 되어 임피던스 $Z(s)=30[\Omega]$
- 2단자 단자전압 $V(s)=Z(s)I(s)=30\times3=90[\text{V}]$

20

정답 ③

정답해설

제동의 조건식

과제동: $R^2>4\dfrac{L}{C}$

임계제동: $R^2=4\dfrac{L}{C}$

부족제동: $R^2<4\dfrac{L}{C}$

　　　　　　　　　　　　　　　정답 ②

정답해설

$$L=0.05+0.4605\log_{10}\frac{1\times10^3}{2.5}≒1.248[\text{mH/km}]$$

22　　　　　　　　　　　　　　　정답 ③

정답해설

$P_a=10,000[\text{kVA}]$

$P=10,000\times0.8=8,000[\text{kW}]$

$Q=10,000\times0.6=6,000[\text{kVA}]$

여기서 콘덴서 6,000[kVA]를 설치하면 무효전력은 0[Var]이므로 역률 100[%]로 개선된다.

$P=P_a$이므로, $\cos\theta=\dfrac{P}{P_a}\times100=100$

따라서, 개선 후의 부하는 콘덴서 설치 전의 $\dfrac{8,000[\text{kVA}]}{10,000[\text{kVA}]}$ $\times100=80[\%]$가 된다.

23　　　　　　　　　　　　　　　정답 ①

정답해설

쿨롱의 힘 $F=9\times10^9\times\dfrac{Q_1\times Q_2}{r^2}[\text{N}]$에 대입하면

$$=9\times10^9\times\frac{10^{-6}\times10^{-7}}{(0.5)^2}=3.6\times10^{-3}[\text{N}]$$

24　　　　　　　　　　　　　　　정답 ④

정답해설

Δ결선에서 $I_l=\sqrt{3}I_p[\text{A}]$, $V_l=V_p[\text{V}]$

상전류 $I_p=\dfrac{V_p}{Z}=\dfrac{80}{\sqrt{3^2+4^2}}=\dfrac{80}{5}=16[\text{A}]$

$\therefore$ 선전류 $I_l=\sqrt{3}I_p=16\sqrt{3}[\text{A}]$

25　　　　　　　　　　　　　　　정답 ④

정답해설

상호 인덕턴스 $M=\dfrac{N_B L_A}{N_A}=\dfrac{600\times480}{4,000}=72[\text{mH}]$

제3과목: 전기기기

01	02	03	04	05	06	07	08	09	10
④	③	③	④	③	①	②	④	④	②
11	12	13	14	15	16	17	18	19	20
②	②	①	④	②	②	③	②	①	②
21	22	23	24	25					
②	③	①	①	②					

01　　　　　　　　　　　　　　　정답 ④

정답해설

V결선 출력비 $=\dfrac{V}{\Delta}=\dfrac{1}{\sqrt{3}}≒0.577(57.7\%)$

V결선의 출력은 Δ결선 출력의 57.7[%] 정도 크기이다.

02　　　　　　　　　　　　　　　정답 ③

정답해설

계자 저항선은 $V=20i_f$, $i_f=\dfrac{V}{20}$

$$V=\frac{940\times\dfrac{V}{20}}{33+\dfrac{V}{20}}$$

$V\left(33+\dfrac{V}{20}\right)=940\times\dfrac{V}{20}$

$33+\dfrac{V}{20}=47$, $\dfrac{V}{20}=14$　　$\therefore\ V=280[\text{V}]$

03　　　　　　　　　　　　　　　정답 ③

오답해설

① 마그네틱 토크를 이용하는 전동기이다.

② · ④ 마그네틱 토크와 릴럭턴스 토크를 모두 이용하는 전동기이다.

마그네틱 토크를 이용하는 전동기

- 표면부착형 영구자석 전동기

릴럭턴스 토크를 이용하는 전동기

- 동기형 릴럭턴스 전동기
- 스위치드 릴럭턴스 전동기

마그네틱 토크와 릴럭턴스 토크를 모두 이용하는 전동기

- 표면 삽입형 영구자석 전동기
- 매입형 영구자석 전동기
- 영구자석 릴럭턴스 전동기

04 　　　　　　　　　　　　　　　정답 ④

정답해설

발전기는 회전 방향으로 전기적 중성축이 이동한다.

The 알아보기　　전기자 반작용 영향

- 감자 작용에 의해 주자속이 감소된다.
- 유도 기전력이 감소한다.
- 국부적으로 섬락(불꽃)이 발생한다.

05 　　　　　　　　　　　　　　　정답 ③

정답해설

$$Z_s = \frac{E_n}{I_s} = \frac{600}{30} = 20[\Omega]$$

06 　　　　　　　　　　　　　　　정답 ①

정답해설

회전자계의 속도는 동기속도와 같다.

07 　　　　　　　　　　　　　　　정답 ②

오답해설

① 회전부의 관성을 크게 해야 부하각의 동요가 적게 되고 동기이탈의 가능성이 적어지게 된다.

③ 동기리액턴스를 작게 한다.

④ 정상 임피던스는 작게 영상·역상 임피던스는 크게 한다.

08 　　　　　　　　　　　　　　　정답 ④

정답해설

$$\frac{\text{V 출력}}{\Delta \text{ 출력}} = \frac{\sqrt{3}K}{3K} = 0.577 = 57.7[\%] \; (K: \text{출력비})$$

09 　　　　　　　　　　　　　　　정답 ④

정답해설

전압변동률 $\varepsilon = \dfrac{V_0 - V_n}{V_n} \times 100[\%]$

($V_0 = $ 무부하 전압, $V_n = $ 정격부하 시 전압)

$$11[\%] = \frac{V_0 - 180}{180} \times 100$$

$$V_0 = 200[\text{V}]$$

10 　　　　　　　　　　　　　　　정답 ②

정답해설

$$\frac{1}{m} = \sqrt{\frac{P_i}{P_c}} = \sqrt{\frac{1}{4}} = \frac{1}{2}$$

따라서 최대 효율은 $150 \times \dfrac{1}{2} = 75[\text{kVA}]$에서 이루어진다.

$$\therefore n_m = \frac{75}{75+2} \times 100 \fallingdotseq 97.4[\%]$$

11 　　　　　　　　　　　　　　　정답 ②

정답해설

$[\%]$저항 강하 $P = \dfrac{P_s}{V_{1n}I_{1n}} \times 100 = \dfrac{150}{5,000} \times 100 = 3[\%]$

12 　　　　　　　　　　　　　　　정답 ②

정답해설

사이리스터 정류기(SCR)의 턴 오프(Turn Off) 조건

- SCR에 역전압을 인가한다.
- 애노드 전류를 유지 전류 이하가 되도록 한다.
- 애노드 전압을 0 또는 −로 한다.

13
정답 ①

정답해설

$f_s = sf_1$ 식에서

$$s = \frac{n_0 - n_2}{n_0} = \frac{100 - 95}{100} = 0.05$$

$$\therefore f_2 = 0.05 \times 100 = 5[\text{Hz}]$$

14
정답 ④

정답해설

위상 특성 곡선(V곡선)

동기 전동기의 공급전압과 부하를 일정하게 유지하면서 계자 전류를 변화시킬 때 전기자 전류 크기의 변화와 함께, 단자 전압과 전기자전류의 위상, 즉 역률($\cos\theta$)의 변화 정도를 나타낸 곡선이다.

15
정답 ②

정답해설

$T \propto V^2$에서 $V = 220 \times \sqrt{\dfrac{100}{210}} \fallingdotseq 152[\text{V}]$

16
정답 ②

정답해설

3상 유도전압조정기는 구조상 유도기와 비슷한데, 3상 유도 전동기를 응용한 전압조정기이다.

17
정답 ③

정답해설

단상 직권 전동기의 보상 권선은 직류 직권 전동기와 달리 전기자 반작용으로 생기는 필요 없는 자속을 상쇄하도록 하여, 무효전력의 증대에 따르는 역률의 저하를 방지한다.

18
정답 ②

정답해설

$$\eta = \frac{\left(\dfrac{I_m}{\pi}\right)^2 \times R}{\left(\dfrac{I_m}{2}\right)^2 \times R} \times 100 = \frac{4}{\pi^2} \times 100 = \frac{4}{3.14^2} \times 100 = 40.6[\%]$$

19
정답 ①

정답해설

두 기기의 수수전력

$$P = E_0 I_s \cos\frac{\delta}{2} = E_0 \cdot \frac{E_s}{2Z_s} \cdot \cos\frac{\delta}{2} = \frac{E_0^2}{2Z_s} \cdot \sin\frac{\delta}{2}$$

$$\fallingdotseq \frac{E_0^2}{2x_s} \cdot \sin\frac{\delta}{2} \fallingdotseq \frac{E_0^2}{2x_s} \cdot \sin\delta = \frac{1{,}000^2}{2 \times 4} \cdot \sin 30°$$

$$= 62{,}500[\text{W}] = 62.5[\text{kW}]$$

20
정답 ②

정답해설

$$N_s = \frac{120f}{P}[\text{rpm}]$$

$$120f = N_s P = 1{,}200 \times 12 = x \times 20$$

$$\therefore x = 720[\text{rpm}]$$

21
정답 ②

정답해설

권수비 $a = \dfrac{I_2}{I_1} = \dfrac{1}{30}$이므로

1차 전류 $I_1 = 4.5 \times 30 = 135[\text{A}]$

1차 출력 $P_1 = I_1 V_1 = 440 \times 135 = 59.4[\text{kVA}]$

22
정답 ③

정답해설

2차 동손 $P_{c2} = sP_2 = s \times \dfrac{P_2}{1-s}$

여기서, 동기속도 $N_s = \dfrac{120f}{P} = \dfrac{120 \times 50}{8} = 750[\text{rpm}]$

슬립 $s = \dfrac{N_s - N}{N_s} = \dfrac{750 - 720}{750} = 0.04$

$$\therefore P_{c2} = 0.04 \times \frac{15 \times 10^3}{1 - 0.04} = 625[\text{W}]$$

23
정답 ①

정답해설

최대 전일효율 조건: $24P_i = \sum hP_c$

전부하 시간이 길수록 철손 P_i를 크게 하고, 짧을수록 철손 P_i를 작게 한다.

24
정답 ①

정답해설

기동토크 $T \propto V^2$이므로

$$1.8T : T' = V^2 : \left(\frac{2}{3}V\right)^2$$

$\frac{2}{3}V$일 때 기동토크 $T' = \dfrac{\left(\dfrac{2}{3}V\right)^2}{V^2} \times 1.8T$

$$= \frac{4}{9} \times 1.8T = 0.8T[\text{V}]$$

25
정답 ②

정답해설

스텝 모터(Step Motor)의 장점

- 스테핑 주파수(펄스 수)로 회전 각도를 조정한다.
- 회전각을 검출하기 위한 피드백(Feedback)이 불필요하다.
- 디지털 신호로 제어하기 용이하므로 컴퓨터로 사용하기에 아주 적합하다.
- 가 · 감속이 용이하며 정 · 역전 및 변속이 쉽다.
- 각도 오차가 매우 작아 주로 자동 제어 장치에 많이 사용된다.